Como conseguir um emprego e descobrir a sua profissão ideal

Se o mercado é o melhor indicador para avaliar a utilidade de um livro desse gênero, PÁRA-QUEDAS pode ser considerado um sucesso. Com mais de 5 milhões de exemplares vendidos nos EUA, na Itália, no Japão e no México, entre outros países, PÁRA-QUEDAS está na sua 26ª edição anual.
REVISTA EXAME

PÁRA-QUEDAS permanece sendo o mais completo guia sobre emprego e carreiras que existe. Traz tudo o que os livros básicos trazem e ainda o que os outros não trazem, principalmente no que diz respeito às coisas da mente e do espírito. Este livro é uma preferência afetiva, até porque conheço pessoas que de fato descobriram para si nichos profissionais seguindo suas orientações.
THE NEW YORK TIMES

Excelente. Um notável serviço ao público.
PETER DRUCKER

Richard Nelson Bolles

Como conseguir um emprego e descobrir a sua profissão ideal

Qual a cor do seu pára-quedas?

Título do original norte-americano: *What color is your parachute?*

Tradução: Luiz Antonio Aguiar
Adaptação para a edição brasileira: Fritz Utzeri e Sergio Fleury
Preparo de originais: Tomás da Veiga Pereira
Revisão: Angela Pessoa e Sérgio Bellinello Soares
Design da capa: Silvana Mattievich
Editoração Eletrônica: DHC Arte & Design
Fotolitos: Mergulhar Serviços Editoriais Ltda.
Impressão e Acabamento: Lis Gráfica e Editora Ltda.

CIP-BRASIL. CATALOGAÇÃO-NA-FONTE
SINDICATO NACIONAL DOS EDITORES DE LIVROS, RJ.

B674c Bolles, Richard Nelson.
2.ed. Como conseguir um emprego e descobrir a sua profissão ideal: qual a cor do seu pára-quedas? / Richard Nelson Bolles ; tradução de Luiz Antonio Aguiar. – 2.ed. – Rio de Janeiro : Sextante, 2000.

Tradução de: What color is your parachute?
ISBN 85-86796-44-1

1. Emprego – Procura. 2. Orientação profissional. 3. Interesse profissional. I. Título.

00-0290 CDD 650.14
CDU 331.96

GMT Editores Ltda.
Av. Nilo Peçanha, 155 / gr. 301 – Centro
Rio de Janeiro – RJ – CEP 20020-100
Tel.: (21) 524-6760 – Fax: (21) 524-6755
E-mail: salvend@openlink.com.br
Serviço de Atendimento a Clientes: 0800 22 6306

Índice

Pára-quedas: Manual de Exercícios

Este livro é dedicado à pessoa que amo
(minha mulher, Carol)

Prefácio

Ao meu prezado leitor brasileiro, que abre este livro cheio de expectativas sobre as mudanças e os benefícios que poderá trazer à sua vida, quero iniciar nosso contato dizendo que, nos Estados Unidos, estamos na 24ª edição do *Pára-quedas.* Ou seja, desde o seu lançamento, o livro vem sendo atualizado, ano a ano.

O *Pára-quedas* cresceu. Não apenas em número de edições, mas também em tamanho. A primeira edição — uma publicação independente de 1970 — tinha 168 páginas. Alcançou duzentas páginas já na edição de 1972, trezentas páginas na edição de 1979 e quatrocentas páginas na edição de 1989. Você já está vendo aonde tudo isso ia levando. (A propósito, o livro seguia crescendo porque o mercado de trabalho e a procura de empregos tornaram-se muito mais complexos ao longo dos anos — portanto, aumentou bastante o número de problemas a serem considerados, já que o livro se propõe a ajudar verdadeiramente a quem está à caça de empregos ou tentando trocar de profissão.)

Mais de cinco milhões de pessoas já usaram este livro e outras 25 mil, por mês, entram nas livrarias para comprá-lo, atualmente, apesar dessa *barriguinha* que surgiu com a idade. No entanto, sinto saudades daquele velho *Pára-quedas* — leve, fino, fácil de folhear. Eu gostava daquele seu tamanho.

Assim, nesta edição que você tem nas mãos, o livro se dividiu, como as águas do Mar Vermelho. Na mesma encadernação, agora, encontram-se dois livros separados, como se fosse um primeiro e um segundo tomos. *Qual a cor do seu pára-quedas?*, de volta ao tamanho de antigamente, contém as informações de que todo mundo precisa. Já o *Pára-quedas: Manual de Exercícios* contém as informações de que precisam somente alguns dos leitores.

A dúvida, naturalmente, foi saber o que deveria ser incluído na primeira parte do livro — aquela que serve para todos. Bem, depois de 25 anos, aprendemos que *caçadores de emprego*, em geral, e os leitores deste livro, em particular, dividem-se em dois grandes grupos:

Aqueles que querem achar um emprego o mais rápido possível, mesmo se o trabalho não corresponder exatamente àquilo com que sonhavam.

e

Aqueles que têm tempo, paciência (e dinheiro) para enfrentar a caça ao emprego de maneira mais seletiva, com o objetivo de atender perfeitamente a suas expectativas de profissão ou de trabalho.

Pressa ou *Perfeccionismo*, enfim, são nossos temas básicos. Assim, os dois assuntos abordados no livro principal, a partir desta edição, são: "Dicas para os caçadores de emprego impacientes" e "Estratégias para os que vão à caça de emprego ou que querem mudar de profissão que disponham de tempo e de paciência".

Considerando o tamanho reduzido deste livro, a questão é: quais deveriam ser essas dicas e estratégias? A opinião que tenho sobre esse problema não se alterou: no mundo lá fora existem os caçadores de emprego bem-sucedidos e os mal-sucedidos. Se queremos ter êxito, precisamos estudar aqueles que obtiveram empregos ou trocaram de profissão, conforme desejavam, e verificar como alcançaram seu objetivo. A seguir, devemos copiar, adaptar e desenvolver o que fizeram, de acordo com nossa própria situação.

É disso que trata este livro. Há 25 anos, venho estudando caçadores de emprego bem-sucedidos, conversando com eles, entrevistando-os, buscando descobrir, na maneira como procederam, o que pode ajudar você. Este livro é a atualização anual de tudo o que pude levantar a respeito.

Ao longo desses 25 anos, participei das atividades ou mesmo tornei-me membro de grupos de procura de emprego bem-sucedidos, que põem em prática programas de apoio aos desempregados. Na verdade, esses programas tiveram início depois da Primeira Guerra, por iniciativa de nomes como John Scott (1921), Carl Boll (1933), Bernard Haldane (1946). No entanto, grupos mais recentes foram fundados (ou recriados) nos anos 70.

Como *Pára-quedas* começou naquela década, entrevistei os fundadores de todos os programas bem-sucedidos do gênero, que eram:

Job-Club [1], concebido por Nathan Azrin em Carbondale, Illinois, e mais tarde testado com êxito como um modelo WIN (*Work Incentive*)[2], em 1978.

---

[1] Clube do Emprego. (N. do T.)

[2] Há um jogo de palavras aqui. *Win*, em inglês, significa vencer. *Work Incentive*: incentivo ao trabalho. (N. do T.)

Self-Directed-Placement[3], concebido por Chuck Hoffman, em San Diego.

Job Factory[4], concebido pelo falecido Dave Perschau, em Sonoma Country, Califórnia, baseado nos métodos do grupo de caça ao emprego de Chuck Hoffman, somados ao modelo WIN.

Todos esses programas apresentavam como característica um alto índice de colocação, num espaço de tempo impressionantemente curto.

Preparando-me para escrever as dicas para os *caçadores de emprego impacientes*, neste ano, decidi que já era tempo de rever as idéias dos pioneiros, pesquisando de John Scott até Bernard Haldane (tive uma conversa com ele). Decidi também que estava na hora de examinar de novo aqueles programas da década de 70 (isso foi fácil, já que tenho todos os manuais). Durante esses estudos, em janeiro e fevereiro de 1996, conversei longamente com alguns dos pioneiros dos anos 70 (destaco a grande ajuda prestada por Nathan Azrin e Chuck Hoffman) e também com o atual herdeiro do programa de Dave Perschau (o WIN), Dean Curtis, da Curtis e Associados, de Keaney, Nebrasca. Freqüentei seu programa de treinamento, conversei demoradamente com ele, em mais de uma ocasião, e compareci à sua conferência sobre reforma da previdência social, em maio de 1996.

Além disso, exumei as refinadas críticas aos programas de procura de emprego em grupo, elaboradas por Miriam Johnson e pelo falecido Bob Wegmann — os dois melhores pesquisadores que já atuaram no campo da procura de empregos.

Bem, estou mencionando todas essas pesquisas e todas essas pessoas porque você encontrará suas impressões digitais (por assim dizer) em muitas das páginas dedicadas aos caçadores de emprego impacientes. Se, toda vez que estiver utilizando a idéia de alguém, for parar para identificar a pessoa, vou acabar cansando você. Assim, resolvi fazê-lo aqui, junto com meu agradecimento implícito a todos os citados. De fato, sou grato a eles por cada uma das valiosas idéias concebidas por suas mentes inventivas, que tanto podem auxiliar os caçadores de emprego dos dias atuais.

Reconhecer a autoria de uma idéia é, na verdade, uma tarefa hercúlea, já que, muitas vezes, torna-se difícil saber a quem atribuir sua formulação. Esses grupos de procura de emprego dos anos 70 (e, agora, os dos anos 90) tinham diversas características em comum. Costumavam — como ainda hoje — trabalhar com todo mundo, incluindo pacientes de doenças mentais em alta médica, indivíduos em liberdade condicional, trabalhadores com qualificações modestas, pessoas com sérias deficiências físicas, etc.

---

[3] Algo como: autocolocação dirigida. (N. do T.)

[4] Fábrica de Empregos. (N. do T.)

Obtinham surpreendentes índices de êxito — entre 66% e 92% dos participantes do grupo encontraram empregos — e conseguiam isso em um período também espantosamente curto — aproximadamente, entre duas e cinco semanas.

Todos esses programas dependem de se manter o grupo unido, não apenas durante o período de instrução, mas também enquanto durar a caça ao emprego e o processo de entrevistas. Julgam indispensável encarar a caça ao emprego como um emprego em si — de horário integral. O interessado precisa procurar pessoalmente por uma colocação, e não confiar a outra pessoa a tarefa de lhe encontrar um emprego. Deve usar ao máximo o telefone para contatar empregadores, mesmo quando não se sabe ao certo se eles têm empregos para oferecer (recomendam, nos EUA, que cada caçador de empregos faça pelo menos cem ligações telefônicas para empregadores toda manhã e mais cem à tarde).[5]

Não recorri necessariamente a essas idéias da mesma forma como foram utilizadas na década de 70. Preferi, para esta edição, tentar adaptar e combinar conceitos, às vezes formulando-os de uma maneira nova.

Este livro já foi editado em diversos países, em diversas línguas. Com sutis diferenciações, a realidade do mercado de trabalho e da caça ao emprego — principalmente nos dias de hoje, quando se fala tanto em globalização das características da economia — é bastante semelhante em todo lugar. E, principalmente, a maneira como a cabeça, o coração e o espírito das pessoas funcionam (que é, afinal, a matéria essencial deste livro) é, desde a Criação, mais semelhante ainda. Por isso, as técnicas e os procedimentos que transmito àqueles que procuram um emprego ou buscam trocar de profissão têm se mostrado válidos e úteis para leitores de diversos lugares, mundo afora. Para esta edição, a Editora Salamandra teve o cuidado de contratar uma equipe local de pesquisadores, de forma a consolidar a adaptação de determinados aspectos e dados do *Pára-quedas* às necessidades do leitor brasileiro, embora, por falta de estatísticas confiáveis, muitos dados não possam ser apresentados.

Por fim, deixem-me concluir com minha fileira anual de agradecimentos sinceros:

- Muito obrigado a todos os meus leitores e, muito especialmente, às duas centenas deles — ou algo em torno disso — que me escrevem todo ano.

[5] **Nota do Editor:** Evidentemente, o autor refere-se aqui a uma realidade diferente da brasileira. Temos esperança de que um dia o nosso mercado de trabalho ofereça essa amplitude de possibilidades ao caçador de empregos e também que, nesse dia, a qualidade de nossos serviços de telefonia já permita que alguém se proponha a fazer esse número de ligações sem ser levado à loucura.

• Meu agradecimento àquelas almas criativas que foram as primeiras a me mostrar o que estava errado no sistema de procura de emprego e mudança de profissão neste país, e que me ofereceram evidência documentada disso. Aqui, lembro particularmente meus amigos Dick Lathrop, Sidney Fine, o falecido Bob Wegmann, Daniel Porot, Tom e Ellie Jackson, Howard Figler, Arthur Miller, Bernard Haldane, Nathan Azrin, Carol Christen, John Holland, Peter Drucker e — acima de todos — o falecido John Crystal, que me deu a estrutura do *O quê, Onde e Como,* que você irá conhecer mais à frente. Deus abençoe você, John, aí no seu descanso, no Paraíso.

• Meu agradecimento à minha família — minha estimada esposa, Carol, por sua sagacidade, lucidez e precioso amor de tantos anos; minhas crianças crescidas, Stephen, Mark, Gary e Sharon, e minha querida enteada, Serena; minha maravilhosa irmã, Ann John, e por último, mas nunca menos importante, minha tia de 93 anos de idade, Irmã Esther Mary, da Comunidade da Transfiguração (Episcopal) de Glendale, Ohio, que me mostrou como servir ao Senhor, desde a minha juventude.

De fato, esta ladainha de agradecimentos jamais estaria completa sem meu muito obrigado ao Grande Criador, meu Deus, Pai de Nosso Senhor Jesus Cristo, fonte de toda misericórdia, sabedoria e compaixão, que me deu essa tarefa de ajudar a tantas pessoas, de diferentes idiomas, nacionalidades e credos, em sua busca por empregos. Estou grato acima de qualquer medida por esta vida, por esta missão, por este privilégio.

CAPÍTULO UM

Caçar Emprego Eu Vou, Eu Vou, Eu Vou

É agora!
Chegou o momento da verdade.
Está na hora
De ir à luta, de procurar um emprego,
Lá fora, no *mercado de trabalho,*
Do qual falam todos os seus amigos
De um jeito assustador, como se fosse
Um campo de batalha, coberto de cadáveres
De desempregados
Que já tentaram antes de você
E não conseguiram encontrar emprego.

Com certeza, você já ouviu
Suas histórias:
Pessoas com curso universitário
Ou com brilhantes diplomas de pós-graduação
Que nem assim conseguem
A mais modesta das colocações.
Você já ouviu falar de amigos
Que avaliaram as tendências do mercado de trabalho
E então retornaram à escola
Para especializar-se no negócio mais quente do momento, mas
Não encontraram um emprego na tal área tão promissora,
E, dois anos depois, continuam
Desempregados, nervosos, ou mesmo deprimidos,
Quase acabados.
Você já ouviu falar
Desse pessoal que trabalhou trinta e cinco anos
Num único emprego,
Então, foram demitidos
E agora só pegam *bicos* aí pela vida.
Você já escutou algo a respeito.
Histórias como essas, tão tristes,
Algumas trágicas,
Estão nos jornais todos os dias.

Agora, é a sua vez.
E o que é que a gente faz
Quando chega a hora de sair à caça de um emprego?
A gente adia.
Primeiro a gente tem que *acertar a cabeça,*
É o que se diz.
Ou, então, esperar até se sentir
Mais bem disposto.
Só que, na verdade,

Se é que a gente chega a enfrentar a verdade,
Estamos é esperando um *milagre*,
Esperando um salvador, que apareça de repente
Num cavalo branco,
E nos tire desse aperto.
Pode ser um ex-patrão,
Ou então o governo,
O sindicato,
Nossos parentes ou amigos;
Só o que sabemos
É que o mundo nos deve alguma coisa:
Um emprego.
Não devia ficar por nossa conta
Sair por aí atrás dele,
Com tantas dificuldades a enfrentar sozinhos.
E, no entanto, você sabe
Que a ninguém mais cabe a tarefa.

Assim, gloriosamente,
Confeccionamos nosso currículo.
Como ele reluz, como brilha,
Garantindo resultados, bem ligeiro.
Nós o enviamos
E nos sentamos junto ao telefone
Aguardando a inevitável
Chamada
De um empregador de olhos bem abertos
Que, ao ver aquele magnífico currículo,
Berrará: "Essa é exatamente a pessoa
Por quem estamos procurando!"

Mas ocorre um pequeno problema: a chamada
Simplesmente não vem.
E nos deixam esperando,
E esperando,
E esperando,
Enquanto o mundo começa a desabar.

Então, pedimos conselhos a nossos parentes e amigos,
E a primeira coisa
Que nos dizem é:
"Você tentou alguma agência de empregos?"
Então, lá vamos nós,
Cada vez mais cabisbaixos,
E vamos parar naquelas salas de espera,
Onde estão todos aqueles rostos atormentados.

Logo no início, um obstáculo:
Um *ameaçador formulário de inscrição.*
Preenchemos todos os quesitos, então.
O entrevistador, por fim, nos chama,
Tomado de radiosa receptividade.
"Vejamos,
Que espécie de emprego você está procurando?"
"Bem", respondemos,
"Você está vendo aí tudo o que eu já fiz.
O que você acha?"
Ele estuda com mais atenção nosso formulário:
"Me parece", ele diz, "que seu currículo é...
... Algo incomum...
Acho que você vai se dar muito bem na área de vendas."
"Vendas?", surpreende-se você. "Sim, vendas", ele insiste.
"De fato, acho que posso arrumar uma colocação imediata para você.
Ficaremos em contato. Esse aí é o seu telefone?
Ligo para sua casa amanhã à noite."
Nós assentimos, apertamos sua mão, e essa
É a última vez que
Ouvimos falar dele.

Tudo o que nos resta são anúncios de oferta de emprego
E um bocado de confusão
Ao percorrer
Todas aquelas pequenas molduras
Descrevendo empregos que são, eles também,
Pequenas molduras
Para conter nossas almas.
Telefonamos para os empregadores,
Contamos que estamos à procura de trabalho,
"E seu anúncio parece feito na minha medida..."
Uau!
Dá pena ver seu rosto se transformando!
Que banho de água fria!
"*Superqualificado,* você acha?
Duzentos caras
Já telefonaram antes de mim?
E você tem apenas cinco vagas? Não,
Eu entendo, é claro!"

Não há mais nada a fazer,
A não ser pôr os pés para trabalhar.
Lá vamos nós!
Para cima e para baixo nas ruas,
Batendo nas portas,

Visitando empresas,
Levando foras,
Dia após dia.
Coisas como essas arrasam
Com nossa auto-estima!

As semanas vão embora.
Os meses vão embora.
E a gente chega a pensar
Que caçar emprego é a tarefa
Mais solitária do mundo.
Será que é tão difícil assim para os outros
Que procuram trabalho
Ou mudança de profissão?

Bem, amigão, a resposta é SIM.

Será que há outras pessoas tão desencorajadas quanto eu,
Tão desesperadas, tão deprimidas,
Depois de entrar na dança da caça ao emprego?

Infelizmente, a resposta é de novo

SIM.

SIM.

SIM.

Mas chegou a hora de contar
Que há uma coisa que você pode fazer
Para virar o jogo.

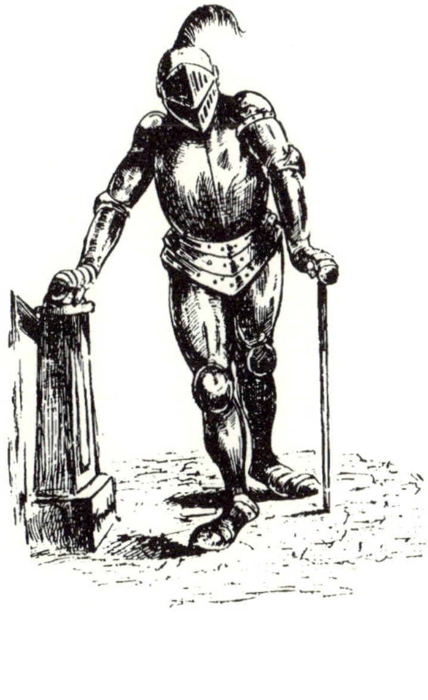

Era o melhor de todos os tempos,
Era o pior de todos os tempos,
Era um tempo de sabedoria,
Era um tempo de ignorância,
Era uma época de fé,
Era uma época de descrença,
Era uma estação de luzes,
Era uma estação de trevas,
Era uma primavera de esperança,
Era um inverno de desespero,
Tínhamos o mundo à nossa frente,
Não tínhamos nada mais a esperar,
Caminhávamos diretamente para o paraíso,
Caminhávamos diretamente na outra direção...

Charles Dickens
A Tale of Two Cities

CAPÍTULO DOIS

PARA OS CAÇADORES DE EMPREGO IMPACIENTES

EXISTEM SEMPRE EMPREGOS POR AÍ

Sumário

Capítulo 2

Bem, sei que você é um sujeito paciente. *Verdade.* Normalmente, você é mesmo.

Acontece que o *tempo* tornou-se seu grande obstáculo.

Você está sem trabalho, está ficando sem dinheiro, tudo anda apertando você. Em suma, você precisa arrumar um emprego *para ontem.*

Você quer umas dicas, sugestões, estratégias rápidas. E tudo isso em poucas palavras.

Você não tem tempo para longas leituras.

Você quer ser estimulado, motivado, quer que lhe transmitam esperança e otimismo.

Sim, você quer arranjar um emprego nas próximas duas semanas. Ou mais depressa ainda.

Assim sendo, você pergunta: "O que devo fazer?"

"Por onde devo começar?"

Primeiramente, você deve compreender uma coisa:

O MERCADO DE TRABALHO ESTÁ SEMPRE MUDANDO

O mercado de trabalho está sempre mudando, está sempre em turbulência, sempre apresentando novidades.

Áreas de trabalho surgem, outras entram em declínio, outras até mesmo desaparecem. Veja por exemplo a agricultura. Em 1940, apenas 13 milhões de brasileiros viviam em áreas urbanas. Mais do que o dobro — 28 milhões — viviam e trabalhavam no campo. A partir dos anos 60, essa situação começou a mudar drasticamente, mas a maioria dos brasileiros (38 milhões) ainda morava no campo, contra 31 milhões que já haviam optado pela cidade. Hoje, apenas 36 milhões de brasileiros vivem no campo, contra 112 milhões que se concentram e trabalham em áreas urbanas. Dos 66.600.000 empregos computados no Brasil em 1995, pelo IBGE, apenas 18 milhões estavam no campo. Claro que, ao mesmo tempo, novas áreas de trabalho surgiram, tais como a informática, o que significa que vamos percorrer o mesmo processo, mais uma vez.

Profissões surgem, outras entram em declínio, outras até mesmo desaparecem. Vejam por exemplo os ferreiros, os fabricantes de rodas de carroça e muitos outros. Por outro lado, novas profissões surgem, tais como especialistas em computação eletrônica. E, novamente, vivenciamos o mesmo processo.

Companhias surgem, outras entram em declínio, outras até mesmo desaparecem. Lembrem nomes como Sears, Simca Chambord, Panair do Brasil, Correio da Manhã, Fábrica Nacional de Motores (FNM), O Cruzeiro, a Tv Tupi e tantas companhias, tão fortes, antigamente. Todas desaparecidas. Naturalmente, novas companhias surgem, simultaneamente. Algumas antigas companhias reformulam-se e reestruturam-se, com novas estratégias, nova tecnologia, novos produtos e serviços. E, ainda uma vez, o mesmo processo se repete.

Em conseqüência disso tudo, os *empregos* também surgem, reduzem-se, desaparecem. Observe como a agressiva incorporação de uma empresa por outra, fusões, enxugamentos de pessoal e de recursos e outras tendências do gênero fizeram tantos empregos evaporarem, nos últimos anos. Mas, é claro, do mesmo modo, novos empregos são gerados — pelo menos dois milhões deles (em média) por ano, nos EUA, quase sempre em áreas diferentes. E aí temos o processo ocorrendo mais uma vez.

Sim, o mercado de trabalho está sempre em transformação, sempre em transição, sempre em turbulência — foi sempre assim e sempre será.

Portanto, nos anos 90, o que está acontecendo com o mercado de trabalho é a mesma coisa de sempre. Mas há seis coisas diferentes, ocorrendo nos anos 90.

Primeiramente, esse processo usual de transformação e de turbulência acelerou-se bastante, assim como aquelas imagens passadas mais rápido, num vídeo, em que as nuvens parecem estar apostando corrida no céu. Já se pensou em uma dúzia de nomes para esse *processo de aceleração*: enxugamento, reestruturação, reengenharia, reorganização, consolidação, etc. Todos referem-se à aceleração do processo normal de transformação do mercado de trabalho.

Em segundo lugar, o que diferencia os anos 90 é que um número de trabalhadores maior do que o normal tem sido afetado por essa mudança mais acelerada. E esses trabalhadores vêm das mais diversas classes, até mesmo aquelas que, nos velhos tempos, pareciam imunes às mudanças que afetavam todos os outros, particularmente os que trabalhavam

na administração das empresas, desde aqueles que ocupavam postos intermediários, até os altos escalões. Somente nos EUA, três milhões de pessoas são excluídas do mercado, anualmente, o que significa que mais de 43 milhões de empregos foram eliminados desde 1979. Isso é sem dúvida inédito. De fato, sete entre dez chefes de família tiveram algum tipo de *contato imediato* com a exclusão do mercado de trabalho, desde 1979. Quatro entre dez chefes de família conhecem um parente, amigo ou vizinho que tenha sido demitido e um em cada três chefes de família americanos tiveram algum membro de sua família excluído do mercado.

Em terceiro lugar, o que torna os anos 90 diferentes é que as pessoas encontram muito mais dificuldade de se manter prevenidas a respeito de qualquer coisa. Quando as mudanças ocorrem, quando empregos estão para ser eliminados ou para desaparecer, nesta década, não há aviso de espécie alguma. Alguns trabalhadores ficam sabendo que estão desempregados pelo rádio, enquanto dirigem para casa, à noite. Isso aumentou enormemente o nervosismo e a ansiedade do mercado de trabalho. Cada demissão em massa perturba todos os que se mantêm empregados.

Quarto, o que torna os anos 90 diferentes é que aumentou muito a injustiça no mercado de trabalho. Enquanto fusões ou enxugamentos são utilizados pelos patrões para se livrar de empregados que já pretendiam mesmo demitir, é também verdade que empregados competentes e leais, com dez, ou vinte anos de serviço bem-prestado, estão sendo postos na rua injustamente. Em muitas empresas, isso atinge até aqueles empregados que ajudam o negócio a funcionar, com muito empenho e carinho. São mandados embora porque os enxugamentos exigem que o empregado justifique sua permanência, e fica difícil medir sua contribuição por gráficos de eficiência. Assim, muitas empresas estão se deteriorando e se tornando máquinas sem coração, já que, de forma injusta, demitem exatamente aqueles que são o coração de que toda companhia necessita para prosperar e para constituir um local de trabalho mais humano.

Em quinto lugar, outra coisa diferente nos anos 90 é o fato de vivermos num mercado globalizado. Isso significa que empregos gerados no Brasil — ou em qualquer outro lugar — serão constantemente pressionados para se manter competitivos em relação aos salários mais baixos, pagos em alguns outros países, pelo mundo afora. Ou seja, alguns empregos gerados recentemente oferecem salários menores do que aqueles a que estão acostumados os caçadores de emprego, representando, para muita gente, um rebaixamento dos padrões de vida.

Finalmente, o que torna os anos 90 diferentes é que a força de trabalho vem crescendo, dividindo a sociedade em duas classes: *aqueles que estão em vantagem*, que já chegam donos de uma herança, de imóveis ou de uma boa poupança formada em seus anos de juventude, ou pelo fato de serem realmente mais qualificados, e por isso ganharem melhores salários e serem mais requisitados; e aqueles *que estão tendo problemas para manter a cabeça acima da superfície,* já que não possuem poupança nem são tão qualificados assim; quer dizer, são os trabalhadores de baixo custo da economia destes nossos dias.

Os interesses dessas duas classes, freqüentemente, divergem diametralmente, já que uma parte da sociedade lamenta cada notícia de aumento do desemprego, enquanto a outra parte — especialmente a dos acionistas — comemora essas mesmas notícias, já que as taxas de juros, com isso, poderão permanecer estáveis, ou mesmo cair, o que lhes traria mais prosperidade.

Dickens colocou isso maravilhosamente nas palavras que usou para descrever as *duas cidades.* É exatamente a situação do mercado de trabalho dos anos 90: *Era o melhor de todos os tempos, Era o pior de todos os tempos.*

O melhor para algumas corporações e organizações, que estão vendo seus lucros baterem recordes.

O pior dos tempos para os trabalhadores, que não contam mais com nenhuma segurança no trabalho. Já não se ouve mais falar daqueles empregos para toda a vida e ninguém está garantido em seu emprego.

Essa é a diferença dos anos 90.

MÚSICA PARA DEPRIMIR VOCÊ UM POUQUINHO

Você pode até já saber disso, por experiência própria. Seu emprego pode ter desaparecido bem debaixo dos seus pés, sem aviso de espécie alguma. Seu chefe, certa vez, pode ter lhe dito que você era indispensável. Mas isso não adiantou nada, porque o seu chefe também perdeu o emprego, junto com você. Seu emprego sumiu!

E agora, enfrentando a caça ao emprego, *todo mundo* tem um conselho a lhe dar.

Jornais e revistas.

Os livros nas livrarias.

Os telejornais, em documentários especiais.

Mesmo seus amigos, especialmente aqueles que foram demitidos antes de você, e têm enfrentado uma série interminável de dificuldades, desde então. Eles vão contar a você uma história repleta de detalhes sobre tudo o que aconteceu com eles, como se fosse uma profecia — bastante depressiva — de tudo o que vai acontecer também com você, necessariamente.

Sim, virão conselhos de todos os lados e, no final das contas, todos vão querer dizer o seguinte: *Você não tem nenhuma chance... Desista! O mundo lá fora é perverso, hoje em dia... Não há um emprego sequer para você, por aí... Acredite em nós. Procuramos à beça! E mesmo que ainda haja algum emprego, vão lhe pagar um salário muito menor do que aquele que você recebia. Ouça nosso conselho e fique na sua cama, cubra a cabeça com o lençol e desligue o despertador.*

Aí está uma bela canção para deixar você deprimido.

Você vai ficar com a sensação de que só terá sorte no futuro se não deixar que seu corpo e seu espírito se abatam.

NÃO DÊ OUVIDOS

É evidente que você não deve seguir esse tipo de conselho.

E não deve perder a esperança.

Mesmo que já tenha começado a procurar emprego — enviando currículos para todo mundo, vasculhando anúncios de jornais, visitando instituições do governo ou agências de emprego particulares (todas, de A a Z), e tudo isso sem resultado.

Nada disso significa que você não seja capaz de achar um emprego. De jeito nenhum!

Há um outro caminho! Você pode encontrar um emprego, e um emprego que vai adorar. Você pode ter êxito.

Para entender como, vamos dar uma olhada em:

DUAS VERDADES FUNDAMENTAIS A RESPEITO DO MERCADO DE TRABALHO

Talvez você conheça pessoas traídas por sua total incapacidade de encontrar qualquer espécie de trabalho diferente daquele a que estão acostumadas. Pessoas que perderam seus lares, seus casamentos, e nunca recuperaram o padrão de vida anterior. E, se você tiver um pouco de compaixão e de generosidade, irá sentir-se profundamente tocado por todo esse sofrimento, causado pela inaptidão delas em sobreviver no mercado de trabalho dos dias de hoje.

Ainda assim, além de sentir compaixão por elas, você, é claro, deseja ter um pouco de compaixão por si próprio. Quer saber se há alguma coisa que pode ser feita para evitar ter o mesmo destino. E para até mesmo ter a chance de ajudá-las, se as coisas em sua vida derem uma boa virada.

Você quer saber se é possível sair vitorioso de uma caça ao emprego, neste mercado de trabalho, que mudou tanto, ultimamente.

A resposta é *Sim, é possível!* Mas somente se começar por aprender e mesmo memorizar duas verdades fundamentais a respeito do mercado de trabalho.

São coisas que sempre foram verdade. Que sempre serão verdade. Trata-se do seguinte:

1. Existem sempre empregos por aí.

2. Encontrar ou não empregos depende dos métodos que você está utilizando.

Vamos começar conversando sobre a primeira dessas verdades.

EXISTEM SEMPRE EMPREGOS POR AÍ

Vou ilustrar meu ponto de vista com dados estatísticos. Neste momento em que escrevo há 66.569.757 pessoas empregadas no Brasil, segundo o IBGE.[1] Trinta e cinco por cento dessas pessoas são seus próprios patrões. Isso nos deixa 39 milhões de pessoas que trabalham para alguém. Portanto, mesmo que o número de empregos ficasse congelado nos níveis atuais e que sequer um único emprego a mais fosse gerado por algum tempo, ainda assim haveria empregos disponíveis. Por quê?

Porque as pessoas que estão empregadas hoje recebem **promoções**, deixando vagos os postos de trabalho que ocupavam.

E porque pessoas são **demitidas** por desempenho insatisfatório no trabalho, deixando mais vagas.

E porque mesmo as pessoas empregadas **pedem demissão**, criando também mais vagas.

E porque pessoas empregadas, às vezes, sofrem **lesões** sérias no trabalho, nas estradas ou mesmo em casa e tornam-se incapazes de prosseguir trabalhando, o que também cria vagas.

E porque acontece de pessoas empregadas ficarem **doentes**, precisando submeter-se a longos períodos de hospitalização, o que, da mesma forma, cria vagas.

---

[1] **Nota do Editor:** No Brasil, o setor público ainda é o grande gerador de empregos, contrabalançando em parte as reduções de empregos no setor privado. Entre 1989 e 1996, as áreas de educação e saúde foram as que registraram maior aumento na oferta de empregos, respectivamente 25,7% e 15,1%. O terceiro lugar ficou com a economia informal (alimentação, consertos, alojamento, serviços pessoais, etc.), cuja oferta aumentou em 11,2%, no mesmo período. Enquanto isso, diminuiu a oferta de empregos na indústria (–15,1%), na construção civil (–16,9%) e no setor financeiro, notadamente em bancos (– 31,1%). Na década de 80, o setor público respondia por 10% dos empregos formais do país e hoje já é responsável por um em cada quatro empregos registrados. Baseados no IBGE, esses dados fazem parte do estudo *Estrutura econômica e emprego no Brasil, os anos 90*, dos economistas Jorge Mattoso e Pedro Baltar, da UNICAMP.

E porque pessoas empregadas podem precisar **mudar-se de onde moram**, para ficar próximas a algum parente que tenha adoecido ou que esteja morrendo, criando novas vagas.

E porque quando as pessoas atingem certa idade **aposentam-se**, deixando vagas.

E porque as pessoas que normalmente seguiriam trabalhando às vezes **morrem** subitamente, deixando vagas.

E porque muitos dos empregos atuais são **contratos por tempo limitado**, que terminam, deixando dinheiro disponível para novas contratações, muitas vezes na mesma companhia.

Vagas estão sempre sendo criadas — simplesmente porque somos seres humanos. E isso não vai mudar nunca.

EXISTEM VAGAS MESMO NA RECESSÃO

Essa *dança das cadeiras* no mercado de trabalho ocorre mesmo durante os períodos de recessão, ou em outros *momentos difíceis* da economia.

Desde a Segunda Guerra, ocorreram nove recessões nos EUA. Num desses períodos, mais recentemente, a Federação Nacional das Pequenas e Médias Empresas procedeu a uma pesquisa para levantar quantas vagas existiam entre as empresas de menor porte. Descobriram que havia 1,5 milhão de vagas, durante a recessão. E isso apenas nas pequenas empresas, sem contar as grandes.

Algumas vezes, essas vagas levam um longo tempo para ser preenchidas. Nosso sistema de caça ao emprego é pré-histórico. Empregadores ficam tão confusos sobre como arranjar bons empregados quanto os desempregados ficam confusos sobre como arranjar bons empregadores.

Se você puder encontrar um desses empregos enquanto ainda estiver vago, se for qualificado para ocupá-lo e se você se sair bem na entrevista de seleção, tem tanta chance quanto qualquer outro de conseguir o emprego.

Agora, *conseguir* ou não encontrar um desses empregos depende exclusivamente de que métodos você está usando para procurá-lo — iremos conversar sobre esse segundo ponto em breve. Por enquanto, o que me interessa afirmar é: mesmo nos períodos de recessão há sempre empregos por aí.

NOVOS EMPREGOS ESTÃO SENDO CRIADOS

Como já disse, isso é e sempre foi verdadeiro. Novos empregos estão sempre sendo criados. Empregos que nunca existiram. Apenas no mês passado, considerando este momento em que estou escrevendo, 624 mil empregos novos foram criados nos EUA, contra trezentas mil demissões.

Existem muitos empregos novos. E você tem as mesmas chances que qualquer outro de conseguir um desses empregos, *se* puder saber onde estão, *se* estiver qualificado para ocupá-los e *se* você se sair bem na entrevista de seleção. Por isso, reafirmo: há sempre empregos por aí.

Escreva isso no espelho do seu banheiro, repita aos sussurros ou cantando, muitas vezes, como se fosse uma prece. Sempre o mesmo refrão: existem muitos empregos por aí. Existem muitos empregos por aí.

QUANTOS EMPREGOS EXISTEM POR AÍ PARA MIM?

Essa é uma curiosidade muito natural. Mas requer um pouco de raciocínio. Vamos lá, passo a passo (*ou, então, apenas confie no que eu afirmei e pule este tópico*). Estudos realizados nos EUA constantemente mostram que, durante um ano típico, cerca de 20% da força de trabalho está fora do mercado, durante algum período, ao longo do ano. Isso significa que mais de 25 milhões de trabalhadores americanos encontram-se desempregados em algum período, durante o ano. Acontece que a média mensal nunca alcança os 25 milhões, ficando sempre em torno de oito milhões.

Assim, obviamente, no transcorrer de cada exercício, 17 milhões de pessoas estão propensas a encontrar um emprego até o final do ano (o número é resultado da subtração: 25 – 8 = 17).

Só para enfatizar, algumas dessas colocações são empregos novos em locais e áreas que os caçadores de emprego usuais tendem a descartar, dando preferência a encontrar um emprego que lhes permita fazer o que sempre fizeram.

Da mesma forma, alguns desses empregos são de meio expediente, enquanto os caçadores usuais preferem empregos de horário integral.

E alguns desses empregos pagam salários menores, quando prefeririam encontrar quem lhes pagasse salário maior do que o anterior.

E alguns desses empregos são temporários, quando os caçadores de emprego em questão gostariam de encontrar algo... eu não *ousaria dizer* permanente, *porque acredito que dificilmente qualquer emprego seja permanente, na atual ordem econômica mundial...* mas nossos caçadores de emprego gostariam de encontrar colocações nas quais permanecessem pelo menos por alguns anos, quem sabe mais. Isso é *permanente*, na economia de hoje.

Bem, você já entendeu meu ponto de vista. A qualidade do emprego encontrado não é sempre de encher os olhos. No entanto, a cada ano, *milhões* de pessoas ficam desempregadas e têm êxito em encontrar novos empregos.

Não há razão para que você não esteja entre estes. E não há razão para que você desista de encontrar o melhor emprego que puder imaginar, mesmo que acabe tendo que alcançá-lo em duas ou três etapas. Em tempos bons ou difíceis, existem sempre empregos no mundo lá fora. Como disse Humphrey Bogart, em *Casablanca*: "Repita isso aí, Sam."

OS EMPREGOS ESTÃO POR AÍ, MAS SERÁ QUE VOCÊ CONSEGUE ACHÁ-LOS?

> 2 . Encontrar ou não empregos depende dos métodos que você está utilizando.

Chegamos agora à nossa segunda verdade fundamental a respeito do mercado de trabalho.

Como encontrar esses empregos que estão por aí, aguardando que você os ache?

"Bem", diz você, *"se estão mesmo por aí, deve ser fácil encontrá-los."* **Não**, meu amigo. Nada disso.

Para ilustrar este ponto, vamos dar um rápido passeio pelo mundo do trabalho e tomar como exemplo nossa vida, em particular.

Vamos supor que você se mude para uma grande cidade e ache um apartamento realmente confortável para alugar, mas decida que não precisa ou não quer um telefone. Agora, vamos supor que, alguns meses depois, perguntem a alguém de um bairro distante se você mora na cidade. Como nunca ouviram falar de você, a primeira resposta será: "Não sei!" Empenhados em encontrá-lo, vão procurar seu nome na lista telefônica, porque presumem que qualquer um que more numa cidade grande *deva* possuir um telefone. Mas, quando dão uma olhada na lista, não acham você. Então, ligam para a telefonista de informações e indagam se você tem um número que não conste da lista. Necas!

Assim, qual a conclusão a que chegam? Chegam à conclusão de que você não existe — pelo menos, não naquela cidade. E por que chegam a essa conclusão? Porque resolveram que a maneira de encontrá-lo seria através da lista telefônica e, no caso, enganaram-se redondamente.[2]

Grave bem o mais importante dessa pequena parábola. O fato de que você existe não significa que seja fácil encontrá-lo. Métodos usuais de localização podem não funcionar.

É a mesma coisa com a caça ao emprego. O fato de que um emprego exista não significa automaticamente que seja fácil encontrá-lo. Métodos usuais de localização podem não funcionar.

O emprego que você deseja encontrar pode estar por aí, esperando por sua chegada; currículos, anúncios de emprego e agências de emprego podem não trazê-lo à tona. Você precisa conhecer outros métodos. Listei todos eles, aqui, incluindo uma estimativa do índice de sucesso de cada um, baseada em estudos sobre caçadores de empregos atuais, depois que encontraram — ou não encontraram — seus empregos.

AS CINCO PIORES MANEIRAS DE TENTAR ENCONTRAR ESSES EMPREGOS QUE EXISTEM POR AÍ

1. Mandar **currículos** pelo correio, ao acaso, para empregadores. *Este método apresenta uma taxa de sucesso de 7% — ou seja, entre 100 caçadores de emprego que utilizam esse método, apenas 7 encontram um emprego através dele.*

Em 100 caçadores de emprego, 93 não encontrarão os empregos que *estão* por aí, se utilizarem unicamente este método.

(Um estudo revelou que apenas um emprego é obtido para cada 1.470 currículos vagando ao léu. Um outro estudo traz uma proporção ainda mais desfavorável: um emprego para cada 1.700 currículos à deriva. Você embarcaria num avião se soubesse que apenas um em cada 1.700 passageiros consegue chegar ao seu destino?)

---

[2] Agora, antes que você pense que estou menosprezando as listas telefônicas em geral, deixe-me dizer-lhe que, na caça ao emprego, elas são verdadeiros salva-vidas, particularmente as Páginas Amarelas, como você verá mais adiante. Não permita que detalhes como este o façam esquecer o ponto principal de minha pequena história: ao escolher apenas um método para procurar uma pessoa, você pode não encontrá-la, mesmo que a pessoa esteja lá.

2. Responder a **anúncios de jornais profissionais ou de negócios**, específicos de seu campo profissional. *Este método também apresenta um retorno de 7% — ou seja, de cada 100 caçadores de emprego que se valem desse recurso, 7 encontrarão um emprego graças a ele.*

Entre 100 caçadores de emprego, 93 não encontrarão os empregos que *estão* por aí se utilizarem apenas esse método.

3. Responder a **anúncios de jornais de fora**, seja de outro estado ou país. *Este método tem sucesso em 10% dos casos. Ou seja, de cada 100 caçadores de emprego que se utilizam deste método, apenas 10 encontrarão emprego dessa maneira.*

Entre cada 100 caçadores de emprego, 90 não encontrarão os empregos que *estão* por aí, se usarem unicamente esse método.

4. Responder a **anúncios de jornais** locais. *Esse método tem um retorno variável entre 5 e 24%. Ou seja, de cada 100 caçadores de emprego utilizando-o, entre 5 e 24 terão êxito.*

Entre 76 e 95 caçadores de emprego, em cada 100, não encontrarão os empregos que *estão* por aí se usarem apenas esse método.

(A flutuação na taxa se deve ao nível salarial pretendido. Quanto mais alto o salário almejado, menor o número de caçadores de emprego que terão sucesso valendo-se desse método.)

5. Recorrendo às **agências de emprego** particulares. *Também esse método apresenta um índice de sucesso variando entre 5 e 24%, ainda aqui, dependendo do nível salarial pretendido — o que equivale a dizer que, de cada 100 caçadores de emprego que usem esse método, entre 5 e 24 obterão sucesso dessa forma.*

Entre 76 e 95 caçadores de emprego — em cada 100 — não conseguirão encontrar os empregos que *estão* por aí, se usarem apenas esse método.

(Deve ser assinalado que o índice de sucesso deste método aumentou levemente nos últimos anos, mas apenas no caso das mulheres, não no dos homens. Em estudo recente, 27,8% das caçadoras de emprego encontraram um trabalho em dois meses, através de visitas a agências de emprego.)[3]

---

[3] Há, pelo menos, quatro outros métodos para tentar encontrar os empregos que *estão* por aí que, entretanto, não caem nem na categoria dos "Cinco Menos Efetivos", nem na categoria dos "Cinco Mais Efetivos". São eles:

a. Freqüentar lugares onde empregadores selecionam trabalhadores. Este método tem um índice de efetividade de 8% — ou seja, de cada 100 pessoas que se valem desse método, 8 encontrarão um trabalho graças a ele e 92 não encontrarão.

b. Fazer concurso para o serviço público. Nos EUA, esse método apresenta 12% de retorno — o que quer dizer que, de cada 100 pessoas que se utilizam desse método, 12 encontrarão emprego graças a ele e 88, não.

c. Pedir a um ex-professor por indicações de empregos. Também esse método apresenta 12% de taxa de êxito. Ou seja, de cada 100 pessoas que o utilizam, 12 encontrarão emprego e 88, não.

d. Ir a uma instituição governamental de alocação de empregos. Esse método apresenta um índice de retorno da ordem de 14% — ou seja, 14 pessoas encontrarão emprego, em cada 100, utilizando este método, e 86 continuarão desempregadas.

Estou certo de que você percebeu que nossos velhos amigos — currículos, anúncios nos jornais, agências — aparecem *todos* na Lista dos Cinco Piores.

Assim, se você usa currículos, anúncios ou agências para encontrar empregos e isso dá em *nada*, não significa que não existam empregos por aí. Significa apenas que os *métodos utilizados* são ineficientes para encontrá-los. Peço desculpas por isso!

Já está na hora de aprender novas maneiras de encontrar os empregos que estão por aí. E isso nos leva a:

AS CINCO MELHORES MANEIRAS DE TENTAR ENCONTRAR ESSES EMPREGOS QUE EXISTEM POR AÍ

1. **Pedir indicações de emprego** a familiares, amigos, pessoas da vizinhança. Você deve fazer uma única pergunta: "Você sabe de algum emprego, no local onde trabalha ou em outro qualquer?" *Este método apresenta um índice de retorno da ordem de 33%, ou seja, 33 de cada 100 pessoas que o utilizam encontram emprego dessa maneira.*

De cada 100 caçadores de emprego, 67 não encontrarão os empregos que *estão* por aí, usando apenas esse método.

2. **Bater na porta de qualquer empregador, fábrica ou escritório em que você esteja interessado**, independente de saber se eles têm uma vaga ou não. *Este método apresenta 47% de índice de sucesso — ou seja, de cada 100 pessoas que o utilizam, 47 encontram um emprego graças a ele.*

E 53 caçadores de emprego, de cada 100, não encontrarão os empregos que *estão* por aí, usando apenas este método.

3. **Sozinho, usar as Páginas Amarelas** para identificar atividades ou áreas que interessem a você, na cidade onde mora, e então telefonar para os empregadores listados nessa área de interesse, perguntando se estão empregando pessoal para o tipo de trabalho que você pode fazer — e fazer bem. *Este método apresenta 69% de bons resultados, ou seja, 69 em cada 100 pessoas que o utilizam encontrarão um emprego dessa maneira.*

De cada 100 caçadores de emprego, 31 não encontrarão os empregos que *estão* por aí utilizando apenas este método.

4. **Juntamente com outros caçadores de emprego, usar as Páginas Amarelas** para identificar atividades ou áreas que interessem a você, na cidade onde mora, e então telefonar para os empregadores listados nessa área de interesse, perguntando se estão empregando pessoal para o tipo de trabalho que você pode fazer — e fazer bem. *Este método apresenta resultados positivos em 84% dos casos, ou seja, 84 de cada 100 pessoas que se valem dele conseguem assim seu emprego.*

O que equivale a dizer que 16 caçadores de emprego, em cada 100, não encontrarão os empregos que *estão* por aí, se utilizarem exclusivamente este método.

5. **A abordagem criativa por parte de um caçador de empregos ou de alguém que deseja mudar de profissão.** Isso pode ser feito individualmente ou em grupo. O sistema, de uma maneira geral, funciona assim: *Faça um inventário detalhado de você mesmo. Descubra quais das suas habilidades prefere desenvolver, em ordem de prioridade. Descubra em que áreas você quer usar essas habilidades. Converse com pessoas que estão nessas profissões. Então, escolha as empresas em que você gostaria de trabalhar, ao invés de* descobrir *se estão oferecendo vagas nelas. Pesquise sobre essas companhias, minuciosamente, antes de abordá-las. Busque saber qual a pessoa que tem de fato o poder de contratá-lo para o emprego que deseja; utilize seus contatos pessoais e seus amigos para marcar um encontro com essa pessoa. Mostre a ela como você pode ajudá-la a resolver problemas.* Não pule etapas, não tome atalhos. Este método é explicado detalhadamente na parte do livro intitulada "Para caçadores de emprego que dispõem de tempo e paciência". *Proceder deste modo dá certo em 86% dos casos — quer dizer, de cada 100 caçadores de emprego ou pessoas que desejam mudar de profissão que se valem desse método, 86 conseguem um emprego ou uma mudança de profissão.*

E 14 caçadores de emprego em cada 100 não encontram os empregos que *estão* por aí, utilizando somente este método.

E SE VOCÊ USAR MAIS DE UM MÉTODO?

Ah, você é brilhante! Que boa idéia! Graças aos estudos que temos desenvolvido, sabemos o que lhe responder a respeito. Como deve ter suspeitado, quanto mais métodos de caça ao emprego forem utilizados, maiores as chances de êxito. Isso faz sentido, não é?

No entanto, um estudo recente, publicado há quatro anos, revelou uma estranha mudança nessa questão. É verdade que suas chances de encontrar esses empregos que sempre estão por aí aumentam com o uso combinado de mais de um método — mas apenas se você utilizar até no máximo quatro deles. Se usar mais de quatro métodos, suas chances de encontrar esses empregos que estão por aí começam a decrescer.

Refleti bastante sobre essa descoberta bizarra e concluí que a explicação deve ser a seguinte: quando você utiliza mais de quatro métodos, termina por não utilizar nenhum deles direito. Você acaba dedicando a cada método menos tempo do que ele merece e necessita para trazer resultados.

NÃO USE APENAS UM MÉTODO

Bem, então por que não usar um único método, extremamente bem?

Acontece que, nos EUA, assim como em outros países, a caça ao emprego-padrão demora de dois a quatro meses *e* um terço dos caçadores de emprego deixa de encontrá-lo porque *desiste* antes de esgotar-se esse prazo. Freqüentemente, é claro, a caça ao emprego é ainda mais longa — dura de seis meses a dois anos, ou mesmo mais — e muitos caçadores de emprego fracassam simplesmente porque abandonam a procura cedo demais. Caçar empregos demanda persistência e um bocado de garra.

Então, por que desistimos? Quer dizer, precisamos ganhar a vida, não é? Por que desistir?

Parece que a resposta a isso está relacionada à quantidade de métodos empregados. Por exemplo, alguns estudos descobriram que, de cada 100 caçadores de empregos que utilizam apenas um método, 51 abandonam sua empreitada aí pelo segundo mês.

Por outro lado, dos 100 caçadores de emprego que se valem de *diversos* métodos, apenas 31 abandonam a caçada, até o segundo mês. A lógica parece apontar para o fato de que se você usar apenas um método — digamos, enviar currículos — e se isso não funcionar rápido o bastante, você tende a perder as esperanças. Mas, se estiver usando dois, três, ou quatro métodos, suas esperanças se mantêm acesas — *"Com certeza, alguma dessas tentativas vai dar em alguma coisa!"* — e, assim, você prossegue procurando.

A moral da história é: nunca use apenas um método, porque você vai se desencorajar rapidamente se não conseguir resultados quase que imediatos. A experiência dos caçadores de emprego bem-sucedidos nos diz que você deve usar mais de um método, mas não acima de quatro.

Não considerando apenas os números, é claro que você pode optar por usar um ou mais dos métodos listados entre os Cinco Melhores — e deve evitar escolher todos os seus quatro entre os Cinco Piores. (*Entre os Cinco Piores, sugiro que use os currículos — porque estou presumindo que você não terá perdido a sua injustificada fé neles, não importando tudo o que lhe disse a respeito. Tá bem, tá bem! Mas, por favor, certifique-se de reforçá-los com um ou mais métodos tirados da lista dos Cinco Melhores.)*

RESUMO

A maioria dos caçadores de emprego e das pessoas que querem mudar de profissão acreditam que, independente do método que utilizam, se houver empregos aí fora, haverão de encontrá-los.

No entanto, de fato, estudos feitos sobre bem-sucedidos e mal-sucedidos caçadores de emprego revelam que *tudo* depende do método ou dos métodos que você estiver empregando.

> Há sempre empregos esperando para ser ocupados. O caçador de empregos bem-sucedido é aquele que descobre como encontrá-los.
>
> Obter êxito na caça ao emprego é algo que se aprende. É uma habilidade que pode ser estudada e dominada. Por você.
>
> Este livro destina-se a ensiná-lo a dominar esta habilidade.

Se você usar métodos relativamente ineficazes e isso não trouxer resultados, naturalmente vai dizer: "Bem, não existem empregos." Mas a verdade é: existem, sim! Simplesmente você está utilizando o método errado de encontrá-los (*uma sugestão: currículos não resolvem a coisa!*).

Você precisa empregar um método eficiente e, com toda tenacidade, dedicar-se à sua caça ao emprego. Considere a conveniência de usar pelo menos dois dos melhores métodos, porque é assim que manterá sua esperança acesa. Com esperança, você vai persistir até encontrar o que procura.

CAPÍTULO TRÊS

PARA OS CAÇADORES DE EMPREGO IMPACIENTES

ESTRATÉGIAS RÁPIDAS

47 DICAS, PALPITES E ATALHOS

Capítulo 3

Sumário

O que nos deixa impacientes na caça ao emprego?

Bem, primeiro, é uma coisa demorada. Há anos, a caça ao emprego-padrão nos EUA dura cerca de cem dias. Pode ser muito menos, mas — vamos abrir o jogo! — pode também demorar muito mais. Muito, muito mais. Seis meses. Um ano. Dois anos.

E... um terço dos caçadores de emprego nunca encontra trabalho porque *desiste* antes que transcorram os primeiros meses. Especialmente se estão usando um único método, tal como enviar currículos, para encontrar os empregos que estão por aí.

Não é à toa que fica tão fácil nos tornarmos caçadores de empregos impacientes.

"Vamos acabar logo com isso!"

Então, nossa irritação cresce. Sabemos que os empregos estão por aí, mas por que devemos ir *à caça* deles? Por que alguém, simplesmente, não nos oferece algum desses empregos?

Sempre sonhamos com alguém que nos livre da caçada. Queremos alguém que nos *salve*, que venha em nosso auxílio e nos dê trabalho: *"Aqui, garoto! Tome um emprego, todo seu!"* Alguém que nos poupe tanto esforço, sangue, suor e lágrimas.

Temos uma vaga idéia sobre quem deve ser esse alguém: talvez o governo, ou então nosso ex-patrão (que, afinal de contas, nos *deve* alguma coisa), ou os sindicatos. Aguardamos pelo salvamento.

E ele não chega.

A dura verdade é: ninguém deve a você um emprego, não importa o que sua família ou seus amigos andem lhe dizendo. Se quer um emprego, é você quem tem que procurar por ele, e dar muito duro, para conseguir encontrá-lo.

QUEM SÃO OS ESPECIALISTAS NA CAÇA AO EMPREGO?

Se você não sabe como encontrar um emprego, há uma solução simples para acelerar seu aprendizado: vá conversar com caçadores de emprego bem-sucedidos na sua família, entre seus amigos e conhecidos — pessoas que *estiveram* em busca de emprego e que conseguiram encontrar um trabalho, o qual, de fato, amam. Aprenda com eles. Então, imite-os. Se fizer isso, provavelmente, pode atirar fora este livro.

No final das contas, é assim que se domina *qualquer assunto.* Se você joga tênis e quer aprimorar o seu jogo, deve ir conversar ou treinar com quem é um *bom* jogador de tênis para aprender suas técnicas. Se você é um corredor e quer melhorar seu desempenho, deve ir conversar ou treinar com *bons* corredores e aprender com eles. Se você pinta e quer aprender como pintar melhor, irá estudar com um mestre da pintura para aprender seus segredos.

É a mesma coisa na caça ao emprego. Se você é um caçador de empregos e quer aprender como fazer isso da melhor forma, converse com gente que é boa no assunto.

Claro que você pode não conhecer muitos caçadores de emprego bem-sucedidos em seu círculo de relações. E é por isso que você tem esse livro em suas mãos. Você espera que eu os conheça. Ah, sim, eu conheço *muitos, milhares* deles e, retomando o tema deste capítulo, quero oferecer

a você diversos palpites, dicas, atalhos e uma estratégia rápida para os caçadores de emprego impacientes — coisas que venho aprendendo com eles nos últimos 25 anos ou mais.

Desnecessário dizer (*mas vou dizer assim mesmo*) que nenhuma dessas dicas *garante* que você encontre um emprego. A vida nunca funciona de forma tão mecânica. Há muita coisa que depende de sorte, de oportunidade e de *abre-te sésamos.* Mas, se seguidas com alguma devoção, estas idéias podem pelo menos aumentar *enormemente* suas chances de encontrar um emprego com maior rapidez, como o descobriram muitos caçadores de emprego que o antecederam.

Dicas

Sobre a Caça ao Emprego Em Geral

★ Você precisará ir à caça de empregos muitas vezes em sua vida.

★ Com o trabalhador americano, isso acontece, em média, oito vezes na vida.

★ Pode ocorrer a cada três anos, mais ou menos.

★ Você deve aprender com sua própria experiência, desta vez. Assim, na próxima caça ao emprego, saberá o que fazer.

★ A maioria das pessoas toma decisões sobre suas profissões às pressas.

★ Há três partes fundamentais do processo de caça ao emprego e de mudança de profissão: o que, onde e como. Você necessita aprender técnicas que vão ajudá-lo a lidar com cada uma.

★ Mais importante do que as técnicas, entretanto, é a sua postura em relação à caça ao emprego. Postura é *tudo.*

> "Nós, que vivemos em campos de concentração, podemos lembrar os homens que caminhavam entre os alojamentos confortando os demais, dando seu último pedaço de pão, desprendidamente. Podiam ser poucos, mas nos proporcionavam o suficiente para provar que tudo pode ser tirado de um homem, à exceção de uma coisa: a última das liberdades humanas — a de escolher que postura adotar, diante de qualquer circunstância..."
>
> Victor Frankl

Postura quer dizer: sua postura diante da caça ao emprego. Sua postura diante dos empregadores. Sua postura diante do emprego. Acredite em mim, sua postura é a primeira (e a última) coisa que reparam em você.

Portanto, não é surpresa nenhuma quando, perguntados por que não admitiram *fulano ou beltrano*, o empregador invariavelmente responda: "Ele tinha uma *postura* realmente problemática." Ou: "Não gostei da postura dele." Ou: "Achei que ele demonstrava uma postura irresponsável."

Para o caçador de emprego impaciente, ansioso por encontrar um emprego tão rápido quanto possível, sua postura é a primeira coisa que deve ser observada e (se necessário) corrigida.

UMA QUESTÃO DE POSTURA

Postura, antes de tudo, é como você se dá com as pessoas, de acordo com a sua personalidade. É a primeira coisa em que todo empregador repara a seu respeito, durante a entrevista de seleção, *ou mesmo antes — no contato telefônico ou através do seu currículo.*

Postura é a questão decisiva em relação a você, é o que dança tão tentadoramente quanto bombons na cabeça de todo empregador.[1] Eles reparam, imediatamente, se você é ou não uma pessoa agradável de se ter por perto. Reparam, também e imediatamente, se você é do tipo que se interessa pelos outros, pelas suas necessidades e interesses, ou se só pensa em si próprio. Se você põe em ação energia e entusiasmo ou se procura poupar esforços e costuma ficar mal-humorado. Se está zangado ou em paz consigo próprio e com o mundo. Se você se joga, ou se é do tipo retraído. Se é comunicativo ou monossilábico. Interessado em somar ou em subtrair. Ansioso por fazer seu trabalho o melhor possível, dando algo a mais, ou se procura apenas despachar seus afazeres.

Um empregador pode até contratar alguém menos qualificado, mas que apresente uma postura mais positiva, preterindo uma pessoa bastante qualificada, mas que demonstre posturas inapropriadas. Todos já tiveram más experiências com pessoas do tipo inconveniente, no passado. E isso é o suficiente para saber que se forem idiotas o bastante para contratar alguém que tenha se revelado uma pessoa com uma postura negativa, vão penar para livrarem-se dele. Por essa razão tornam-se supersensíveis a respeito de suas atitudes, desde o primeiro momento em que põem os olhos em você.

---

[1] Ou, se você trabalha por conta própria, é o que sempre passa pela cabeça de todos os seus clientes em potencial.

SUA POSTURA EM RELAÇÃO AO MERCADO DE TRABALHO ATUAL

Das considerações gerais, vamos para as mais *específicas*. Os empregadores são bastante sensíveis quanto à maneira com que você está lidando com o mundo. Você age de acordo com o mundo como ele é hoje... ou com o mundo que desejaria que existisse?

Se você foi injustamente demitido do seu emprego anterior, sua necessidade mais urgente é livrar-se de toda a sua indignada raiva contra o mercado de trabalho pelo fato de ele se apresentar tão diferente daquilo que você acreditava. Se não, sua raiva vai enterrar todos os seus esforços para procurar emprego. Você vai empestear com ela todo empregador que for visitar, assim como podemos farejar o último trago de um bêbado.

Você pode amar ou odiar o que aconteceu com o mercado de trabalho dos anos 90 e como isso afetou a sua vida. Mas precisa fazer as pazes com o que passou. Nesta arena, assim como em outras, a postura é *crucial* e todo empregador vai reparar nesse ponto.

Muito bem, então como você deve preparar sua cabeça para o mercado de trabalho de hoje? Há quatro posturas que, segundo acredito, são fundamentais para obter-se êxito na caça ao emprego:

• **1. Todo emprego que você conseguir é temporário**. *Quer dizer, "de duração incerta". No Brasil, 65% das pessoas economicamente ativas* não *possuem seus próprios negócios. Assim, provavelmente, você vai acabar trabalhando para alguém. E vai depender desse alguém, não apenas de você, quanto tempo o seu emprego vai durar. E, se esse alguém quiser, o seu emprego pode acabar a qualquer momento e sem nenhum aviso.* Você estará sempre à prova, assim como a empresa em que estiver trabalhando. A questão é: você está preparado para o seu próximo emprego quando esse acabar?

Evidentemente, *essa é a própria natureza do mercado de trabalho atual. Assim, quando for à caça de empregos, você deve pensar consigo próprio: "Estou à procura de um emprego que é, em princípio, temporário. Não sei quanto irá durar. Portanto, esta não será a última vez que saio à procura de um emprego. Eu terei que me preparar mentalmente para voltar à caça de um emprego a qualquer momento."*

Vai ajudar muito a você se, antes de iniciar sua caçada, assumir a postura de encarar o emprego que encontrar, seja qual for, como um emprego temporário, que pode acabar a qualquer momento. De uma certa forma, isso sempre aconteceu, mas, atualmente, acontece mais do que nunca.

Ao preparar-se para assumir essa postura, no futuro, escreva num pedaço de papel à parte quanto tempo durou cada emprego em sua vida profissional.

• **2. Todo emprego que você conseguir é, essencialmente, um aprendizado**. A questão é: o que você está aprendendo?

Claro que você quer um emprego que ponha pão em sua mesa, roupas em seu corpo e um teto sobre sua cabeça. E quer também que ele lhe dê certa satisfação, realização. Mas... Quase todo emprego hoje está mudando tão depressa, em seus aspectos mais essenciais, que você precisa pensar nesse emprego que está procurando como mais um que vai se tornar um aprendizado, para você. Pense nele como se estivesse num curso. Há muita coisa que você tem que aprender... desde o início e por todo o tempo que durar. Você precisa não apenas estar pronto para aprender. Você precisa enfatizar para qualquer empregador em potencial o quanto adora aprender novas tarefas e procedimentos, e como consegue fazer isso depressa.

Antes de começar sua caça ao emprego, é sempre útil assumir a postura de encarar qualquer colocação que conseguir como um curso, uma experiência de aprendizado. Em alguma medida, isso sempre foi verdade e, atualmente, mais do que nunca.

Ao preparar-se para assumir essa postura, no futuro, anote num papel em separado o que você aprendeu no seu atual ou no mais recente emprego/curso que teve.

• **3. Todo emprego que você conseguir é essencialmente uma aventura.** *A maioria de nós adora aventuras. E aventura é uma série de eventos sem lógica, imprevisíveis. Assim são os empregos, hoje em dia. Então, muito bem. Nunca se sabe o que pode acontecer. Se você trabalhar em uma companhia — seja qual for o tamanho dela — é bem possível que os dramas encenados ali, todo mês, sejam páreo duro para qualquer telenovela. O jogo do poder! Ambição! Boatos! Decisões lamentáveis! Estranhas alianças! Traições! Recompensas! Viradas de mesa que ninguém poderia prever vão se desenrolar diante de seus olhos. Haverá vezes em que você vai adorar o rumo das coisas, noutras, vai odiar!*

Mas, antes de começar sua caça ao emprego, é sempre útil tomar a atitude de encarar qualquer emprego que conseguir como uma aventura. Em alguma medida, isso sempre foi verdade e, atualmente, mais do que nunca.

> Ao preparar-se para assumir essa postura, no futuro, anote em um papel quais foram as aventuras — episódios, acontecimentos inesperados — que ocorreram no seu emprego atual ou no mais recente.

• **4. Em todo emprego que conseguir, a satisfação deve ser conseguida no próprio trabalho.** *Antigamente, a maioria de nós tinha a esperança de encontrar não apenas um trabalho que apreciasse mas, também, de que reconhecessem e estimassem o que fazíamos. Em outras palavras, procurávamos alguma espécie de afeto em nosso ambiente de trabalho. Bem, ainda há, de fato, alguns lugares assim, por aí, nos quais você será estimado, elogiado, distinguido e elevado aos céus. Mas são muito mais raros e difíceis de achar do que antigamente — particularmente em companhias com mais de cinqüenta empregados.*

Mesmo que procure um bocado, você pode terminar num lugar no qual seus patrões esquecem de reconhecer ou de agradecer a enorme contribuição que dá ao negócio, deixando você magoado, sentindo-se pouco estimado e mesmo rejeitado. Finalmente, depois de muitos meses ou de muitos anos, vão dispensá-lo, de uma hora para a outra, justificando-se com alguma mudança na estrutura da empresa ou com a necessidade de "sangue novo", falência, fusão ou influências da Lua.

Assim, considere a urgência de, no mercado de trabalho atual, tomar a atitude de pensar: "Vou arranjar um emprego que alimente minha auto-estima pelo trabalho em si, em vez de procurar por um lugar onde não encontrarei satisfação nenhuma, a não ser que receba elogios dos meus superiores."

Isso sempre foi verdade e, agora, mais do que nunca: antes de iniciar uma caça ao emprego, você *precisa* cuidar ao máximo de definir para si próprio que tipo(s) de trabalho(s) lhe daria(m) grande prazer. E prazer porque:

você consegue usar suas habilidades preferidas,
no ramo em que de fato adora trabalhar,
visando àqueles objetivos que mais gosta de perseguir,
ciente de que Deus sabe que você é perfeito para ocupar aquele lugar, mesmo que seus patrões não concordem.

> Ao preparar-se para assumir essa postura, no futuro, anote em um papel quais satisfações obteve do seu emprego atual ou do mais recente.

MAIS DO QUE UMA SIMPLES CAÇA AO EMPREGO

Você pode escolher entre tentar entrar no mercado de trabalho atual com contentamento ou com relutância. Se estiver relutante — se você exige que seu futuro emprego lhe assegure estabilidade, previsibilidade e não requeira aprender nada de novo —, então sua caça ao emprego vai se tornar dificílima e pode terminar conduzindo-o aos empregos mais entediantes.

Mas, se você adora aprender, se ama a aventura, se realmente gosta de encontrar satisfação em seu próprio trabalho e se pode lidar com a instabilidade, então vá em frente, feliz da vida, e o que estará fazendo será muito mais do que uma caça ao emprego.

Será uma busca por novas oportunidades de aprender. Será uma caça à aventura. E será a descoberta das habilidades de que você mais gosta de utilizar, no ramo de trabalho em que mais aprecia exercitá-las. A própria procura de empregos será um emprego em tempo integral.

E agora, das atitudes, vamos passar para as 47 dicas, sugestões e atalhos, relacionados às três partes da caça ao emprego:

Dicas

Para Decidir O QUE Você Gosta de Fazer

1

☆ Não espere encontrar o mesmo tipo de trabalho que está acostumado a fazer. Ah, eu sei o que está passando por sua cabeça. Se você gostou de seu último emprego, vai pensar: *"Gostaria de encontrar o mesmo tipo de emprego que tinha e de ocupar o mesmo cargo."*

Talvez você consiga. *Mas* esteja preparado para o fato de que, nessa mudança de vida, e por causa das mudanças no mundo, empregos desaparecem. Você não deve ter a expectativa de, necessariamente, encontrar o mesmo tipo de trabalho que executou no passado. Assim, arranque de você os rótulos profissionais (do tipo *"Sou trabalhador autônomo", etc.)* e, em vez disso, defina-se como: *"Sou uma pessoa que faz esse tipo de coisas, assim e assado..."*

Defina outro(s) tipo(s) de serviço que poderia executar, que pode executar e que gostaria de executar.

2

☆ Esqueça as ofertas de vagas. Vá atrás do trabalho que você realmente preferir.

3

☆ Talvez você já tenha em mente que emprego é esse. Pergunte a si próprio: "o que eu gostaria de fazer, mais do que qualquer coisa no mundo?". Entre as pessoas que vê por aí, que encontrou na vida ou sobre quem leu a respeito, qual delas tem o trabalho que você mais amaria poder fazer? Talvez saiba definir isso logo de cabeça. Talvez seja alguma coisa que você já fez em seus horários vagos (*como: confeccionar vestidos, consertar embarcações, etc.)*

4

☆ Talvez não saiba que emprego é esse que você adoraria ter. Nesse caso, há uma regra simples a seguir: **não decida sobre seu futuro até ter levantado seu passado** (pegue uma boa quantidade de folhas de papel em branco, um lápis — ou vá para o seu computador — e liste algumas respostas para estas perguntas):

"O que já fiz no passado que realmente adorei executar?" (*Hobbies*, atividades para ocupar tempo livre, trabalho voluntário?)

"O que *apreciei* nessas coisas? O que ainda me atrai nessas tarefas?"

"No que sou bom? O que todas as pessoas me dizem a respeito?"

"O que eu adoraria vender, *se* tivesse que ganhar a vida como vendedor?"

5

☆ Faça a si mesmo perguntas simples. Por exemplo: você prefere usar sua habilidade com o trato de pessoas, sua habilidade para pensar, sua habilidade em lidar com informação? Como alguém já disse, a base em todo planejamento de profissão é simplificar as coisas que você conhece a seu próprio respeito e selecionar, entre essas, aquelas que dão brilho à sua vida.

6

☆ Existe em você algum tipo de sensibilidade para uma coisa qualquer que acredita que o torne especial, entre as outras pessoas? Poderiam ser coisas que seus olhos enxergam (por exemplo, cores, expressões faciais, a maneira de um corpo demonstrar lesões), ou coisas que seus ouvidos percebem (o canto dos pássaros, por exemplo), coisas que seu nariz capta (vagos odores no ar, por exemplo), coisas que sua boca detecta (sabores particulares), coisas que seu corpo sente (correntes de ar, mudanças de temperatura), ou coisas que sua mente constata (conecções, desarmonia, ou quem sabe você tenha uma boa memória para detalhes), etc., etc. Em que espécie de trabalho você poderia utilizar essas sensibilidades?

7

☆ O que entusiasma você? Se alguma coisa o entusiasma, você será bom nela; caso contrário, nada feito.

8

☆ O que exaure você? O que lhe dá energia? Procure empregos e serviços que lhe dêem energia. Quais são os seus *hobbies*? Astronomia? Aviões? Ciclismo? Ornitologia? Canoagem? Livros? Carros? Cavernas? Colecionar selos ou moedas? Ou bonecas, ou qualquer coisa? Culinária? Artesanato? Dança? Eletrônica? Pescaria? Flores e jardinagem? Genealogia? Cavalos? Caça? Malabarismo? Mágica? Artes marciais ou outra atividade física? Minerais e rochas? Modelismo? Motocicletas? *Outdoors*? Bichos de estimação? Fotografia? Confecção de bonecos? Trens? Viagens? Trabalho em madeira? O quê? Verifique quais trabalhos podem sinalizar alguma coisa a você.

9

☆ Qual é, ou qual gostaria que fosse, sua contribuição para o mundo?

10

☆ O que você mais detesta no mundo e o que mais gostaria, no mundo todo, de erradicar, corrigir, consertar? Como seus dons se encaixariam na realização disso? Qual produto ou serviço você acredita que seja realmente necessário em sua comunidade?

11

☆ O que você quer da vida?

12

☆ Quais são suas habilidades mais desenvolvidas (e preferidas)? Se não tem nenhuma pista, consulte a amostra de verbos-habilidades, na página seguinte. Normalmente, caçadores de empregos ou pessoas que querem mudar de profissão usam listas como essa, pondo uma marca em cada habilidade que: a) você acredita que possui. E outro tipo de marca em cada habilidade que: b) você aprecia exercitar. E mais outro tipo diferente de marca nas habilidades que: c) você acredita que poderia desenvolver.

Uma Lista de 246 Habilidades

acatar
aconselhar
adaptar
adestrar
administrar
adquirir
agendar
agir
agrupar
ajudar
ajuizar
ajustar
alcançar
analisar
antecipar
aperfeiçoar
apreender
aprender
arbitrar
argumentar
armazenar
assumir responsabilidades
atender
atingir
atualizar
avaliar
calcular
cantar
captar
checar
chefiar
classificar
coletar
coligir
combinar
compilar
completar
compor
compreender
computar
comunicar
conceber
conceitualizar
conduzir
conferir
conservar
consolidar
construir
contar
contextualizar
controlar
conversar
cooperar
coordenar
copiar
correr riscos
corresponder
costurar
criar
criar esquetes
dar seguimento
datilografar
decidir
definir
deliberar
descobrir
desempenhar
desenhar
desenvolver
desviar
detalhar
detectar
determinar
diagnosticar
direcionar
dirigir
dispensar
dispor
dissecar
distinguir
distribuir
dramatizar
editorar
elevar
eliminar
empreender
encabeçar
encaminhar
encomendar
encontrar
enfatizar
enfrentar dificuldades
ensinar
entrevistar
erguer
esboçar
escavar
escrever
estabelecer
estudar
examinar
expandir
experimentar
explicar
expressar
extrair
falar
fazer
fazer reparos
financiar
fixar
formar equipes
formular hipóteses
fornecer
fotografar
generalizar
gerenciar
gravar
guardar
guiar
identificar
ilustrar
imaginar
implementar
imprimir
improvisar
influenciar
iniciar
inovar
inspecionar
inspirar
instalar
instituir
instruir
integrar
interpretar
intuir
inventar
inventariar
investigar
jogar
julgar
lavar
ler
lidar
liderar
manipular
manter
manusear
mapear
mediar
memorizar
mensurar
ministrar
modelar
modernizar
moldar
monitorar
mostrar
motivar
multiplicar
navegar
negociar
notificar
observar
obter
oferecer
ofertar
operar
orçar
organizar
orientar
originar
ouvir
perceber
persuadir
pesquisar
pilotar
pintar
planejar
plantar
preencher
preparar
prescrever
prever
produzir
produzir estimativas
proferir sentenças
programar
projetar
promover
proteger
prover
providenciar
publicar
questionar
reabilitar
reaver
receber
recomendar
reconciliar
recordar
recrutar
reduzir
reforçar
refutar
relacionar
repartir
representar
resolver problemas
restaurar
reunir-se
rever
revisar provas (de livros)
seguir
selecionar
separar
simbolizar
sinergizar
sintetizar
sistematizar
solucionar
substituir
sumariar
supervisionar
suscitar
testar e provar
tomar
tomar instruções
trabalhar
traduzir
transcrever
transmitir
treinar
tutorar
unificar
unir
usar
utilizar
valorizar
vencer
vender
verbalizar
verificar
viajar
visualizar

Pode acontecer que uma habilidade receba as três marcas — e essas, de fato, são as que você deve perseguir com mais firmeza, na procura do emprego que sugerirem.

Se nada disso funcionar, e se você não conseguir pensar em nada que gostaria de fato fazer, algo que já esteja bem na sua cabeça (ou na ponta da língua), então vá para o *Manual Pára-quedas*, a segunda parte deste livro, e faça os exercícios que estão lá, entre outras coisas, para pessoas como você.

13

☆ Na verdade, o maior problema que você vai enfrentar com empregadores não diz respeito às habilidades que possui, mas, sim, como as usa: ou seja, querem saber se você apenas tenta se manter ocupado, ou se tenta de fato resolver problemas, aumentando assim sua eficiência, bem como a eficiência da organização.

14

☆ Quais problemas suas habilidades poderiam ajudar um empregador a resolver? Por exemplo, suas habilidades poderiam ajudar um empregador a: fazer os clientes desejarem retornar, melhorar a qualidade do serviço, a qualidade do *merchandising*, acelerar as entregas, reduzir os custos, criar novos produtos... ou o quê?

15

☆ Empregue um pouco de tempo considerando o que pode fazer você se destacar de 19 outras pessoas que sejam capazes de executar o mesmo serviço. Geralmente, vai ser uma questão de *estilo*. Você faz as coisas com mais facilidade ou mais depressa... ou o quê? Numa entrevista de seleção, em que estará competindo com 19 outros candidatos, quanto mais respostas você obtiver para essas perguntas, melhores são suas chances de ser o escolhido para o emprego. Não espere que um empregador vá descobrir isso por você. Esteja preparado para dizer, modéstia à parte: *É nisso que eu levo vantagem.*

Dicas

Para Decidir ONDE Você Gostaria de Empregar Suas Habilidades

O próximo passo de qualquer caça ao emprego deve ser a pergunta: *Onde? Onde* você gostaria de empregar suas habilidades?

Faz enorme diferença o lugar *onde* você desempenha suas funções preferidas. Todo mundo sabe que a diferença entre trabalhar como enfermeira, atendendo bebês ou numa firma de advocacia é justamente a mesma que separa a noite do dia.

A questão de *onde* você desempenha suas funções favoritas envolve pensar sobre a área em que escolhe trabalhar. Então, as perguntas que você deve se fazer (cuidando de anotar as respostas) são:

16

☆ Quais são seus interesses preferidos? (*Computadores? Jardinagem? Espanhol? Leis? Física? Lojas de departamentos? Hospitais?, etc., etc.)*

17

☆ Se não puder pensar em nenhum interesse que mais aprecie, pergunte-se se conseguiria conversar com alguém sobre *alguma coisa* por um dia inteiro, um dia após o outro... Sobre que assunto ou que área de interesse vocês conversariam?

Se estivesse abandonado, numa ilha deserta, tendo por companhia uma pessoa que tivesse capacidade de conversar apenas sobre alguns poucos assuntos, você rezaria para que fossem quais esses assuntos?

Se acontecer de você ter mais de um interesse que mais aprecia, trabalhe com dois de cada vez e pergunte-se: se estivesse conversando com alguém sobre dois de seus assuntos favoritos, para qual deles dirigiria a conversa? Qual assunto você escolheria?

18

☆ Uma vez que descubra quais são os lugares que mais o interessam, olhe lá atrás, para suas respostas no item *O Que*, e veja se pode colocar lugar e tipo de trabalho juntos, utilizando-as numa função específica. Por exemplo, se adorar trabalhar com cálculos, e seu lugar favorito for um hospital, você deveria tentar uma colocação no departamento de contabilidade de um hospital.

19

☆ Dispondo de alguma idéia sobre que empregos o interessam, vá visitar os locais onde esses empregos estão e converse com as pessoas que executam essas funções, para checar se a coisa *realmente* interessa a você ou não. Isso é chamado "pesquisa informal" ou (às vezes) "entrevista para coleta de informações".

20

☆ Se você está decidido a permanecer na sua antiga profissão (e foi dispensado em função de um enxugamento da empresa *ou qualquer coisa assim*), há sempre maneiras de adotar novos direcionamentos. Pergunte-se, por exemplo: "*Quem pode estar interessado nas habilidades e na capacidade de resolver problemas que eu desenvolvi em meu último emprego?*"

Pergunte a si próprio quem você atendeu em seu último emprego, que pode estar em posição de contratar alguém com seu talento.

Pergunte-se quem prestou treinamento ou desenvolvimento de pessoal, na sua última companhia ou campo de trabalho: será que alguma dessas pessoas estaria interessada em contratar você?

Pergunte-se com que máquinas ou tecnologia você aprendeu a lidar, a ensinar os outros a lidar ou a aprimorar-se em seu uso, no seu último emprego: quem está interessado nessas máquinas ou nessa tecnologia?

Pergunte-se que matérias-primas (por exemplo, papel fotográfico em câmaras escuras), equipamento ou serviço de suporte você usou em seu último emprego: algum desses fornecedores conhece outros lugares onde seus equipamentos ou serviços de suporte são utilizados?

Pergunte-se quem eram os subcontratados, agenciadores de recursos externos ou agências de emprego temporário utilizados em seu último emprego. Algum deles estaria interessado em contratar você?

Pergunte-se que comunidades ou organizações de serviço estavam interessadas em seus projetos no último emprego: alguma delas desejaria contratá-lo? (*Estas sugestões são uma cortesia de Chuck Young, administrador da Oregon Comission on the Blind, e Martin Kimeldorf, conselheiro de profissões e autor.*)

21

☆ Se você decidiu tentar uma nova profissão (veja o próximo capítulo) ou entrar em um novo ramo (novo para você), mas desanimou-se ao verificar quanto preparo e dificuldade isso custará, vá conversar com pessoas que executam essas funções. E não busque regras ou generalizações. Procure pelo que é excepcional às regras. Por exemplo, todos podem dizer que a regra é: "*Para fazer esse trabalho, você precisa ter curso universitário e dez anos de experiência no ramo.*" Mas você quer descobrir as exceções. "*Sim, mas você sabe de alguém nesse ramo que não possui essas credenciais? Onde posso encontrá-lo?*"

22

☆ Uma vez que você saiba o tipo de trabalho que está procurando, conte a todos do que se trata. Arrume a maior quantidade possível de olhos e ouvidos para ajudá-lo a procurar.

23

☆ Se você possuir uma secretária eletrônica, pode pensar até mesmo em gravar uma mensagem dizendo o seguinte: "*Alô! Aqui é a Sandra. Estou ocupada agora, procurando por um emprego no departamento de contabilidade de algum hospital. Deixe seu recado depois do bip e, se por acaso tiver alguma indicação ou contato para me passar, lembre de dizer isso também, junto com o seu número de telefone. Muito obrigada.*"

Dicas

Sobre COMO Encontrar o Emprego que Você Procura

Como.

Essa é a etapa final de qualquer caça ao emprego.

É a parte mais difícil de *qualquer* caça ao emprego.

Isso, é claro, depois de assegurar-se de ter assumido a correta *postura* a respeito da caça ao emprego, no geral.

Depois de ter decidido *o que* você está procurando.

E *onde* você gostaria de trabalhar.

Você chega a essa questão, que é, afinal de contas, o ponto central de tudo: *como* você encontra esse emprego?

Vimos no capítulo anterior que os empregos estão sempre por aí, e alguns métodos para encontrá-los são muito melhores do que outros.

É claro que você — o Caçador de Empregos Impaciente — deseja saber como fazer isso mais depressa. Certo, aí vão algumas dicas.

24

☆ Para acelerar a sua procura por um desses empregos que *estão* por aí, *você deve pensar em si mesmo como já tendo encontrado um emprego.* Seu trabalho, nesse caso, é a caça ao emprego. Coloque isso num contexto amplo, pense em si próprio como alguém que sempre teve um emprego. Acontece apenas que a natureza desse emprego varia, em diferentes momentos da sua vida. Se você esteve trabalhando para alguém, esse era o seu emprego. Se estava trabalhando para você próprio, esse era o seu emprego. Se está caçando emprego, esse é o seu emprego agora. Você nunca foi um desempregado. Mesmo que o mundo o chame assim, você tem um emprego de horário integral (sem pagamento), das 9 às 5h, todo dia útil, porque a caça ao emprego *é* um emprego de horário integral, como tantos outros que já teve na vida.

25

☆ Já que esse é o seu emprego — procurar por um emprego —, você deve "ligar-se" às 9h e "desligar-se" às 5h, como qualquer outro trabalhador. *Você deve decidir-se a empregar todo o seu tempo nessa fase de sua vida profissional, se deseja acelerar sua caça ao emprego. Isso porque a velocidade com que você conduzir essa parte de sua caça ao emprego dependerá* diretamente *do tempo que empregar nela.*

Enfatizo sempre essa questão do "emprego das 9 às 5h", porque estudos revelam um fato deprimente. Dois terços dos caçadores de emprego dedicam cinco horas, por semana, e às vezes menos, à sua caça ao emprego. Pode acreditar em mim, essa é a verdade.

Você deve dedicar 35 horas por semana, no mínimo, para encontrar um desses empregos que estão *por aí.* E isso — mais do que qualquer outro fator — reduzirá drasticamente o número de semanas que levará para você encontrar um emprego.

Só para ilustrar, vamos imaginar uma mulher procurando emprego, que dedique apenas cinco horas por semana à sua tarefa, e que, depois de trinta semanas, acabe por encontrar uma colocação. Isso significa um total de 150 horas de trabalho.

Agora, vamos supor que a mesma pessoa não tenha tempo a perder — e já saiba que vai ter que despender aquelas 150 horas. Entretanto, decide que vai dedicar 35 horas *por semana* à sua tarefa, com o objetivo de fazer essas horas correrem mais rápido. Como você mesmo pode calcular, a caça ao emprego de 150 horas durará apenas quatro semanas, ou algo assim — esse será o tempo que levará para ela encontrar um emprego, nas mesmas condições.[2]

26

Você deve estar psicologicamente (e financeiramente) preparado para que sua caça ao emprego dure mais do que você pensa. *Até mesmo as mais curtas duram entre duas a 18 semanas, dependendo de uma variedade enorme de fatores, mesmo que você se dedique em horário integral.* Depende, é claro, do tipo de trabalho que está procurando, de onde mora, da sua idade, do quanto você se empenha e da situação local da economia.

Mas nunca aposte nesse mínimo de duas semanas. Esteja preparado para as 18 semanas, ou algo ainda mais longo.

27

Não desista. Seja gentil e amorosamente persistente a respeito de sua caça ao emprego. Um em cada três caçadores de emprego desiste depressa demais. Isso quer dizer que um em cada três se torna um caça-

[2] Claro que existem outros fatores fora do controle dos caçadores de emprego que podem prolongar a procura, tais como o prazo para um comitê de seleção marcar nova rodada de entrevistas para uma colocação que lhe interessa (freqüentemente, você será chamado de volta duas ou três vezes, antes que se decidam a contratá-lo), etc. Mesmo assim, permanece a questão central de nosso exemplo.

dor de emprego fracassado, simplesmente porque abandona sua procura prematuramente. E, se perguntarem por que a abandonaram, vão dizer: "Não pensei que fosse tão difícil." Ou: "Não pensei que durasse tanto tempo". Em outras palavras, o que *acaba* com alguns caçadores de emprego é uma espécie de limite em sua mente, algo mais ou menos assim: "*Tenho esperança de encontrar um emprego depois de trinta telefonemas, 15 deles falando diretamente com a pessoa visada, e três entrevistas.*" Aí, vamos procurar emprego, até atingir ou mesmo exceder esse limite, para, então, desistirmos. Sem encontrar emprego. Um em cada três de nós faz exatamente assim. Não deixe que isso aconteça com você.

Continue, até encontrar um emprego. É um jogo de **persistência**. *Persistir* significa voltar aos lugares que interessaram a você, pelos menos duas vezes, nos meses seguintes à primeira visita, para checar se há alguma novidade no oferecimento de vagas.

Um indivíduo precisa de esperança, acima de todas as outras coisas. E a esperança nasce da persistência.

28

☆ Para acelerar a busca por um desses empregos que *estão* por aí, encontre algum grupo de apoio. Você não precisa enfrentar tudo sozinho. Busque auxílio, faça isso sempre. Você vai se admirar, descobrindo o quanto a ajuda de outras pessoas é capaz de estimulá-lo a persistir — e o quanto seria desencorajado, sem essa ajuda. Isso tudo acelera ainda mais sua caça ao emprego. Aqui vão alguns candidatos dos quais você pode selecionar seu time:

a. Seu colega ou parceiro, avós, irmão ou irmã, ou mesmo seu melhor amigo. Um *capataz amoroso*, é disso que você precisa. Alguém que marque um encontro semanal com você, que cheque o que fez durante a semana e que seja muito sincero, caso tenha feito pouco ou nada, desde seu encontro anterior. Você quer compreensão, simpatia e disciplina. Se o seu colega, irmão ou irmã, ou seu melhor amigo, pode lhe oferecer isso, não ande, corra!... Aliste-os imediatamente.

b. Um orientador vocacional. Garanto a você que orientadores vocacionais não costumam ser incluídos nos grupos de apoio. Se puder pagar por seus serviços, essa é uma boa estratégia de reserva.

29

☆ Para acelerar a sua procura por um dos empregos que *estão* por aí, contate várias e diferentes empresas, e não apenas uma ou duas. Restringir sua procura a apenas uma ou duas de suas empresas preferidas é *a morte.* Não importa o quanto ama aquela empresa, não importa que você desse a vida para trabalhar para aquela pessoa, e também não importa que a situação ali pareça enormemente promissora (*"Telefonaremos para você na próxima semana. Juro!"*), continue a procurar, dia após dia.

Não suspenda sua caça ao emprego apenas porque tem a esperança de que aquela colocação *vá sair.* Continue procurando, em outras companhias, até o dia em que, de fato, estiver empregado! Ou, então, vai ter perdido um tempo muito, muito precioso, quando alguma coisa que parecia *certa* falhar, na última hora.

Muitos de vocês terão bons motivos para lembrar estas palavras, mais tarde, se as ignorarem agora!

30

☆ Para acelerar a sua procura por um dos empregos que *estão* por aí, *esteja determinado a ir atrás de* qualquer *colocação que lhe interessar. Não se importe em saber se estão ou não oferecendo empregos.*

Sublinhe essa regra, copie, cole o papel no espelho do seu banheiro, decore, repita-a para você mesmo, toda manhã. Vou dizer de novo: não se importe em saber se estão ou não oferecendo empregos!

Se você limitar sua procura apenas aos lugares onde sabe que estão oferecendo vagas, vai prolongar sua caçada indefinidamente! Empregos surgem nos lugares *muito antes* que anunciem o oferecimento da vaga. Na maior parte das vezes, quando patrões ou gerentes estão pensando em criar uma nova colocação, essa intenção permanece adormecida em suas mentes por algum tempo, sem que façam qualquer coisa a respeito. Se entrar em contato com eles durante esse período tão oportuno quanto invisível, você surgirá como se fosse a resposta às preces silenciosas que vêm fazendo.

31

☆ Para acelerar a sua procura por um dos empregos que *estão* por aí, *concentre-se em organizações com vinte empregados, ou menos.* Há uma tendência nos caçadores de emprego a fazer das grandes corporações *a medida de todas as coisas* que acontecem no mercado de trabalho. Se as páginas dos jornais estão cheias de notícias sobre essas companhias e sobre o fato de estarem demitindo milhares de empregados, a maioria dos caçadores de empregos presume que as coisas estão *ruins* em toda parte. E acabam por confirmar isso, quando concentram seu foco apenas nas companhias maiores e mais conhecidas. Se não conseguem encontrar um emprego em nenhum desses lugares, resolvem que *ninguém* está contratando. Esse é um equívoco muito comum e muito oneroso.

O fato é que há sempre companhias que estão contratando — mas, geralmente, são pequenas companhias — com cem empregados, ou menos. Essas empresas vêm criando duas em cada três novas colocações, desde 1970. Nos Estados Unidos, por exemplo, durante os anos 80, enquanto as quinhentas maiores listadas pela *Fortune* cortavam 3.7 milhões de pessoas da sua folha de pagamento, pequenas empresas criaram 19 milhões de novos empregos.

Assim, se você deseja acelerar sua caça ao emprego, deve concentrar-se em toda pequena companhia atuando em sua área que pareça promissora — empresas que tenham cem empregados ou menos. Pessoalmente, começaria por empresas que possuem até vinte empregados.

É verdade que firmas menores tendem a oferecer menores benefícios, assim como assistência médica, por exemplo. Por outro lado, são acessíveis, o dono o recebe com mais facilidade, não existem proibições quanto à entrada de pessoas estranhas ao serviço ou departamentos de recursos humanos para fazerem a filtragem. *E* elas têm empregos a oferecer.

Visite qualquer pequena empresa que lhe interessar, mas, se isso não resolver o caso, então procure por pequenas empresas que, particularmente, estejam prosperando, crescendo, expandindo-se. "A maior parte

da geração de empregos, em todos os tempos", como diz Bennett Harrisom, "é dada por uma pequena fração de novas firmas." Nos EUA, dos 245 mil negócios iniciados em 1985, 753 responderam por 75% dos empregos obtidos entre 1985 e 1988. Assim, você está procurando por empresas que são *relativamente* pequenas, mas que estão a caminho de se tornarem *grandes*. Que tal pensar numa companhia como a Apple Computer, que se iniciou numa garagem, ou o ASK Group, de Mountain View, Califórnia, que começou num quarto de hóspedes? De qualquer forma, leia a página de negócios dos jornais diariamente, converse com todo mundo que você puder, visite instituições como o SEBRAE e tente descobrir quais são as pequenas empresas que estão crescendo e se expandindo.

32

☆ Para acelerar sua procura por um dos empregos que *estão* por aí, contate pelo menos *quatro empregadores por dia, pessoalmente, ou, pelo menos quarenta, por telefone; e se estiver fazendo contato através de currículos, mande centenas por semana.* Enfatizo isso porque estudos têm demonstrado que os caçadores de emprego nos EUA visitam apenas seis empregadores por mês. Isso é pouco mais do que um empregador *por semana.* Note bem: *visitas.* Claro que você pode contatar centenas deles toda semana, por escrito (currículos), mas estamos falando de *cara a cara.*

A lógica mais simples vai lhe dizer que essa é uma das variáveis que faz a caça ao emprego demorar tanto. Digamos que você fosse um caçador de emprego mediano, dos que visitam *seis empregadores por mês,* e vamos dizer que leve 12 meses para encontrar um emprego. Matematicamente, isso significa que você contatou 72 empregadores, cara a cara, para encontrar seu emprego.

Mas digamos que esteja com o tempo apertado, quando tiver que sair à caça de novo, e dessa vez você sabe que deve encontrar-se, cara a cara, com 72 empregadores, para ser contratado. Então, você pode resolver contatar, quem sabe, *quatro* empregadores *por dia,* todo dia útil. Nesse caso, cobrir os 72 empregadores e conseguir seu emprego vai demorar pouco mais de três semanas, ao invés de 12 meses!

Tudo isso você pode descobrir sozinho, é simples lógica, mas que está confirmada por estudos apurados, os quais demonstram que, se o caçador de empregos contatar dois empregadores por semana, o tempo médio da procura será de mais de um ano. Mas, se o caçador de empregos procurar dez empregadores por semana, isso reduzirá o tempo médio para seis meses. E, no caso de vinte empregadores contatados por semana, esse tempo médio cai para noventa dias, ou menos.

Portanto, o senso comum determina que você deve procurar *pelo menos* quatro empregadores por dia útil, dois pela manhã e mais dois à tarde. E você deve assumir que terá que fazer isso por muitas semanas (ou meses), ou seja, pelo tempo em que estiver à caça de emprego. É o que vai diminuir enormemente a duração da sua procura.

Quando efetivamente abordar os empregadores, esteja sempre preparado para contar a eles o que o torna diferente das outras 19 pessoas que podem executar a mesma coisa que você. E não se abata, se for rejeitado, se não tiverem nada a oferecer. Seja educado, pergunte se sabem de alguém que possa empregá-lo. Insista, até conseguir o emprego.

33

☆ Para acelerar a sua procura por um dos empregos que *estão* por aí, *use o telefone.* Alguns especialistas, é claro, desaconselham essa estratégia. "Nunca, nunca use o telefone", é o que dizem, em *qualquer* circunstância, porque isso apenas torna mais fácil para o empregador despachar você.

No entanto, todos os programas de caça ao emprego em grupo bem-sucedidos que venho estudando há anos basearam suas ações em utilização *pesada* do telefone.

Quanto mais o grupo estimula seus caçadores de emprego a se valerem do telefone, melhor funciona, ou seja, mais depressa consegue encontrar os empregos para seus membros.

Assim, se você tiver tentado tudo, em vão, dar telefonemas é a sua estratégia de reserva. É quase garantido que saia alguma coisa daí, em função do decisivo peso da quantidade.

Claro que sei que isso não é fácil — para a maioria de nós. Mas, algumas pessoas nasceram para isso, tanto quanto um pato nasceu para viver na água. No entanto, a maioria de nós *odeia* receber pedidos pelo telefone, e odiamos pensar em fazer isso, ainda que estejamos nos dirigindo a outras pessoas (especificamente: aos empregadores).

De qualquer forma, se você decidir fazê-lo (porque está desesperado ou *realmente* impaciente), consulte publicações que podem lhe dizer como enfrentar a tarefa.

Em essência, as 11 coisas que os especialistas enfatizam são:

1. Pegue as Páginas Amarelas e telefone para toda companhia ou empresa listada que desperte seu interesse, perguntando se estão contratando pessoas para a espécie de trabalho que você é capaz de fazer.

2. Anote o que planeja dizer. É algo assim que aconselham os especialistas: antes de telefonar, você deve estabelecer os objetivos da ligação — anote-os, para você mesmo —, fixando os pontos centrais que deseja cobrir, durante a conversa. Muitos especialistas chegam a dizer: "*Anote*

tudo, palavra por palavra." É o seu roteiro, e não tente fugir dele. Não tenha vergonha de ler o que escreveu, desde que não soe como se estivesse lendo, de fato. Ensaie tudo, várias vezes.

3. Se puder, comece a conversa demonstrando ter alguma ligação com seu interlocutor. "Acabei de saber que você... E eu..." Se não puder arranjar uma conexão autêntica, não tente inventar.

4. Fique de pé, enquanto estiver falando ao telefone. Sua voz parecerá mais firme, dessa maneira.

5. Coloque um espelho à sua frente, na parede, ao nível dos seus olhos, para poder observar-se e ver se está sorrindo, enquanto fala.

6. Ligue antes das 9:30h da manhã, ou um pouco antes do meio-dia, ou depois das 5h. Se são os gerentes que você está procurando, e se são muito ocupados, esses são os melhores horários para encontrá-los... Sem intermediários.

7. Uma vez que esteja com a companhia na linha, peça para falar com o gerente. Quando vier atender, dirija-se a ele pelo nome, apresente-se, diga seu nome, e então, resumidamente (*em uma frase, apenas*), exponha sua qualidade pessoal mais forte, sua maior habilidade, uma *breve* descrição da sua experiência, então pergunte se há uma colocação em aberto para alguém com sua qualificação e experiência. Por exemplo: "*Sou um escritor experiente, com três livros publicados, e gostaria de saber se vocês têm algum emprego para alguém com a minha qualificação."* Se a resposta for *"sim"*, marque uma entrevista, repita seu nome algumas vezes. Se for *"não"*, pergunte se sabem de alguém que poderia estar contratando alguém com essa qualificação.

8. Se um conhecido sugeriu que você telefonasse para aquela pessoa, use o nome dele como referência: "Quem me deu a indicação de ligar para você foi..."

9. Se tiver feito alguma coisa que tenha atraído o interesse da comunidade, escrito um artigo no jornal local, por exemplo, introduza isso na conversação, se a ligação durar mais de um minuto.

10. Se o seu interlocutor começar a colocar muitas objeções, tente responder da seguinte forma:

Compreendo...
Sim, concordo com a sua posição...
Estou de pleno acordo...
Claro! Mas...

11. Alguns especialistas aconselham a que você faça menos ligações, selecionando as empresas que de fato lhe interessam, e procure saber mais sobre elas, antes de ligar. Outros aconselham que você não ligue pedindo emprego, mas atrás de alguma informação. E todos aconselham que você agradeça a atenção do empregador, antes de desligar, quer ele tenha lhe dado alguma indicação de emprego ou não.

34

☆ Para acelerar a sua procura por um dos empregos que *estão* por aí, bata em muitas portas — particularmente se você é daqueles que odeiam usar o telefone.

Selecione os lugares. Seja através da lista telefônica, ou andando pelas ruas da cidade ou do bairro, nas quais você gostaria de trabalhar. Então, pessoalmente, entre nas empresas que lhe interessarem e verifique se estão contratando alguém com sua qualificação.

Se quer acelerar sua caça ao emprego, esta dica, para dizer de outra maneira, significa que você tente um contato *cara a cara* com o empregador, sempre que possível, em vez de mandar cartas, ou um currículo. Dos caçadores de emprego que utilizam esta abordagem, 48% conseguem uma entrevista de seleção e, depois, o emprego.

Sim, sei muito bem que isso não é fácil para a maioria de nós. Mas, *se* nada mais estiver funcionando, é uma estratégia de reserva na qual se pode confiar.

Um caçador de empregos disse, certa vez: *"Consegui meu primeiro emprego de verdade batendo em muitas portas, perguntando se precisavam de um projetista. Obtive a primeira resposta na quinta tentativa — que não foi a última porta em que bati. Uma semana depois, estava trabalhando. Tive uma sorte incrível porque o projetista que eles tinham pediu demissão no dia em que fui lá. Trabalhei naquela empresa por dois anos e depois recebi o convite para uma colocação muito melhor por parte de amigos que fiz naquele emprego."*

De uma forma geral, e particularmente no caso de pequenas empresas, você deve falar com o dono ou com o gerente encarregado de contratações — aquele que toma a decisão sobre quem empregar.

Quando bater na porta de organizações maiores, você deve tentar evitar o departamento de pessoal ou de recursos humanos, já que a principal função desses setores é servir de barreira aos caçadores de empregos, para que ninguém incomode o **pessoal de cima**. No entanto, há exceções para essa regra, lugares onde esses departamentos atuam de forma prestativa, gentil, e têm o poder de contratar novos empregados. Você deve avaliar a situação, segundo seu bom-senso. (*Você só deve ser encaminhado para esses departamentos no caso de empresas maiores, já que apenas 15% das organizações, no máximo, mantêm setores do gênero.)*

Em organizações mais **frias**, se a única pessoa que conseguir ver for a recepcionista ou alguém do departamento de recursos humanos, o que vai acontecer é que pedirão que preencha um formulário, candidatando-se.

Formulários desse tipo são perguntas e respostas muito básicas, tais como: seu nome, endereço, idade, lugares em que você já trabalhou, etc.

Variam muito de complexidade, dependendo, digamos, se for uma cadeia de *fast-food* ou uma firma de engenharia. *Se* você decidir que vale a pena preencher o formulário, use uma caneta de tinta preta em boa caligrafia, responda a todas as perguntas e preencha todas as lacunas, mesmo que a pergunta não se aplique a você (escreva "a pergunta não se aplica a mim", nesses espaços), escreva "*em aberto*", no espaço reservado para sua pretensão salarial, e assine. Se perguntarem as razões por que deixou seu emprego anterior, você pode escolher entre as respostas: *o cargo foi extinto, tive problemas familiares a resolver (sem entrar em detalhes), era um emprego temporário, quero mudar de profissão, desejo mais responsabilidades do que me davam.*

Se você nunca viu um formulário desse gênero na sua vida, e se pretende entrar nas organizações **frias**, deve se familiarizar com formulários, com antecedência. A única maneira de fazer isso, sem arriscar uma de suas chances de emprego num lugar que realmente lhe interesse, é visitar uma empresa de *fast-food* ou alguma grande companhia na qual não tenha intenção de trabalhar e que mantenha um departamento de pessoal. Lá, você deve, simplesmente, pedir um formulário para candidatos a emprego e sair direto porta afora.

Leve o formulário para casa, onde você pode estudá-lo e dar uma praticada em como preenchê-lo. Depois que tiver aprendido o que precisa, jogue-o na cesta de lixo. Não o devolva à empresa de onde o pegou. O objetivo deste exercício é simplesmente descobrir como é um formulário desse tipo e não usá-lo de verdade — pelo menos, no momento. Agora que já sabe como é um formulário de pedido de emprego, espero que você nunca precise preenchê-lo.

O método de abordagem do tipo "entre lá" pode dar resultados para você ou não. A eficácia é provavelmente inversamente proporcional ao nível do emprego desejado. O método é mais efetivo para empregos mais modestos do que para uma colocação de nível gerencial. Em seu estudo pioneiro sobre caça ao emprego, anos atrás, Harvey Belitsky e Harold A. Sheppard descobriram que a tentativa cara a cara, mesmo sem contatos prévios ou *indicações*, era *o método mais* efetivo de caça ao emprego *para as colocações mais modestas*. Atenção, trabalhadores dessas categorias: anotem isso.

35

☆ Para acelerar a sua procura por um dos empregos que *estão* por aí, esteja disposto a procurar diferentes tipos de trabalho: empregos de tempo integral, empregos de meio expediente, contratos de curto prazo, empregos temporários, empregos por conta própria ou por contratação numa empresa, etc.

36

☆ Para acelerar a sua procura por um dos empregos que *estão* por aí, lembre-se sempre de que, independente das desvantagens que possam potencialmente prejudicar sua caça ao emprego, há sempre dois tipos de empregadores: *aqueles que, por causa da sua desvantagem, perderão o interesse em você, e que portanto não lhe darão o emprego;*

e

aqueles que, apesar da sua desvantagem, não perderão o interesse em você, e que portanto lhe darão o emprego.

Ocorre que você também não está interessado na primeira categoria de empregadores — os que perderão o interesse em você por causa da sua desvantagem —, não importa quantos sejam, a não ser como fonte de referência.

Você está exclusivamente procurando aqueles empregadores que não perderão o interesse em você, por causa da sua desvantagem, e que o contratarão, *se puder executar o trabalho.*

> Uma vez que consiga ser chamado para uma entrevista de seleção e encontre-se pessoalmente com a pessoa que tem poder para contratá-lo, você, naturalmente, vai querer algumas dicas sobre como proceder na entrevista. Mesmo nessa etapa, as coisas podem se arrastar bastante. E você quer mais do que simplesmente conseguir entrevistas: quer que isso dê num emprego. Daí a necessidade de sugestões sobre como conduzir uma entrevista com êxito. Aqui vão:

37

☆ Para aumentar as suas chances de ser contratado logo, se for você a pedir a entrevista ao empregador, peça apenas por vinte minutos de atenção — e obedeça a esse limite religiosamente. Não permaneça lá nem um minuto a mais. Isso sempre impressiona bem o patrão.

38

☆ Para aumentar as suas chances de ser contratado logo, pesquise dados sobre a empresa, antes de ir para a entrevista. Isso vai colocar você em vantagem (na cabeça do empregador) sobre as outras pessoas com quem ele conversa.

Para esse fim, logo que o encontro for agendado, pergunte diretamente se têm alguma coisa escrita sobre a companhia. Se a resposta for afirmativa, peça que lhe enviem pelo correio, para que você tenha tempo de ler o material antes da entrevista. Ou, então, se a entrevista for no dia seguinte, ofereça-se para ir lá, no mesmo dia, apanhar o material pessoalmente.

Pergunte aos seus amigos se conhecem alguém que trabalha lá, ou que já trabalhou lá, e, se houver alguém nessa situação, peça, *por favor*, para ser colocado em contato com a pessoa.

Você deve familiarizar-se com a história da companhia, com seus propósitos e metas. Todas as organizações, sejam grandes ou pequenas, lucrativas ou não, amam serem amadas. Se você se deu a tanto trabalho

para aprender alguma coisa sobre eles antes mesmo que atravesse a porta da empresa, já estarão bem impressionados com você. Pode acreditar. E isso porque a maioria dos caçadores de emprego não se dá a esse trabalho. Entra lá sabendo muito pouco, ou mesmo nada, a respeito da companhia. Isso deixa os empregadores *malucos.* Quer alguns exemplos?

Certa vez, a primeira pergunta que uma comissão de seleção da IBM fez a um recém-formado foi: "O que a sigla IBM significa?" O recém-formado não soube responder e isso encerrou a entrevista.

Noutra ocasião, um empregador me disse: "Estou tão cheio de caçadores de emprego que vêm e me dizem 'Ah, o que é mesmo que vocês fazem aqui?', que, na primeira vez que alguém vier sabendo alguma coisa sobre nós, vou contratá-lo no ato." E, em uma semana, foi realmente o que ele fez.

Assim, se *você* conseguir entrar e tiver feito seu dever de casa sobre a companhia, isso imediatamente o destaca de outros caçadores de emprego e aumenta enormemente as chances de lhe oferecerem um emprego por lá.

39

☆ Para aumentar as suas chances de ser contratado logo, não fique falando o tempo todo, durante a entrevista. Alguns estudos revelaram que, de forma geral, as pessoas que conseguem ser contratadas são as que combinam meio a meio a fala e a escuta, durante a entrevista. Isso significa que, na metade do tempo, o empregador tem a palavra e, na outra metade, é o caçador de emprego que assume o diálogo. Pessoas que não seguem essa regra são as que não conseguem ser empregadas. Acho que isso acontece porque, se você falar demais a seu próprio respeito, vai parecer alguém que desconsidera os interesses da organização. Por outro lado, se você falar pouco, vai parecer alguém que quer esconder alguma coisa a respeito da sua experiência prévia.

40

☆ Certos estudos revelaram que, quando for a sua vez de tomar a palavra, você não deve falar por mais de dois minutos, em cada oportunidade — isso, se quiser causar boa impressão. De fato, uma boa resposta para a pergunta de um empregador, algumas vezes, toma apenas vinte segundos. Esta é uma informação útil para conduzir com êxito a sua entrevista — que é o que você, com certeza, deseja.

41

☆ Para aumentar as suas chances de ser contratado logo, concentre-se naquilo que pode fazer pelo empregador, ao invés de falar do que o empregador pode fazer por você. Você quer que o empregador o veja como um *Potencial de Novos Recursos* para a organização, e não como um simples *pedinte de emprego* (para citar Daniel Porot). Você quer aparecer como um *solucionador de problemas*, e não como *alguém que apenas se mantém ocupado*.

42

☆ Para aumentar as suas chances de ser contratado logo, pense no que um mau empregado faria na colocação que você está pleiteando — chegaria atrasado, faltaria ao emprego, seguiria seus próprios interesses, ao invés de seguir os interesses do empregador, etc. Então, enfatize para o empregador que você age de maneira completamente diferente, justamente o oposto. Sua principal meta é melhorar a eficiência e os serviços da empresa.

Toda organização tem duas preocupações principais no seu dia-a-dia: os problemas que enfrentam e as soluções criadas pela equipe. Portanto, a principal coisa que o empregador está tentando descobrir, durante a entrevista de seleção, é: se o empregar, você se tornará parte das *soluções* ou apenas mais um a fazer parte dos *problemas*, por lá.

No curso da entrevista, você precisa deixar claro que está fazendo oralmente proposições — seguidas, com sorte, por proposições por escrito — do que pode, efetivamente, fazer para ajudá-los com os problemas deles. Imediatamente, você perceberá que mudança isso significa, em relação ao tipo de abordagem que a maioria dos caçadores de emprego pratica, junto à empresa! (*"Quanto vocês pagam e quais as vantagens de trabalhar aqui?"*) Será que não vão ficar contentes de ver você enfatizando coisas diferentes? Na maioria dos casos, aposto que é o que vai acontecer. Eles querem alguém que ofereça novos recursos, um solucionador de problemas.

Estarão também procurando por empregados: *pontuais, quer peguem no trabalho mais cedo ou mais tarde; que cumpram o expediente, ou mesmo que fiquem até um pouco mais tarde; em quem possam confiar; que tenham uma boa postura; que possuam direcionamento, energia e entusiasmo; que visem a mais do que o contracheque; que sejam autodisciplinados, bem organizados, fortemente motivados, hábeis em gerenciar seu próprio tempo; que possam lidar bem com as pessoas; que usem a linguagem com eficiência; que possam trabalhar em computadores; que assimilem o espírito do trabalho de equipe; que sejam flexíveis e possam responder a novas situações, ou adaptar-se, quando as condições do trabalho mudem; que sejam capazes de receber treinamento e que adorem aprender coisas; que planejem suas ações; que possuam criatividade e sejam bons solucionadores de problemas; que sejam íntegros; que desenvolvam lealdade à organização; que sejam capazes de identificar oportunidades, nichos de mercado, novas tendências. Eles também desejam contratar pessoas que possam faturar mais do que eles lhe pagam.* Apregoe qualquer dessas qualidades que você, honestamente, possua, durante a entrevista.

43

☆ Para aumentar as suas chances de ser contratado logo, esteja certo de que, seja o que for que prometer a seu respeito, durante a entrevista, será cumprido, uma vez empregado. Por exemplo, se você assegurar que é bastante meticuloso com tudo, no seu trabalho, esteja certo de ser meticuloso sobre o que levantou sobre a empresa, previamente. Acima de tudo, lembre que a maneira pela qual você executa sua caça ao emprego e a maneira pela qual executa o trabalho que está buscando não são compreendidas, pela maioria dos empregadores, como coisas sem relação uma com a outra, mas, sim, como uma única e mesma coisa. Se você estiver executando uma caça ao emprego descuidada e sem real envolvimento da sua parte ("Ah, o que é mesmo que vocês fazem aqui?"), eles podem tomar isso como um claro sinal de que executará seu trabalho também de maneira descuidada e sem se envolver totalmente, se forem estúpidos o bastante para contratá-lo. Os empregadores conhecem esta verdade básica: a maioria das pessoas faz na sua caça ao emprego o que faz na vida.

44

☆ Para aumentar as suas chances de ser contratado logo, tente arranjar alguma maneira de comprovar suas habilidades. Por exemplo, se você for um artista, um artesão ou alguém que produza qualquer coisa, traga uma amostra do que já fez ou produziu — ou ao vivo, ou através de fotos, ou mesmo em vídeo.

Como você perceberá no diagrama a seguir, os empregadores possuem sua própria *hierarquia* sobre os critérios que preferem usar para contratar.

O empregador prefere fazer contratações internamente, ou empregar alguém de quem conheça o trabalho. Trazendo sua comprovação — um portfólio, por exemplo —, você está se enquadrando na estratégia preferida dos empregadores: "Quero ver o trabalho da pessoa, antes de contratá-la."

Aproveitando a oportunidade, enquanto estiver estudando o diagrama, repare que a maioria dos caçadores de emprego típicos utiliza-se de métodos que vão no sentido exatamente oposto daquele que os empregadores preferem. É por isso que chamo o sistema de caça ao emprego neste país, e em outros, de **Neandertal**.

O típico caçador de empregos gosta de começar sua caçada por aqui

6 "Vou colocar um anúncio nos jornais e procurar alguém."

Anúncios nos Jornais

Currículos

5 "Vou dar uma olhada nuns currículos que chegaram sem ser solicitados."

Agências de Emprego Para Empregos de Nível Mais Baixo

4 "Quero empregar alguém para uma colocação de nível mais baixo, escolhido entre um lote de candidatos em potencial que uma agência selecionou para mim."

Essa é a chamada agência de empregos, uma empresa de iniciativa privada, ou — se é algo interno à companhia — o departamento de recursos humanos, antigamente chamado "departamento de pessoal". Como foi dito, apenas 15% das empresas mantêm um departamento desse tipo.

***Head-Hunters* Para Empregos de Alto Nível**

3 "Quero empregar alguém para um cargo de alto nível, escolhido entre profissionais reconhecidos que estejam atualmente trabalhando em alguma outra organização. Para isso, vou pagar a um *head-hunter*, que encontrará esse profissional para mim."

Somente empregadores podem contratar *head-hunters*, que cobram caro por seus serviços.

Um Caçador de Emprego que Comprova Sua Qualificação

2 "Quero contratar alguém que entre por aquela porta e possa mostrar alguma coisa do seu trabalho anterior."

"Quero contratar alguém cujo trabalho algum amigo meu já tenha visto e no qual demonstre confiança."

Esse amigo pode ser: um colega, o melhor amigo, alguém que trabalhe no mesmo ramo ou mesmo algum conhecido de outra área.

Contratação Interna

1 *Pensamento do Empregador*

"Quero ver o trabalho da pessoa, antes de contratá-la." (Através de promoção interna de um empregado da empresa, ou da contratação se um empregado de meio expediente; contratação de um ex-consultor (anteriormente seria um contrato limitado); contratação de um empregado temporário ou de um estagiário ou *trainee* para os quadros efetivos da empresa.)

A maneira como um empregador prefere contratar começa aqui

Nosso Sistema Neandertal de Caça ao Emprego

45

☆ Para aumentar as suas chances de ser contratado logo, nunca fale mal de seu(s) ex-patrão(ões). Empregadores costumam sentir-se como se fossem uma espécie de irmandade ou confraria. Durante a entrevista, você deve querer transmitir a característica de ser uma pessoa que trata com cortesia a todos os membros dessa irmandade ou confraria. Falar mal de seus ex-patrões apenas vai tornar o empregador preocupado com — no caso de contratar você — o que passará a falar dele.

Certa vez, fiz elogios sobre um ex-patrão a um empregador para quem me apresentava. Sem que eu tivesse conhecimento, ele sabia que meu ex-patrão havia me tratado mal. E, portanto, ficou muito bem impressionado comigo, porque eu não trouxe isso à tona. De fato, ele nunca esqueceu esse episódio: ficou falando disso durante anos. Causa sempre boa impressão evitar falar mal do seu ex-patrão.

Diga alguma coisa boa de seu ex-patrão, ou, se já sabe que seu ex-patrão vai falar mal de você, diga, simplesmente: "Sempre me dei bem com as pessoas. Mas, por alguma razão, meu patrão anterior e eu nunca conseguimos nos entender. Não sei por quê. Nunca me aconteceu antes e espero que nunca aconteça novamente."

46

☆ Para aumentar as suas chances de ser contratado logo, nunca se abata quando for recusado. Meu amigo Tom Jackson, em seu livro *Guerrilla tactics in the job market,* diz que uma típica caça ao emprego é:

NÃO NÃO NÃO NÃO NÃO NÃO NÃO NÃO NÃO NÃO NÃO NÃO
NÃO NÃO NÃO NÃO NÃO NÃO NÃO NÃO NÃO NÃO NÃO NÃO
NÃO NÃO NÃO NÃO NÃO NÃO NÃO NÃO NÃO NÃO NÃO NÃO
NÃO NÃO NÃO NÃO NÃO NÃO NÃO NÃO NÃO NÃO NÃO NÃO
NÃO NÃO NÃO NÃO NÃO NÃO NÃO NÃO NÃO NÃO NÃO NÃO
NÃO NÃO NÃO NÃO NÃO NÃO NÃO NÃO NÃO NÃO NÃO SIM

Mesmo depois de consecutivas entrevistas, em diversos lugares, quantos mais NÃOs você ultrapassa, mais perto estará do SIM. O ideal, é claro, é que você termine tudo com dois SIMs. Assim, poderá escolher entre, pelo menos, duas opções.

47

☆ Para aumentar as suas chances de ser contratado logo, toda noite, depois de uma entrevista, sente-se e escreva (com lápis, caneta, máquina de escrever ou um computador e uma impressora) um bilhete de agradecimento à pessoa que o recebeu naquele dia. Se for o caso, passe um *e-mail*. Isso se refere não apenas ao empregador, mas também às secretárias, recepcionistas ou qualquer um que tenha lhe prestado qualquer tipo de ajuda. Não faça um bilhete superficial. Escreva alguma coisa bastante pessoal. Mencione algum detalhe sobre o tratamento que recebeu, ou sobre o que você apreciou, nessas pessoas. Use esse bilhete de agradecimento para sublinhar alguma coisa discutida no curso da entrevista, ou aproveite para acrescentar alguma coisa que achou importante.

O bilhete de agradecimento é *crucial*. Uma caçadora de empregos compareceu a uma entrevista de seleção para um cargo no departamento de relações públicas de um time da divisão principal de beisebol. Naquela noite, escreveu e enviou um bilhete de agradecimento. Foi contratada para o emprego e perguntou por que a haviam escolhido. Contaram a ela que tomaram a decisão de contratá-la porque, de 35 candidatos, foi a única que enviou um bilhete de agradecimento pela entrevista.

Se você quer se destacar dos outros que se candidatam ao emprego, se quer acelerar sua contratação, mande bilhetes de agradecimento — para *todos* que tiver encontrado por lá, naquele dia.

Trate todo empregador com cortesia. Mesmo que pareça certo que não vão lhe dar o emprego, são capazes de indicar você a outra pessoa, na semana seguinte, se causar boa impressão.

E SE NADA FUNCIONAR?

Seguindo as estratégias deste capítulo, todas aprendidas com caçadores de emprego bem-sucedidos, você deve incrementar bastante as suas chances de conseguir emprego. Boa sorte e, se já tiver sido contratado, parabéns. Você não precisa prosseguir com a leitura deste livro — *até a próxima vez.*

Mas se tentou, com todo empenho, tudo o que foi sugerido neste capítulo e *nada funcionou,* até agora? Bem, ainda há um salva-vidas disponível para você: pule para os capítulos 5, 6 e 7. Leia-os e, com todo capricho, faça os exercícios do *Pára-quedas: Manual de exercícios* (não vai levar mais do que um fim-de-semana, se você se dedicar).

Acima de tudo, meu amigo, nunca perca a esperança.

Fecho este capítulo com a história de uma bem-sucedida caçadora de empregos que me escreveu o seguinte:

"Sou uma mulher formada em Humanidades e vaguei por muitos empregos, que eram apenas empregos, depois que saí da faculdade. Para ser honesta, tinha pouco mais de vinte anos (que eu apelidei de década do terror) e não tinha nenhuma noção do que queria. Procurava apenas por maneiras de me expressar e por paixão, em meu trabalho. Comprei seu livro, fiz algumas entrevistas para me informar e até mesmo estive com um consultor vocacional, tudo em vão.

Cinco anos depois, então, retornei ao seu livro (à última edição, é claro) e identifiquei meus méritos, habilidades e talentos. Com isso em mente, fui a uma biblioteca para localizar profissões públicas e não-remuneradas — essas últimas me interessaram muito. Anotei uma lista delas e comecei a contactar organizações cujos valores estavam relacionados com os meus: ajudar pessoas na comunidade.

Uma organização, em particular, me telefonou, no dia seguinte, e me perguntou se estaria disposta a ser entrevistada, com vistas a uma colocação profissional na equipe deles. Compareci à entrevista, pedi esclarecimentos para me certificar se estava entendendo do que o emprego se tratava, fui a uma segunda entrevista e em menos de um mês me ofereciam o emprego dos meus sonhos!

Graças a você e a seus conselhos sobre as maneiras mais bem-sucedidas de encontrar empregos — anteriormente, por mais de quatro meses, me candidatei a pelo menos cinqüenta empregos, de que tomei conhecimento por anúncios em jornais, sem resultados —, estou agora feliz, empregada, fazendo o trabalho que mais gosto e tudo isso num tempo recorde."

CAPÍTULO QUATRO

PARA OS CAÇADORES DE EMPREGO IMPACIENTES

COMO ESCOLHER RAPIDAMENTE UMA NOVA PROFISSÃO

QUANDO VOCÊ
NÃO TEM A MENOR IDÉIA
DO QUE QUER FAZER

Capítulo 4

Sumário

COMO AS PESSOAS ESCOLHEM SUAS PROFISSÕES?

Certa vez, escutei dois estudantes universitários conversando, no Central Park de Nova York. Vamos chamá-los de Jim e Fred. Em meio minuto de conversação, eles ilustraram perfeitamente a maneira como a maioria das pessoas escolhe suas profissões:

JIM – Ei, em que você está se formando?
FRED – Física.
JIM – Física? Rapaz! Você não devia fazer física. Informática é a ciência de hoje.
FRED – É, mas eu gosto de física.
JIM – Mas isso não vai te dar muita grana.
FRED – Verdade? E o que é que dá?
JIM – Já disse, informática. Você devia trocar de curso.
FRED – Tá bem! Vou fazer isso amanhã.

Dessa maneira, muitas escolhas de profissão (e mudanças de profissão) são feitas, em nossa cultura — na base do impulso e do capricho do momento, num piscar de olhos. Por causa de uma conversa casual com alguém. Ou para seguir os passos dos pais. Ou por influência de uma notícia na tevê. Ou porque algum amigo nos convida para ir trabalhar com ele.

> Quando você escolhe uma profissão, precisa decidir o que quer fazer, ou alguém vai acabar lhe convencendo de uma porção de besteiras que podem causar danos irreparáveis à sua auto-estima, ao seu senso de valor, e fazê-lo desperdiçar os dons que Deus lhe concedeu.

A maioria de nós gasta mais tempo planejando as férias de verão, que ocuparão 160 horas de nossas existências (quatro semanas de trabalho), do que planejando nossa adequação ao mundo do trabalho, que consumirá oitenta mil horas de nossas vidas.

Talvez você ache que gastemos um bocado de tempo, tentando descobrir o que faremos de nossas vidas. Nada disso. Costumamos tomar atalhos para decidir nossas profissões. E entramos em muitos desses atalhos sem *indagar* o que queremos fazer. Em vez disso, nos perguntamos o que *o mercado de trabalho,* supostamente, está procurando.

Me conte aqui uma coisa — dizemos —, *quais as profissões para as quais estão contratando bastante, atualmente?* Ou então, dizemos: *Quais as profissões em que posso ganhar muito dinheiro?* As respostas que conseguimos dos assim chamados *experts* são geralmente uma furada. *Cuidado com os falsos profetas,* alguém já disse uma vez. Bom conselho, quando se trata de adivinhar "as profissões de melhor futuro". Costumamos ler sobre esses empregos, supostamente muito bons, então procuramos conseguir um deles e freqüentemente, não importa o esforço que a gente faça, procurando, não se consegue encontrá-lo. Um ano, dois anos, e nada.

Mesmo quando a gente consegue, acontece geralmente de existir um abismo colossal entre o que pensamos que fôssemos fazer e o que terminamos fazendo. Por exemplo, pensávamos que estaríamos lidando com pessoas, ajudando-as, cuidando delas, e então descobrimos — tarde demais — que gastamos a maior parte do dia nos livrando de papelada. Ou imaginávamos trabalhar num computador, construindo as mais maravilhosas imagens, e descobrimos — tarde demais — que a maior parte do dia é passada em reuniões. *A fantasia* versus *a realidade.* Que desencanto!

Não é à toa que as pesquisas a respeito da insatisfação dos empregados mostram que 80% — quatro pessoas em cinco — estão insatisfeitos a respeito de algum aspecto fundamental de seus empregos ou profissões. *Não é um quadro dos mais bonitos.*

O QUE NOS LEVA A MUDAR DE PROFISSÃO

Não é nenhuma surpresa quando, com o passar do tempo, decidimos mudar de profissão. E não uma, mas diversas vezes na vida. De fato, qualquer pessoa que entre no mercado de trabalho, atualmente, deve estar preparada para algo entre três e seis mudanças de profissão, durante sua vida.

Tomamos a decisão de mudar de profissão por alguma razão, entre as muitas que existem:

- Somos demitidos e não encontramos ocupação semelhante; então, somos obrigados a nos readaptar.
- Não estamos ganhando o suficiente e precisamos de uma nova profissão, na qual poderemos ganhar mais — ou ganhar o que merecemos.
- No caso de termos feito uma má escolha sobre nossa profissão e sentirmos a necessidade de acertar o rumo.
- Tudo o que costumávamos querer de nosso emprego era dinheiro e agora desejamos *realização.* A verdade é que a maioria de nós se empenha em buscar *realização,* por toda nossa vida. É uma jornada sem fim e, nesse processo, a escolha de nossa profissão desempenha um papel muito importante.
- Estamos buscando cada vez mais por nossa "missão na vida". E, embora não saibamos exatamente o que possa ser essa missão, temos a certeza de que não tem *nada a ver* com o que estamos fazendo.
- Exigem que a gente trabalhe por três e isso vai nos deixando estressados, irritados, exaustos, esgotados e rabugentos. Passamos a querer, então, um emprego ou uma profissão que tire menos da gente, para termos tempo de aproveitar mais a vida.
- Fomos mal aproveitados no emprego anterior e desejamos algo que signifique um desafio de verdade, algo que exija mais da gente.
- Tínhamos o emprego de nossos sonhos, mas nosso bem-amado chefe mudou-se e agora nos encontramos trabalhando para uma besta. O emprego dos sonhos virou um inferno. Não queremos apenas um novo emprego, mas uma nova profissão.

Por alguma dessas razões, acontece de querermos mudar de profissão.

EMPREGO POR CONTA PRÓPRIA

Algumas vezes, a mudança de profissão nos leva a trabalhar por conta própria. Nos EUA, 12% dos trabalhadores são seus próprios patrões. Isso, naturalmente, significa que os outros 88% são empregados de alguém. Portanto, dedico o restante deste capítulo àquela imensa maioria (88%) que tem em mente mudar de profissão, mas continuar como empregado.

Entretanto, gostaria de prevenir aos que pretendem trabalhar por conta própria que também devem ler este capítulo. Trabalhar por conta própria é, com toda certeza, uma mudança de profissão. Quanto melhor você entender o que significa uma mudança de profissão, mais será capaz de realizar essa transição para o trabalho por conta própria.

O QUE É A MUDANÇA DE PROFISSÃO

Certo, vamos começar pelo início. De maneira bem simples. Basicamente, uma profissão é composta de duas partes: uma função e um campo de trabalho. Por exemplo, vamos supor que você deseje tornar-se um consultor em gerenciamento. Isso é uma função. Até aqui, tudo bem. Mas, depois de decidir isso, você precisa também escolher um campo de trabalho.

Em que área você deseja atuar como consultor de gerenciamento? Você quer ser o consultor de gerenciamento... de uma firma de advocacia?... de uma firma de jardinagem?... de uma firma de *camping*?... de uma montadora de automóveis?... de uma firma de informática?... Ou o quê? São coisas bem diferentes, não são? Advocacia, jardinagem, *camping*, automóveis, computadores... todos esses são *campos* de trabalho.

Mudança de profissão = função + campo de trabalho. Por favor, decore isso. Vai ajudá-lo um bocado, daqui para frente. Se você está empenhado em arrumar um emprego como consultor de gerenciamento, por exemplo, e nada está funcionando, já sabe por quê. Você decidiu apenas: "Eu quero ser um consultor de gerenciamento", e só isso não basta. É apenas a função, insisto. Mas, se você quer ter êxito na sua caça ao emprego, deve definir também um campo de trabalho. Enquanto não decidir qual o campo de trabalho em que deseja atuar, sua caça ao emprego vai ficar parada em algum lugar entre o *difícil* e o *impossível*. É um objetivo amplo demais, disperso demais, vago demais. Você precisa concentrar sua caça ao emprego ou sua mudança de profissão. É absolutamente necessário definir um campo.

Assim, aqui vai nossa primeira lição: *Mudança de profissão = função + campo de trabalho.* Numa mudança de profissão completa, você muda de uma função para outra e de um campo de trabalho para outro. Deixe eu dar um exemplo:

Tipos de Mudança de Profissão

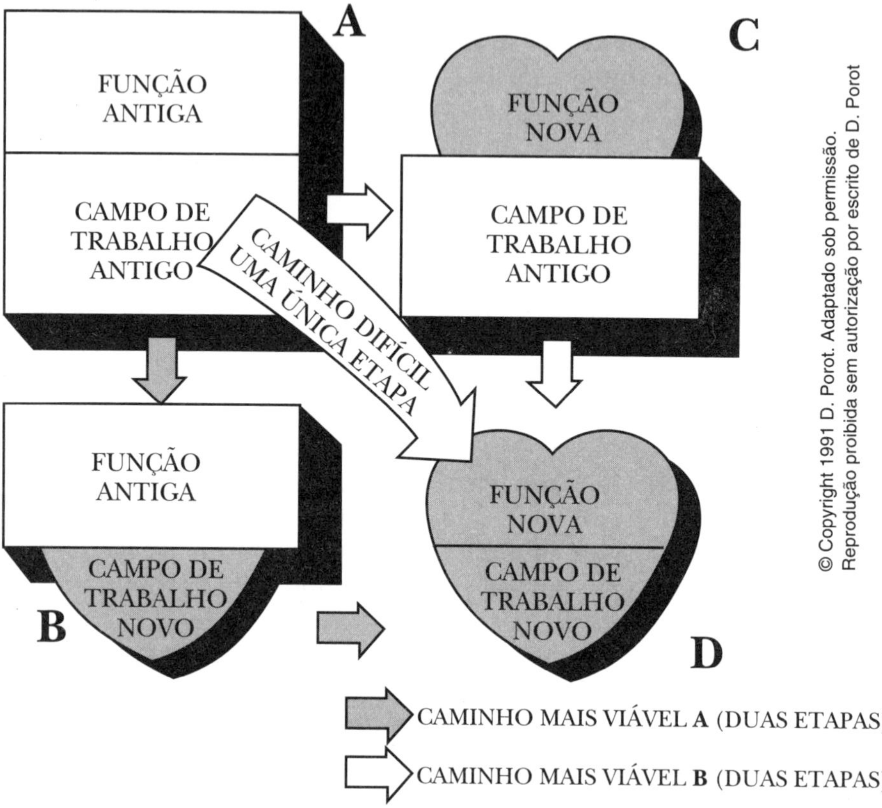

QUANDO VOCÊ SABE QUAL PROFISSÃO DESEJA SEGUIR: O MÉTODO "UMA ETAPA DE CADA VEZ" NA MUDANÇA DE PROFISSÃO

Como o diagrama anterior deixa claro, quando você decide que está na hora de uma mudança de profissão, há três caminhos a seguir, à sua escolha.

(1) Você muda apenas de campo de trabalho, mas não de função. Ou seja, move-se de A para B, no diagrama. *Isso é uma mudança de profissão. E pode se dar por satisfeito por ter entrado para um novo campo de trabalho.*

(2) Você pode apenas mudar de função, mas não de campo de trabalho. É o movimento de A para C, no diagrama. *Isso é uma mudança de profissão. Você pode se dar por satisfeito por ter mudado de função, em seu próprio campo de trabalho.*

(3) Você pode desejar mudar tanto de função quanto de campo de trabalho. Esse é um movimento de A para D. *É uma mudança de profissão mais complexa, já que você decidiu que só se contentará se mudar de função e de campo de trabalho.*

Se você decidir que quer fazer essa mudança de profissão completa, há duas maneiras de conduzi-la:

a) Você pode mudar de uma vez só (o Caminho Difícil) — indo de A para D num único movimento.

b) Ou você pode fazer a mudança em duas etapas, como está indicado pelas duas setas claras (esta é uma maneira), ou pelas setas vermelhas (esta é outra maneira). É o que chamamos de Método Uma Etapa de Cada Vez, *nas mudanças de profissão.*

Para ilustrar a questão, vamos supor que sua profissão atual (ou a mais recente) é como contador numa emissora de tevê. Então, por alguma razão, você decide que gostaria de mudar de profissão e tornar-se um repórter que cobre a área médica.[1]

Se tentar fazer essa mudança de profissão de uma só vez, você precisará tentar convencer algum jornal ou revista, ou seja lá o que for, que tem qualificação e experiência para ser um repórter, *e* também que está familiarizado com a área médica. Isso não é nada fácil — a não ser que você possua alguma experiência nas duas coisas. É por essa razão que chamamos de Caminho Difícil. Mas existe outra maneira de conseguir o que quer. Na verdade, duas outras maneiras.

No diagrama acima, você pode primeiro mover-se de A para B, permanecendo como contador, mas conseguindo um emprego em alguma revista ou jornal médico. Você ficaria lá por um ano, dois, três. Então, mova-se de B para D: tente conseguir que o contratem como repórter ou procure alguma revista ou jornal médico que lhe dê esse emprego.

Uma alternativa seria mover-se de A para C: peça à emissora de tevê onde trabalha como contador que o empregue como repórter, ou procure outra emissora e peça o emprego de repórter. Você ficaria lá por um ano, dois, três, então se moveria de C para D, conseguindo um emprego como repórter num periódico da área médica.

---

[1] **Nota do Editor:** Certamente, isso depende de obter a qualificação e instrução necessárias (ou já dispor delas), inclusive obedecendo a legislação vigente em cada país. No Brasil, ninguém pode exercer o jornalismo sem um diploma de uma faculdade de comunicação. No entanto, tanto quanto existem pessoas que fazem um curso universitário sem realmente se entusiasmarem pela profissão que ele lhes permite exercer, é impressionante o número de pessoas que, mesmo dispondo dos requisitos legais exigidos, hesitam em **arriscar**-se a exercer a profissão com que sempre sonharam e para a qual se formaram, ou por já terem um emprego garantido — mas não satisfatório — em outra área ou por qualquer outra razão. Mas, vamos tomar aqui o caso apenas como o que é, verdadeiramente: um exemplo...

Tipos de Mudança de Profissão Visualizados

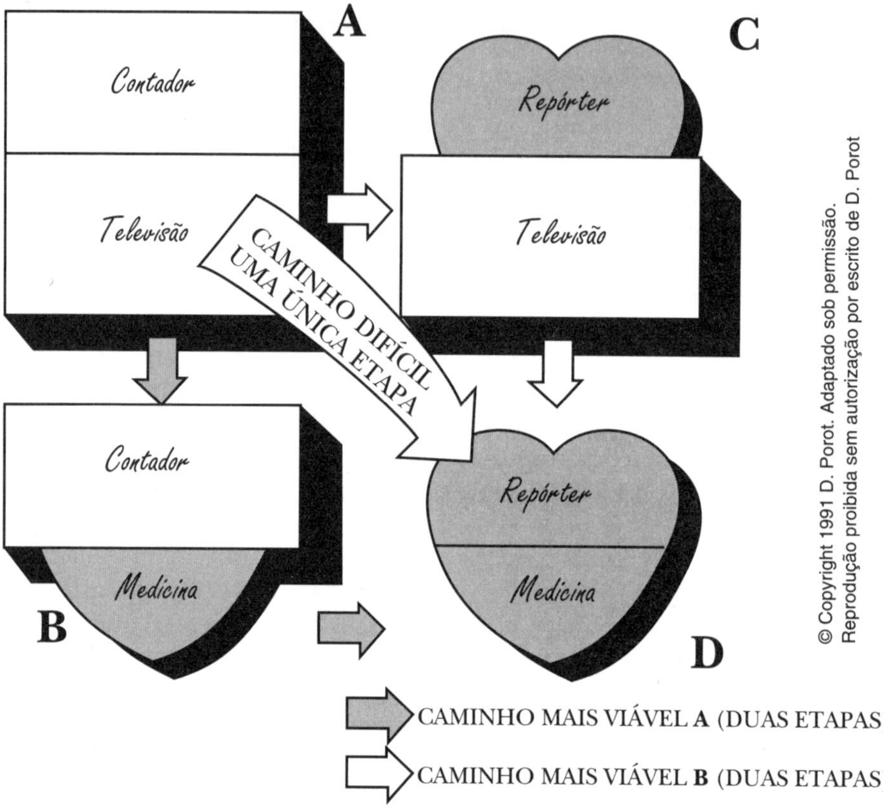

> Em ambos os casos, a enorme vantagem do Método Uma Etapa de Cada Vez é que, *cada vez que você faz um movimento, já possui experiência prévia ou na função ou no campo de trabalho.* Agindo assim, estará reforçando bastante sua imagem diante dos empregadores, ao invés de apresentar-se como alguém sem nenhuma experiência tanto na função quanto no campo de trabalho.

VENDENDO A SI PRÓPRIO A UM EMPREGADOR QUANDO VOCÊ NÃO POSSUI EXPERIÊNCIA

Mas, vamos supor que tenha encontrado a profissão dos seus sonhos. E quer chegar lá num só movimento. Não quer seguir passo a passo. Como vender-se ao empregador em potencial, quando você não possui experiência nem no campo de trabalho nem na função pretendidos?

Nesse caso, você deve lembrar que toda ocupação é composta de uma série de tarefas, de responsabilidades. E que toda tarefa ou responsabilidade exige, em contrapartida, certas habilidades, para ser bem-feita.

Você pode descobrir rapidamente quais as habilidades requeridas por essa sua nova profissão, indo conversar com pessoas que já estão trabalhando nela. Você vai perguntar: *Que tarefas ou responsabilidades você tem, nessa profissão?* E: *Que habilidades são necessárias para executar essas tarefas e para assumir essas responsabilidades?* Munido dessa lista, depois de entrevistar duas ou três pessoas, você pode compará-la com a das habilidades que possui e colocar uma marca nas que forem comuns às duas listas. Depois disso, você pode abordar um empregador em potencial, apresentando-se como alguém que *possui experiência* na nova profissão que escolheu. Claro que você é iniciante na função e no campo de trabalho em questão, mas é a sua experiência que conta. Ou seja, suas habilidades, que são, precisamente, as necessárias para executar as tarefas e assumir as responsabilidades do seu novo emprego ou da sua nova profissão.

Você será capaz não apenas de enumerar essas habilidades, mas pode fornecer ao empregador evidências e provas convincentes de que as possui, trazidas do seu passado profissional.

É verdade que usou essas habilidades em uma outra função e em um outro campo, até o momento. Mas as habilidades são **transferíveis**. Quer dizer, se você era bom em — digamos — *analisar coisas*, no passado, será bom também em *analisar coisas* nesta nova ocupação e neste novo campo de trabalho. "*Analisar coisas*" não é apenas uma habilidade, é uma *habilidade transferível.*

Se tiver conversado bastante com pessoas envolvidas nessa nova profissão, antes de abordar um empregador, já terá também ganho considerável conhecimento a respeito do campo de trabalho e da função em vista — mesmo que nunca tenha trabalhado nela — e, nesse momento, pelo menos numa pequena medida, estará mais *familiarizado* com ambas as coisas do que se não tivesse conversado com ninguém a respeito.

É claro que, antes de abordar o empregador, você precisa realizar algum trabalho a respeito de si próprio. Especificamente, precisa produzir um inventário de quais seriam, exatamente, suas habilidades transferíveis.

Isso leva tempo. Requer paciência. E exige um método bastante sistemático.

Esse método será descrito nos próximos capítulos "Para os Caçadores de Emprego com Alguma Coisa Definida em Mente" e no *Manual Pára-quedas.*

Nós podemos lhe dar o método.

Você vai ter que entrar com o tempo. E com a paciência.

QUANDO VOCÊ NÃO SABE A PROFISSÃO QUE QUER SEGUIR

Quando você não tem absolutamente nenhuma idéia sobre o que gostaria de fazer, há apenas uma alternativa sensata, segundo o que temos visto por aí.

> Não decida sobre seu futuro até ter inventariado seu passado.

O objetivo de escolher uma profissão, ou de mudar de profissão, é encontrar satisfação na sua atividade profissional ou — numa só palavra — felicidade. Acima de tudo é encontrar uma profissão que você *ame.* Um trabalho que você mal possa esperar para se levantar, pela manhã, para ir fazê-lo. Um trabalho que ame tanto, que nem acredita que lhe paguem para desempenhar — já que você ficaria contente em fazê-lo de graça.

Encontrar uma profissão que você ame depende de combinar o que você mais gosta de fazer com o que está disponível *por aí.* Por exemplo, se existir alguma dessas novas profissões *quentes*, empregando pessoas, mas acontecer de o trabalho envolver cuidar de papelada, enquanto você gosta mesmo é de lidar com pessoas, mesmo que seja facílimo conseguir ser contratado, essa profissão vai fazer você se sentir um desgraçado.

Assim, não importa que uma profissão seja *quente*, ou que seja *fácil* entrar nela. O que importa é que você e sua profissão devem se fazer felizes um ao outro, quer dizer, devem se apaixonar um pelo outro. Há poucas alegrias tão grandes na vida quanto encontrar uma profissão como essa.

Como verá no diagrama a seguir, encontrar uma profissão como essa depende de combinar as habilidades que você adora utilizar, os seus assuntos favoritos, as pessoas que você adora ajudar ou com quem mais aprecia trabalhar, o tipo de lugar em que você ama trabalhar, seus objetivos e os objetivos daquela empresa, e um salário que atenda as suas necessidades.

O principal dessa lista são as habilidades que você adora utilizar e os seus assuntos favoritos. Mesmo que você saiba quais são, na maioria dos casos seu autoconhecimento pode ser melhorado um pouco. Basta um fim de semana. Em um fim de semana, você pode inventariar seu passado o suficiente para ter uma boa noção do *tipo* de trabalho que adoraria fazer. Naturalmente, você pode estender a duração desse inventário — talvez convenha a você executá-lo em períodos de uma ou duas horas, uma noite por semana.

Mas é sempre o melhor caminho. De fato é a maneira mais sensata para alcançar satisfação profissional. *Não decida seu futuro antes de ter inventariado seu passado.*

A ANATOMIA DO MEU TRABALHO IDEAL

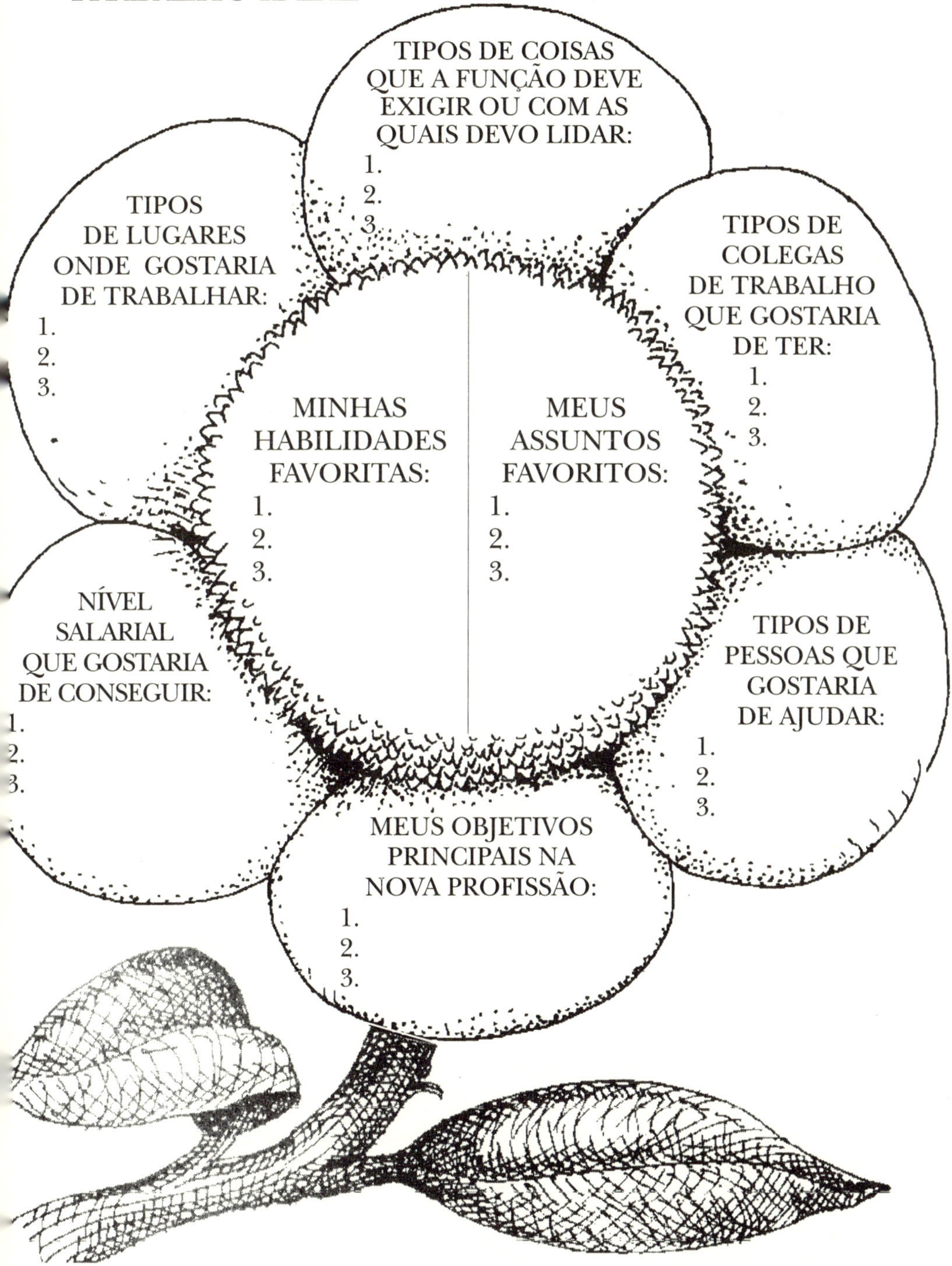

A Melhor Maneira de Escolher Uma Nova Profissão

Você deve fazer um inventário das *habilidades transferíveis* que já possui, e dos conhecimentos que já domina, junto com as coisas que mais o fascinam. De tudo isso, você compõe uma descrição — um quadro, se quiser — de como a sua nova profissão deve se parecer. Então, você conversa com pessoas que se aproximem desse quadro, para descobrir o nome (ou nomes) que essa profissão possa ter. O inventário toma um fim de semana. Levantar os nomes toma várias horas de pesquisa, durante as semanas seguintes.

Você vai encontrar uma descrição detalhada desse processo de mudança de profissão no *Pára-quedas: Manual de exercícios*, a segunda parte deste livro. O *Manual* chama-se "Mapa para Acelerar a Caça ao Emprego", com o subtítulo "Como visualizar seu emprego ideal ou sua próxima profissão".

ATALHOS

Bem, essa maneira sensata e cuidadosa de enfrentar uma escolha ou uma mudança de profissão é, de longe, a melhor. Mas você pode achar que não tem tempo, ou paciência, para inventariar todo o seu passado.

Certo, você pode muito bem estar se sentindo assim, neste momento da sua vida. Talvez, em algumas semanas ou meses, a coisa seja diferente — e, nesse caso, nos veremos de novo, bem aqui. Guarde isso na cabeça, como se fosse seu plano de reserva, se o que estiver planejando não funcionar.

Nesse meio tempo, para os irremediavelmente-pacientes, vamos dedicar o restante deste capítulo a dar uma olhada em alguns atalhos.

Isso mesmo, atalhos. Mas lembre-se de que, se essas sugestões poupam tempo, trazem também seus ônus. Você ganha de um lado, perde de outro: em precisão. Quando você escolhe uma profissão na pressa, há sempre o risco de *pular da frigideira e cair no fogo.*

ESPELHO, ESPELHO MEU, QUEM É MAIS BELO DO QUE EU?

De um jeito ou de outro, o que você quer é descobrir o modo mais simples, mais rápido, mais fácil de escolher uma profissão. Já sei! Aqui vai o mais rápido:

> **O Método do Espelho Para Escolher Uma Nova Profissão**
>
> Neste método, você usa outras pessoas como se fossem um espelho, refletindo sua imagem. Olhe para todo mundo que você conhece, todo mundo que já viu na tevê, ou sobre quem já leu a respeito, e pense consigo mesmo: "Bem, o emprego de qual delas eu mais gostaria de ter no mundo?" Escolha também uma segunda e uma terceira opções. Anote o que cada uma dessas pessoas faz, em três diferentes folhas de papel. Abaixo de cada anotação, escreva também as partes de que se compõem esses trabalhos: o que nesses empregos o atrai? Faça uma lista do maior número possível de itens. Então, observe as três folhas e escolha qual dos empregos mais interessa a você, de fato, e descubra como conseguir esse emprego.

Uma mulher que mudou de profissão através desse método decidiu que o emprego que mais a atraía era o de uma moça que apresentava um programa para crianças, na tevê. Assim, ela preparou um cuidadoso projeto de como achava que deveria ser um bom programa para crianças, na tevê, e visitou uma emissora local (que não tinha nada parecido em sua programação) para expor suas idéias. Gostaram da proposta, contrataram-na para apresentar o tal programa e ela se tornou um grande sucesso. Mais tarde, ela me escreveu, triunfalmente: "Estou na minha profissão ideal... sem fazer nenhum dos exercícios do seu livro!" *Bravo!*, eu disse.

Tudo isso parte do princípio de que você pode ir de uma profissão para outra sem nenhuma *reciclagem.*

UM RESTAURANTE VOCACIONAL

Agora, nosso segundo atalho: *listas.*

Quando chega a hora de mudar de profissão, muitos de nós gostariam de sentar-se em uma espécie de restaurante vocacional e apenas escolher alguma coisa do cardápio.

Há um grande problema: não existe um restaurante desse tipo e o número de opções confunde qualquer um. Os especialistas podem nomear alguma coisa em torno de 12.860 ocupações diferentes, ou profissões, entre as quais você poderia fazer sua escolha. Além dessas, há oito mil funções alternativas, o que nos deixa na casa dos vinte mil.

Vinte mil! Como viram, o problema não está em falta de opções. A maioria de nós pode achar impossível escolher uma coisa entre vinte mil. De fato, já é um bocado difícil escolher um prato entre vinte listados num cardápio de restaurante.

É por isso que nossos especialistas decidiram reduzir essa lista para apenas trezentas opções. É isso mesmo, você vai encontrar 90% dos 125 milhões de trabalhadores americanos em uma das trezentas opções selecionadas das vinte mil originais. As outras 19.700 são ocupadas por apenas 10% da nossa força de trabalho.

Alguns especialistas diminuíram ainda mais a lista, que ficou assim com cinqüenta funções. E, nestas, você vai encontrar 50% dos 125 milhões de trabalhadores americanos.

Cinqüenta profissões parece um número manuseável, na hora de fazer uma escolha. Mas, por costume nosso, estamos sempre procurando diminuir a lista mais ainda até chegarmos a — vamos dizer — dez opções. Essa é a razão de tantas revistas, livros e jornais publicarem listas do tipo As Dez Áreas Mais Quentes dos Anos 90.

É apenas uma maneira de não termos que abrir caminho através de milhares de opções.

LISTAS DE PALPITES

O Método Dê Uma Olhada Nesta Lista
Para Escolher Uma Nova Profissão

Neste método, você dá uma olhada numa lista de profissões ou de ocupações, e vê se alguma delas o atrai. Essa abordagem pressupõe, naturalmente, que você tenha pelo menos uma vaga idéia do tipo de trabalho que essas pessoas executam. Se não sabe o que um marceneiro faz, então, obviamente, não vai escolher ser marceneiro. Mas vamos fazer uma tentativa e ver como a coisa funciona com você.

Vamos tomar uma das listas menores, do tipo que sempre traz dez itens e que, geralmente, são intituladas As Dez Mais (...alguma coisa). São interessantes. Algumas vezes, úteis, outras, não. As mais inúteis são as listas das Dez Ocupações Mais Quentes (seja lá o que *isso* significar).

• A Lista Típica do que Alguém Acha que Seriam As Dez Melhores Profissões:

> Profissional de computação gráfica, engenheiro de produção, gerente de fundos de investimento, especialista em ambientalismo industrial, médico com consultório particular, consultor de gerenciamento, advogado especializado em propriedade intelectual, padre, rabino, pastor, administrador executivo, fisioterapeuta.

De que adianta uma lista como essa? Ora, todas essas listas são muito subjetivas. Vão ser diferentes, conforme apareçam em um livro ou em uma revista, ou em outra publicação qualquer. Não há consenso sobre quais são, na verdade, As Dez Mais Quentes, e ninguém vai lhe contar que critérios foram usados para fazer a seleção.

Aqui vai uma dica para iniciantes. O que determinada pessoa acha a *melhor profissão* pode ser *veneno* para uma outra. Como você recorda, a melhor profissão *para você* é aquela em que possa utilizar suas melhores habilidades, que envolva seus assuntos favoritos, seus objetivos principais, e lhe ofereça o tipo de pessoa e os problemas com que mais gosta de trabalhar, e tudo isso remunerado pelo salário que deseja receber.

Daí se conclui que cada indivíduo precisa formular sua própria lista das dez melhores profissões. (Para isso, veja o *Pára-quedas: Manual de exercícios.)*

Ninguém mais pode fazer isso por você. Assim, a não ser que se trate de sua própria lista, nenhuma delas deve ser encarada com muita seriedade por mais de um minuto. Bem, pode sempre acontecer de você encontrar alguma coisa na lista que o faça exclamar *Arrá!*, triunfalmente. Não é que você topou com uma boa idéia aqui?

Como *pontapé inicial*, uma lista desse tipo pode ser útil. Como uma *receita* do que você deve fazer a seguir, pode se tornar um desastre.

Por favor, repare que nenhuma dessas listas refere-se a *fatos*. São palpites. São o que especialistas em mercado de trabalho *acham* que vai acontecer entre o presente e o ano de 2005. E você confia em palpites e previsões? Por acaso tem se dado ao trabalho de ler a previsão do tempo, ultimamente?

ANTES DE COMPRAR UMA ROUPA, EXPERIMENTE-A EM VOCÊ

Agora, vamos supor que, nessas listas, haja alguma profissão que, de fato, estimule a sua curiosidade. O que você deve fazer a respeito? Buscar treinamento, ou formação universitária (se for o caso), e então sair procurando por empregos nessa profissão que escolheu? Não, não, não.

Antes de dar um passo sequer para ingressar nessa profissão, você *precisa* conversar com pessoas que estejam trabalhando nela e verificar como é a coisa, na verdade — a não ser que você esteja querendo cometer um sério equívoco.

Ao conversar com essas pessoas, se o serviço delas permitir[2], peça para acompanhá-las durante um dia inteiro para observar o que, na realidade, está envolvido no trabalho em questão, hora a hora. Não menospreze este passo. Ele é crucial se você quer evitar que a sua profissão o faça infeliz.

Vamos supor que você esteja pensando em uma profissão na qual trabalhe num salão de beleza. Daí, pegue as Páginas Amarelas, levante os estabelecimentos desse tipo em sua cidade ou em sua vizinhança, visite-os e peça para falar com alguém que executa o trabalho que você esteja pensando em fazer. Se você continuar interessado, converse com eles (e com o gerente deles) a respeito, diga que deseja trabalhar num salão como aquele e pergunte se seria possível permitirem a você ajudar em alguma coisa, por ali, sem remuneração, por um dia, de forma a acompanhar algum dos empregados e conhecer melhor tudo o que o trabalho envolve. Se negarem, por qualquer razão, vá a outro salão e faça o mesmo pedido, até que alguém diga: "Claro!"

Permanecer no tal lugar por um dia inteiro é necessário, já que muitos empregos parecem interessantes e mesmo glamourosos a distância, mas não tanto depois que se olha mais de perto. Permanecer de pé o dia inteiro, escutando papo-furado, respirar odores desagradáveis, lidar com reclamações infindáveis... Bem, você entende... Se essas coisas significam um achado para você, a ponto de parecerem mais atraentes do que menor esforço físico, boa conversa, aromas agradáveis e desafios vindo ao seu encontro e exigindo superação... então, você provavelmente nasceu para esse trabalho.

Mas é exatamente isso que você está tentando descobrir, de um jeito ou de outro. E quer descobrir isso independente de que profissão possa parecer mais interessante da lista acima. Antes de ir atrás do treinamento que o capacite para executar as tarefas, você deve experimentá-las. Da mesma forma como você experimenta um terno ou um vestido, antes de comprá-lo. Você precisa compreender profundamente o que é esse emprego, e ver como sente a coisa, estando dentro dela, antes de decidir-se a assumir o trabalho.

Não escolha uma profissão apenas porque um entendido no assunto diz: "*É essa!*" Escolha porque você se apaixonou por ela, depois de ter empregado seu tempo para experimentá-la do jeito como descrevi.

---

[2] Ou seja, vai ser difícil você andar atrás de um piloto, dentro do avião, ou sentar-se no cunsultório de um psicanalista e assistir a uma consulta alheia. Mas não consigo pensar em muitos outros casos em que você esteja impedido de ver alguém trabalhar.

De outra forma, "insatisfação profissional" logo será seu assunto favorito, e você terá que passar por tudo isso de novo, *muito em breve.*

CONSEGUINDO UM EMPREGO PASSO A PASSO

Mas, se você investigou essa sua nova profissão e ela ainda lhe parece interessante, então pode ter mais segurança de ter feito uma boa escolha.

Entretanto, existe toda uma série de perguntas que deve fazer às pessoas que estão trabalhando no emprego que tem em vista:

Como ingressar nessa profissão e qual é a demanda por profissionais que podem executar esse trabalho?

É fácil entrar para essa profissão, ou não?

Você *precisa* descobrir isso! Acredite-me, você *precisa* saber isso! Particularmente se, para preparar-se para esse trabalho, você vai ter que gastar algum tempo num curso profissionalizante, ou mesmo numa faculdade.

Se deixar de fazer essas perguntas, *antes*, pode ficar um bocado desapontado, depois de ter passado pelo tal curso, ou pela tal faculdade.

Você precisa saber isso, antes mesmo de começar. Assim, mexa-se, vá conversar com as pessoas que estão nessa profissão tão atraente, e faça as perguntas que sugeri. *Por favor!*

Consulte pelo menos três pessoas que estejam no ramo. Decida por si mesmo se essa é realmente a *mais quente* profissão dos anos 90. Não confie no que dizem as listas, os especialistas, ou os amigos bem-intencionados que tentam fazer propaganda de uma determinada profissão *para você.* Experimente, decida. E não vá atrás de um curso universitário pensando que isso vai lhe garantir emprego. Não garante, amigão, não mesmo.

Queria que você desse uma olhada na minha correspondência, recheada com cartas de pessoas que confiaram em listas como aquela que você viu acima, e em função disso cursaram alguma faculdade, achando que encontrariam um emprego num estalar de dedos, mas que continuam desempregadas, dois anos depois de formadas. Você ia chorar! São pessoas amarguradas (freqüentemente), zangadas (sempre), estão desapontadas com a sociedade, a qual, segundo acreditam, mentiu para elas.

Descobrem que não existem os empregos para os quais se prepararam na faculdade. Sentem-se enganadas, por nossa sociedade e pelos especialistas, sobre a utilidade de retornar aos estudos e formar-se visando àquele campo de trabalho que acreditaram ser "quente".

Agora, que conseguiram tão arduamente esse inútil diploma, e permanecem sem emprego, devem achar bastante irônica a frase "*Sem faculdade ninguém consegue nada na vida*".

Se você já cometeu esse equívoco tão doloroso, sabe muito bem do que estou falando.

UMA ÚLTIMA PALAVRA SOBRE A MUDANÇA DE PROFISSÕES

Certo, você já desbravou seu caminho através deste capítulo, e ainda pode estar pensando: "*Bem, eu quero mudar de profissão. Mas talvez não seja a hora certa.*"

Meu amigo, a *hora certa* nunca chega. Você sempre vai encontrar *dificuldades*. Haverá sempre obstáculos à sua frente, que precisará ultrapassar. Será sempre um desafio, caso se disponha a navegar pelos chamados que escuta, lá das profundezas e mistérios do destino, em busca dos sonhos perdidos que a sua alma guarda.

A propósito, se você compartilha sua vida com alguém, por favor, assegure-se de tornar essa ou essas pessoas seus aliados. Sente com sua esposa, por exemplo, e pergunte que implicações trariam *para ela* essa sua tentativa de alguma coisa nova. Como ela se sente a respeito do que você está em vias de fazer? Quais serão os custos, para ambos? Vocês terão que gastar toda a sua poupança? Terão que abrir mão de certas coisas importantes? E se acontecer isso? Ela está disposta a fazer esse sacrifício? E daí por diante.

Se você está empregado, vai se debater com a seguinte dúvida: você deve ou não se demitir do seu emprego atual, antes de já ter iniciado uma nova profissão?

Os especialistas dizem que, se você tem um emprego, *não o deixe.* A melhor opção, de longe, é se mover gradualmente para a nova profissão, se for possível — talvez desempenhando-a como uma atividade extra, à noite, no princípio, e ir se segurando no seu emprego. Dessa maneira, você pode experimentar sua nova aventura, como experimentaria o chão de azulejos de seu banheiro, depois do banho de uma criança — muito resto de espuma de sabonete e xampu incluídos —, verificando se um passo em falso irá ou não fazê-lo levar um escorregão.

Antes de tudo, faça sua pesquisa a sério, avalie os riscos, contabilize os custos, peça conselhos àqueles que estão intimamente ligados a você e então, quando decidir o que quer (seja lá o que for), vá em frente e entre de cabeça — sem se importar com o que seus amigos bem-intencionados, mas pessimistas, possam dizer.

Fique com essas três regras em mente:

> 1. Sempre existem riscos, quando se tenta algo novo. Sua tarefa não é evitar riscos (não existe maneira de se conseguir isso), mas certificar-se de que pode arcar com esses riscos.
>
> 2. Você vai descobrir isso logo de início, na primeira conversa com outras pessoas que já fizeram o que planeja fazer. É assim que pode avaliar se quer ou não seguir em frente.
>
> 3. Tenha sempre um plano de reserva, já delineado, mesmo *antes de começar.* Por exemplo, para o caso de estar tentando uma área na qual não existam empregos disponíveis. Ou seja, saiba desde já o que você faria a seguir. Não espere, arregace as mangas! Tenha já por escrito: *Aqui está o que vou fazer se a coisa não funcionar:* ______________________________.

Essas regras são sempre aplicáveis, não importa em que ponto da vida você esteja: apenas iniciando, já empregado, desempregado, na meia-idade, recuperando-se de uma crise ou de um acidente, à beira da aposentadoria, seja o que for. Tome muito a sério essas indicações.

E... *boa sorte!* Por muitas razões, essa é uma jornada em que você não pode fracassar. Mesmo que não consiga levá-la nos termos que o mundo considera *bem-sucedidos,* no mínimo você se tornará uma pessoa melhor, apenas por ter tentado. Você encontrará uma coisa na *adversidade* e no *desafio* que irá testar e refinar seu caráter, assim como o fogo tempera o aço. O desafio rumo ao crescimento, à mudança — uma mudança ansiada —, pode sempre trazer à tona o que temos de melhor.

Você tem algo seu, exclusivo, para dar de contribuição ao mundo, enquanto estiver por aqui. Qualquer rumo que tomar, tentando descobrir o que é esse dom, valerá a pena.

Não é o que possuímos, mas o que somos,
que faz a pobreza ou a riqueza de nossa vida.

Phillips Brooks

CAPÍTULO CINCO

PARA CAÇADORES DE EMPREGO E PESSOAS QUE QUEREM MUDAR DE PROFISSÃO QUE DISPONHAM DE TEMPO E PACIÊNCIA

Uma Abordagem Sistemática
Sobre Caça ao Emprego
e Mudança de Profissão

QUAIS

DAS SUAS HABILIDADES VOCÊ MAIS APRECIA UTILIZAR?

Você Precisa Descobrir que Tipos de Tarefas
Mais Aprecia Fazer
e Quais das Suas Habilidades
Mais lhe Dão Prazer Utilizar

Capítulo 5

Sumário

Os métodos de caça ao emprego mais eficientes do mundo
Suas três partes: o quê, onde e como
O poder do que você visualiza para a sua vida
Mudando de profissão sem voltar aos estudos
O que são habilidades transferíveis?
Como propagandear as habilidades mais significativas que você possui
Como escrever uma história de suas habilidades
O Manual de Exercícios e o Diagrama em Forma de Flor
Conselhos para os que gostam de adiar
Problemas particulares na identificação das habilidades
Vale contar vantagem?

> A principal diferença entre os caçadores de empregos bem-sucedidos e os mal-sucedidos não é um fator externo (tal como o estreitamento do mercado de trabalho), mas a maneira como conduzem a caça ao emprego.

Isso mesmo, essa é a verdade. Sempre foi! Quando um caçador de emprego me diz: "*Não consigo encontrar um emprego*", isso não significa nada para mim, até que ele relate *como* tem conduzido sua procura. O método utilizado é tudo!

De longe, o melhor método, como verifiquei através dos anos, tem sido a assim chamada **abordagem criativa à caça ao emprego**. Esse método leva 86 em cada cem caçadores de emprego, que o seguem com dedicação, a encontrar uma colocação. Um índice tão efetivo — 86% — é astronomicamente mais alto do que qualquer outro método. É por isso que, quando nada mais funciona, esse é o método pelo qual você deve agradecer à sua estrela da sorte.

E esse é o método para o qual você deve se voltar, caso tenha decidido encontrar uma nova profissão — considerando que não queira gastar alguns anos de sua vida com um retorno aos estudos, com um novo diploma, treinamento, etc.

Mas ele só serve para caçadores de empregos que já estão definidos sobre o que querem. Não vai adiantar nada dar apenas uma passada por ele, ou fazer uma tentativa rápida demais, algo em que você queira investir, digamos, nada além de umas 24 horas. Se você quer um emprego que caia dos céus, este método não é para você. Requer dedicação, determinação, tempo, muito empenho — assim como as boas coisas da vida. Mas, se você é um caçador de emprego, ou uma pessoa que deseja mudar de profissão, que possui determinação, pode conseguir êxito, como muitos milhões conseguiram antes de você.

A abordagem criativa para a mudança de profissão tem três partes. São perguntas bastante familiares — *O Quê, Onde* e *Como* —, que aqui estão mais desenvolvidas:

• O QUÊ?

A pergunta completa é: *Quais são as habilidades que você mais aprecia utilizar?*

Para responder a essa pergunta, você precisa inventariar que **habilidades/dons/talentos** possui; e então precisa arrumá-los, dando prioridade aos que têm mais importância ou aos que lhe dão mais prazer. Os especialistas chamam essas habilidades de "habilidades transferíveis", porque podem ser empregadas — transferidas — para qualquer área/profissão por que você optar, sem importar de onde as trouxe ou há quanto tempo as possui.

• ONDE?

A pergunta completa é: *Onde você mais apreciaria utilizar essas habilidades?*

Isso tem a ver, *primeiramente*, com os **campos de conhecimento** *que já domina*, e quais deles você mais aprecia utilizar. Mas tem a ver também com as suas condições de trabalho favoritas, com o tipo de informação e de pessoas ou de coisas que lhe dão prazer em lidar, etc.

• COMO?

A pergunta completa é: *Como encontrar um trabalho que tenha utilidade para minhas habilidades preferidas e para o meu campo de conhecimentos preferido?*

Para responder a essa pergunta**, você precisa fazer algumas entrevistas com diversas pessoas, de maneira a levantar a informação de que necessita.** Você inicia essas entrevistas avisado de que *habilidades* sugerem determinadas funções, e *conhecimentos* sugerem determinadas áreas profissionais, onde utilizar aquelas habilidades. Você vai precisar também descobrir o nome de algumas organizações, dentro dos limites da sua região geográfica preferida, que ofereçam empregos desse tipo. *E* o nome de pessoas ou da pessoa que possui, de fato, o poder de contratar você, assim como as dificuldades que essa pessoa enfrenta. Então, você garante uma entrevista com essa pessoa, usando seus contatos, e mostra como suas habilidades podem ajudá-lo a superar aquelas dificuldades.

Com essa visão resumida em mente, precisamos agora percorrer cada um dos três passos, mais detalhadamente. Este capítulo cuida do *O quê?* Os capítulos posteriores, do *Onde?* e do *Como?*.

A IMPORTÂNCIA FUNDAMENTAL DO O QUÊ?

Quando você inicia uma caça ao emprego, se é um sujeito normal, instintivamente passará por cima do *O quê* e do *Onde?*, e irá direto para o *Como?*. Quer dizer: *como* encontro oferta de vagas, *como* vou fazer meu currículo, *como* vou me portar durante a entrevista? Há na realidade uma vasta indústria neste país, e em muitos outros, dedicada a promover oficinas para ensinar às pessoas a parte do *Como?*, no que diz respeito à caça ao emprego: currículos, entrevistas, negociação salarial.

Trata-se de um *enorme* equívoco.

E vou explicar *por quê*. Vamos supor que lhe peça para dar uma olhada por sua casa para ver se pode encontrar um objeto pequeno, de interesse de um primo seu chamado Ned, que já se mudou faz tempo, e de quem você não gosta muito. Já que encontrar o tal objeto não lhe interessa nem um pouco, você imagina qual seria a maneira mais fácil de sair procurando. Você até procura um pouco, já que é uma pessoa de bom coração, mas se empenha o mínimo possível, apenas para *cumprir a promessa.*

Agora, suponhamos que haja outro objeto em sua casa, algo muito estimado, a única coisa que sua adorada avó, já falecida, lhe deixou, e você tem procurado esse objeto em vão, por anos a fio. Encontrá-lo é *tremendamente* importante para você. E eu acabei de dizer que vi o tal objeto em algum lugar da casa, um dia desses — só não sei exatamente onde. Munido dessa evidência tão recente de que o objeto em questão ainda existe, é bem provável que você revire a casa pelo avesso, para encontrá-lo — afinal, você o vem procurando há vários anos.

Você já adivinhou a moral da história, não é? O *fervor com que você vai à caça está diretamente relacionado a quanto isso importa para você e ao* que *você está procurando.* Isso é uma verdade da vida. Portanto, é verdade também na caça ao emprego.

O PODER DA VISUALIZAÇÃO

Você pode entender por que eu digo: posso ensinar a você todas as técnicas e os truques da caça ao emprego, todos os atalhos do mundo, mas se o que você tem em mente sobre *o que está procurando* representar um balde de água fria, todas as técnicas vão se tornar meramente acadêmicas. Inconscientemente, você encontrará uma maneira de sabotá-las, de executá-las de maneira incorreta, de não se empenhar devidamente, e, todo o tempo, sem se dar conta do que está fazendo. E se você partir para a sabotagem, será por uma razão muito saudável: sua alma não quer se envolver em nada que seja contrário ao seu destino.

O Segredo do Sucesso na Caça ao Emprego

É uma regra antiga, mas que você não deve esquecer: procurar por um emprego que no fundo não significa tanto assim para você não vai motivar metade das suas energias. Mas procurar um emprego que você quer encontrar ansiosamente, desesperadamente, vai tomar conta de você por inteiro. Quanto mais você estiver *para morrer,* tentando encontrar uma coisa que ame de fato, mais vai investir nisso não apenas o tempo da caça ao emprego, mas toda a sua vida. A determinação nasce das visões que possuímos. Visões ardentes e brilhantes.

Não importa o que outras pessoas digam, não vai melhorar nada a sua caça ao emprego decorar algumas técnicas a mais, nem uma ou outra boa resposta para as entrevistas com os empregadores. Você aumenta suas possibilidades de êxito trabalhando com as visões que alimentam sua vida. Por exemplo, pergunte-se: Por que não sou feliz? O que eu mais gostaria de fazer na vida? Que visões, pressentimentos, avisos tenho sobre a razão de ter sido posto no mundo? Quais sonhos que tenho para serem preenchidos?

Vamos encarar o fato, caro leitor: ninguém fica mais moço, a cada dia que passa. Se não for atrás dos seus sonhos *agora,* quando isso vai acontecer?

É hora de realizar os sonhos e aquela visão sobre o que você, certa vez, imaginou que pudesse ser a vida. Mesmo que isso signifique enorme esforço. Mesmo que signifique trocar de profissão. Mesmo que signifique enfrentar o desconhecido e assumir riscos. Riscos calculados.

Você pode até pensar que se trata de algo um tanto egoísta — mas não é. Tem a ver com o que *o mundo mais necessita* de você. Esse mesmo mundo é *repleto* de pessoas que trabalham, as quais, ao longo da semana, o que mais repetem é: "Mas como o sábado está demorando!" Ou: "Graças a Deus que hoje é sexta-feira!" Estão entediadas até os ossos. Muitas estão entediadas porque, apesar de saberem o que prefeririam estar fazendo, por alguma razão não conseguem se desenterrar de seus empregos.

Muitas outras, entretanto, infelizmente, estão entediadas simplesmente porque nunca usaram alguma parcela do seu tempo para *pensar* — para pensar e descobrir o que somente elas podem realizar, e o que somente elas têm a oferecer ao mundo. Ficam saltitando de um emprego para o outro, ao sabor das circunstâncias, de acidentes de percurso, de coincidências, e tudo o mais que as arraste.

O que o mundo mais necessita de você não é somá-lo ao número de seus habitantes, mas que você descubra como contribuir e o que você veio fazer neste mundo.

É tempo de correr atrás do seu destino.

De desempoeirar os sonhos.

Deixe as visões arderem! Deixe que o tomem!

Então, você vai se jogar apaixonadamente numa caça ao emprego!

COMO COMEÇAR?

Você deve iniciar essa abordagem sistemática — não importa se estiver empenhado numa caça ao emprego normal ou numa completa mudança de profissão — da mesmíssima maneira: primeiro, deve identificar suas habilidades.

Bem, muitas pessoas ficam paralisadas quando escutam a palavra *habilidades.* Isso a gente pega quando já sai do colégio dizendo: "Não tenho realmente nenhuma habilidade." E continuam na mesma, como estudantes universitários: "Gastei quatro anos na faculdade. Não tenho tempo para ficar catando minhas habilidades." E a coisa termina lá pela meia-idade, principalmente quando uma pessoa está pensando em mudar de profissão: "Vou ter que voltar a estudar, ou freqüentar um curso de reciclagem, porque, de outro modo, não vou conseguir desenvolver nenhuma das habilidades exigidas pelo meu novo campo de trabalho." Ou: "Bem, se eu sair anunciando minhas habilidades, e não minha experiência acumulada, vou acabar reduzido a uma função iniciante." Todo esse medo da palavra *habilidades* é muito comum, e repousa numa total confusão sobre o que o termo significa. Uma confusão que é compartilhada — devemos acrescentar — por muitos trabalhadores, departamentos de pessoal ou de recursos humanos, e alguns assim chamados especialistas em orientação vocacional.

Compreendendo o significado da palavra, você automaticamente se colocará muito à frente da maioria dos caçadores de emprego. Especialmente se estiver avaliando as possibilidades de uma mudança de profissão, vai evitar desperdiçar tempo repetindo aquele velho refrão: "Só posso mudar de profissão voltando a estudar, para uma reciclagem completa." Já disse isso antes e digo de novo: *talvez* você precise de alguma reciclagem, mas na maioria dos casos é possível fazer uma drástica mudança de profissão sem nenhum treinamento. Tudo é muito relativo. E você não vai descobrir se *realmente* precisa voltar aos estudos, até terminar todos os exercícios deste capítulo e dos seguintes.

A MAIS MAL COMPREENDIDA PALAVRA NO MUNDO DO TRABALHO: HABILIDADES

Você está iniciando uma mudança de profissão (ou uma meticulosa caça ao emprego), começando por identificar suas *habilidades transferíveis e ainda funcionais*. E aqui está você, procurando por indicações básicas para executar essa tarefa.

As habilidades que você precisa inventariar são chamadas funcionais ou transferíveis. Aqui está um famoso diagrama delas:

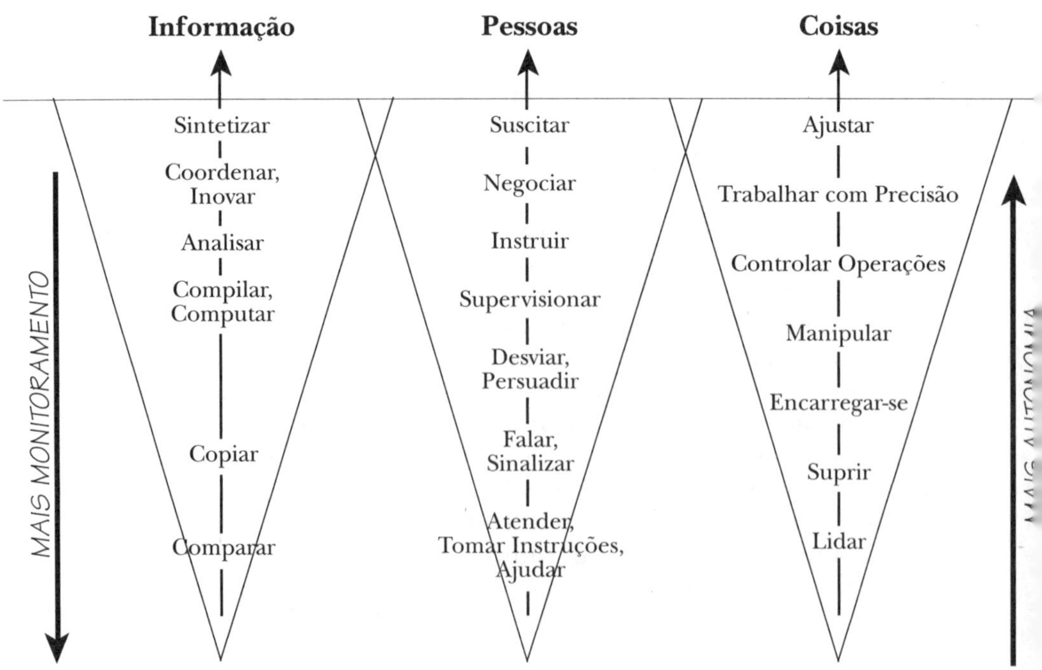

Isso são *habilidades.* A maioria das pessoas, entretanto, pensa que habilidades são coisas como: *ter um bocado de energia, dar atenção a detalhes, relacionar-se bem com as pessoas, mostrar determinação, trabalhar sob pressão, ser simpático, intuitivo, persistente, dinâmico, confiável, etc.* Apesar desse mal-entendido tão corrente, não existem habilidades que sejam por si funcionais e transferíveis. Tudo é uma questão da maneira com que você lida com suas habilidades. Por exemplo, vamos pegar *"dar atenção aos detalhes"*. Se uma de suas *habilidades transferíveis* é *"conduzir pesquisas"*, então, *"dar atenção aos detalhes"* descreve a maneira ou o estilo com o qual você lida com a habilidade nomeada como *"conduzir pesquisas"*. Essas frases que identificam o *seu estilo* de fazer as coisas são comumente chamadas de (sua) **característica**, (seu) **temperamento**, ou **tipo**. Há testes bastante populares que medem esse tipo de coisa.

UM CURSO RÁPIDO SOBRE *HABILIDADES TRANSFERÍVEIS*

Muito bem, se habilidades transferíveis são o coração do que você sonha e do seu destino, vamos ver exatamente o que são.

Aqui estão as mais importantes verdades que você precisa ter em mente sobre habilidades transferíveis e funcionais:

1. Suas habilidades transferíveis (funcionais) são a unidade básica — os átomos — da profissão que você escolher, seja ela qual for.

Você pode verificar isso pelo diagrama a seguir.

2. Você deve sempre propagandear as habilidades transferíveis mais significativas que, legitimamente, possuir, baseado no seu desempenho profissional passado.

Como já viu no diagrama da página anterior, suas habilidades se dividem em três *famílias,* a depender de você usá-las em **Informação**, **Pessoas** ou **Coisas**. Mais uma vez, como o diagrama deixa claro, em cada família há habilidades *mais simples,* assim como as mais evoluídas, ou *mais complexas.* Elas podem ser dispostas na forma vertical, como pirâmides, de maneira a deixar as habilidades mais simples na base e as mais complexas mais acima, como está no diagrama.

A propósito, só como regra geral — para a qual há exceções —, cada habilidade *mais elevada* requer que você possua também as habilidades dispostas abaixo dela, no diagrama. Assim, você poderá caracterizar-se como alguém que também pode se valer dessas outras habilidades. Mas o que você deve fazer, prioritariamente, é afirmar possuir as habilidades mais complexas, tantas quantas puder, legitimamente, em cada pirâmide de habilidades transferíveis, baseado naquilo que pode comprovar do seu passado profissional.

Habilidades Consideradas a Unidade Básica do Trabalho

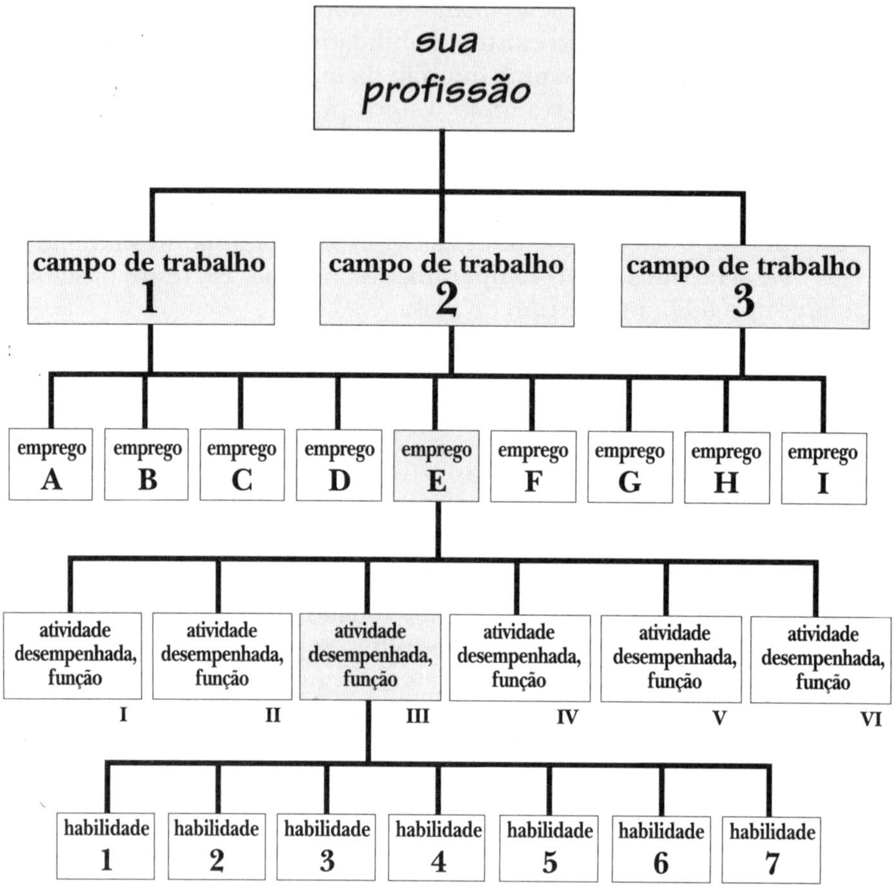

3. Quanto mais elevadas forem as suas habilidades transferíveis, de maior liberdade você disporá no emprego.

Habilidades simples podem ser — e geralmente são — enormemente monitoradas (pelo empregador). Assim, se você reivindicar possuir *apenas* as habilidades mais simples, terá que *"se encaixar"* — terá que seguir as instruções do seu supervisor e fazer exatamente o que mandam. Quanto mais elevadas forem as habilidades que você legitimamente reivindicar possuir, mais confiança terão no seu discernimento para conduzir o trabalho da maneira que quiser — desde que isso combine verdadeiramente com você.

4. Quanto mais elevadas forem as suas habilidades transferíveis, menos concorrência enfrentará, seja qual for o trabalho que estiver procurando, já que empregos que se utilizam dessas habilidades raramente são anunciados pelos canais normais.

Anúncios classificados, currículos, agências de emprego: nada disso é para você. Não se você, legitimamente, puder reivindicar possuir habilidades mais complexas. Então, para encontrar esses empregos, você precisa seguir o método criativo da caça ao emprego, conforme descrito nos próximos dois capítulos.

A essência dessa abordagem criativa da caça ao emprego ou da mudança de profissão é você poder aproximar-se de *qualquer organização que lhe interesse, estejam ou não oferecendo vagas.* Naturalmente, seja qual for o lugar que visitar — e particularmente tratando-se daqueles que não estão anunciando ofertas de emprego —, encontrará muito menos caçadores de emprego competindo com você.

De fato, se os empregadores que visitar gostarem o suficiente de você, podem até querer criar para você um emprego que não existia até então. *Nesse caso, você não estará competindo com ninguém, já que será o único candidato para um emprego recém-criado.* Não acontece a toda hora, mas me espanta verificar a freqüência com que acaba acontecendo. Isso porque os empregadores já estariam *pensando* em criar uma nova função em suas organizações, há algum tempo — mas, por uma razão ou outra, nunca chegaram a tomar as providências cabíveis. Não, até o momento em que colocaram os olhos em você.

Nesse momento, decidiram que não queriam perder você, já que *bons empregados são tão difíceis de encontrar quanto bons empregadores.* Então, não mais do que de repente, lembraram-se daquele cargo que vinham pensando em criar, havia já semanas, talvez meses. Por isso, deram um polimento em suas *intenções,* criaram o emprego no ato e o ofereceram a você. E se acontecer de aquele novo cargo não ser apenas o que *eles* precisavam, mas também o que *você* andava procurando, aí está: queijo e goiabada! Pão e manteiga!

No contexto da política nacional, pense no seguinte: graças à sua iniciativa, você e sua caça ao emprego teriam acabado de gerar um novo posto de trabalho. E, como gerar novos postos de trabalho é a maior preocupação dos especialistas nos anos 90, você, de repente, teve o prazer de ajudar seu país a desenvolver-se, ao mesmo tempo que ajudou a si próprio.

Assim, nossa paradoxal moral da história é a seguinte: quanto mais você se definir de maneira flexível, aberto para *qualquer coisa*, quanto mais definir suas habilidades através de itens como *Informação* e/ou *Pessoas* e/ou *Coisas*, detalhadamente, e o quanto mais alto na nossa escala de níveis de habilidades que confiram abrangência e autonomia você puder legitimamente alcançar, **mais perto estará de arranjar um emprego**. *Na verdade, é justamente o contrário do que acredita a pessoa típica que está em processo de mudança de profissão.*

"EU NÃO RECONHECERIA MINHAS HABILIDADES NEM QUE ELAS VIESSEM APERTAR MINHA MÃO"

Bem, agora que já sabe, tecnicamente, o que são habilidades, o problema é tentar adaptar isso a você, ou seja, precisamos descobrir quais são as suas habilidades transferíveis (95% dos trabalhadores não sabem) e colocá-las na sua ordem de preferência. Você vai encontrar uma orientação detalhada de como fazer isso no *Manual Pára-quedas*. Por enquanto, vou lhe pedir para fazer um exercício, no qual deve escrever sete histórias sobre a sua vida.

Aqui vai um exemplo bastante específico de uma história desse tipo, para você ver como é:

"Queria poder tirar férias no verão com a minha esposa e meus quatro filhos. Mas dispunha de um orçamento muito apertado e não podia pagar hotel para toda a minha família. Assim, decidi transformar nossa caminhonete em algo parecido com um trailer.

Para começar, fui a uma biblioteca e apanhei alguns livros sobre camping. *Li todos e, a seguir, desenhei o projeto do que pretendia fazer com nosso veículo, de maneira a adaptar, de acordo com o que precisava, tanto o interior da caminhonete quanto a parte de cima. A seguir, adquiri a madeira de que precisava. Nos fins de semana, ao longo de seis meses, usando o jardim lá de casa como oficina, fui fazendo a armação do segundo andar da minha caminhonete. Cortei as portas, janelas, e coloquei uma cômoda de seis gavetas naquela armação do "segundo andar". Montei tudo em cima da caminhonete, de forma a poder fixar no lugar, quando necessário, com parafusos que enfiei no teto do veículo. Então, parti para adaptar o interior da caminhonete. Na parte de trás, instalei uma mesa com um banco de cada lado. Eu próprio fiz todas essas peças.*

O resultado foi um veículo bastante apropriado para acampamentos, feito em casa, que eu simplesmente montava, para passear, e desmontava de novo, quando retornávamos. Quando saíamos para nossas férias de verão, podíamos ficar fora por quatro semanas, sem passar por apertos para pagar as contas depois, já que não gastávamos nada com estadia.

Devo ter poupado uns US$ 1.900, só neste verão, evitando os hotéis."

O ideal é que cada história que você escreva, como no exemplo dado, tenha as seguintes partes:

I) **Sua meta, o que você quer transformar em *realização*:** "*Queria poder tirar férias no verão com a minha esposa e meus quatro filhos."*

II) **Alguma espécie de barreira, obstáculo ou constrangimento que você enfrenta** (seja imposto por você mesmo ou pelas circunstâncias): "*...dispunha de um orçamento muito apertado e não podia pagar hotel para toda a minha família."*

III) **Uma descrição do que você fez, passo a passo** (como você se armou para atingir seu objetivo, apesar do obstáculo ou do constrangimento): "*Decidi transformar nossa caminhonete em algo parecido com um* trailer. *(...) Para começar, fui a uma biblioteca e apanhei alguns livros sobre* trailers. *Li todos e, a seguir, desenhei o projeto do que pretendia fazer com nosso veículo, de maneira a adaptar, de acordo com o que precisava, tanto o interior da caminhonete quanto a parte de cima. A seguir, adquiri a madeira de que precisava. Nos fins de semana, ao longo de seis meses, etc., etc."*

IV) **Uma descrição do resultado, daquilo em que deu a coisa toda:** "*O resultado foi um veículo bastante apropriado para acampamentos, feito em casa, que eu simplesmente montava, para passear, e desmontava de novo, quando retornávamos. Quando saíamos para nossas férias de verão, podíamos ficar fora por quatro semanas, sem passar por apertos depois, já que não gastávamos nada com estadia."*

V) **Uma estimativa, uma quantificação desse resultado:** "*Devo ter poupado uns US$ 1.900, só neste verão, evitando os hotéis."*

O *Manual Pára-quedas* vai conduzir você através de todo um processo de análise de sete histórias como essa, permitindo-lhe identificar, nesse trabalho, suas habilidades transferíveis, e priorizá-las.

Uma vez que tenha identificado oito das suas habilidades transferíveis favoritas (*ou quantas mais quiser*), precisará desenvolver a descrição dessa habilidade, até ser capaz de descrever cada um dos seus talentos ou habilidades, com algum detalhamento (ou seja, não mais usando apenas uma palavra, um verbo, tal como *organizar*).

Vamos pegar *organizar* como exemplo. Suponha que você nos diga, todo orgulhoso: "Sou bom em organizar coisas." Isso é muito bom para começar a definir suas habilidades, mas, infelizmente, não nos diz grande coisa. Organizar *o quê? Pessoas,* para uma festa? *Porcas e parafusos,* numa bancada de trabalho? Ou um *monte de informações,* num computador? Cada uma dessas tarefas exige habilidades inteiramente diferentes. A palavra *organizar* não me conta muito a seu respeito.

Uma Visão Geral Deste Processo

ARRUME-AS EM CATEGORIAS
PESSOAS
COISAS
INFORMAÇÕES
PESSOAS
COISAS
INFORMAÇÕES
ORGANIZE-AS DE ACORDO COM SEU PRAZER

Portanto, por favor, *dê mais conteúdo* às suas habilidades transferíveis preferidas, associando-as a alguma coisa — algum tipo de *Informação/ Dados*, algum tipo de *Pessoa*, algum tipo de *Coisa* —, e acrescentando um advérbio, ou um adjetivo.

Por que adjetivos? Bem, "Sou bom em organizar informações *de maneira meticulosa e lógica*" e "Sou bom em organizar informação *muito ligeiro, por pura intuição*". Cada uma dessas afirmações é uma habilidade *completamente diferente*. E a diferença não é explicitada pelo verbo, nem pelo objeto, mas pela força de expressão do adjetivo e do advérbio que o complementam. Por isso, desenvolva cada definição sobre suas oito habilidades favoritas da maneira que acabei de expor.

> Quando estiver face a face com a pessoa-que-tem-o-poder-de-contratá-lo, você deve ser capaz de explicar o que o faz diferente de 19 outras pessoas que, basicamente, sabem fazer a mesma coisa que você. Freqüentemente, é o adjetivo ou o advérbio que salva a sua vida, durante essa explanação.

UMA IMAGEM VALE MAIS DO QUE MIL PALAVRAS

Quando tiver as suas oito principais habilidades favoritas, postas em ordem e desenvolvidas, é hora de colocá-las na pétala central do diagrama que chamamos de Diagrama em Forma de Flor, que encontrará no *Manual de Exercícios.*

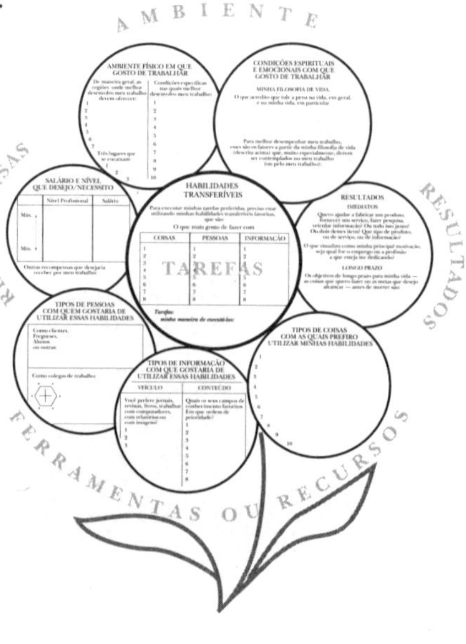

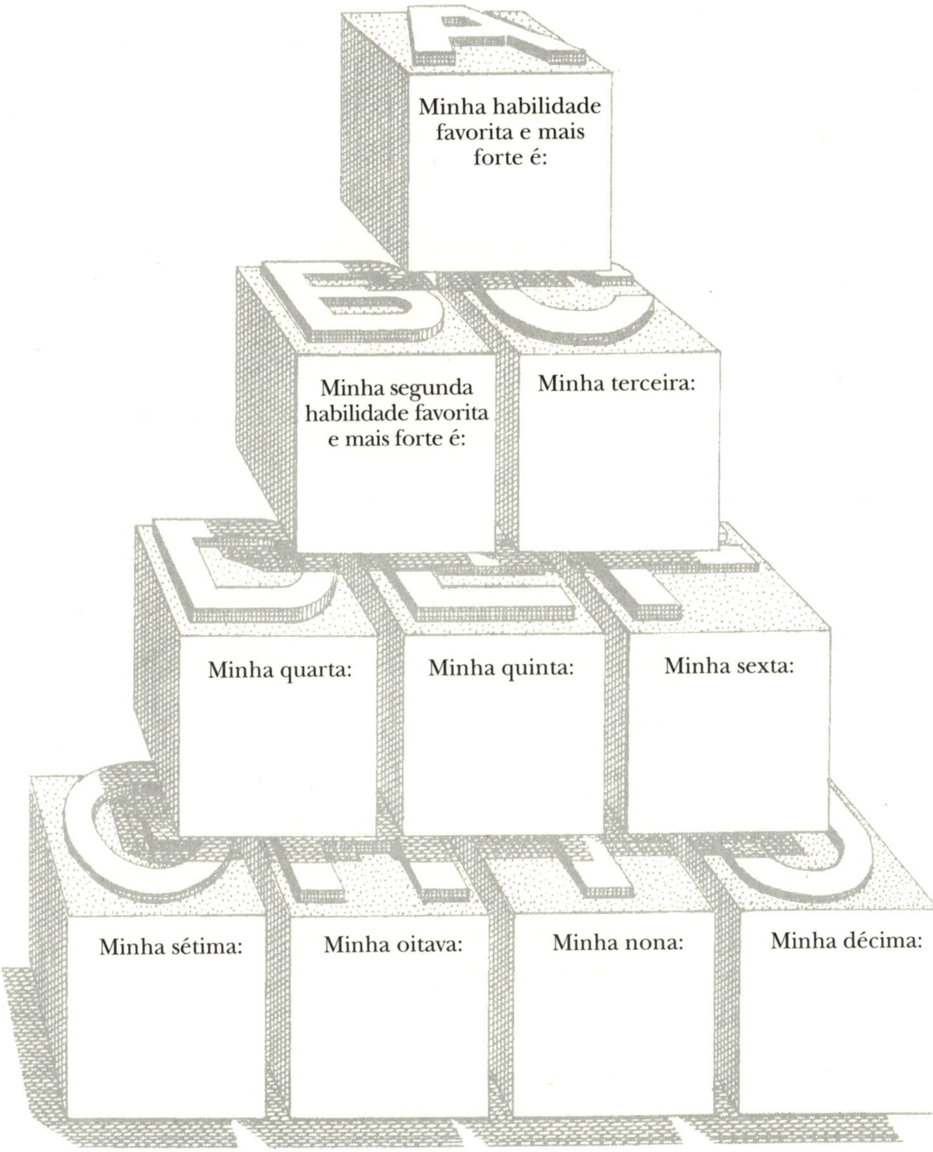

Você também pode, como alternativa, querer dispor suas habilidades em um diagrama do tipo blocos de montar e dessa forma listar suas "dez mais". E isso fecha este capítulo!

Voilà! Você já terminou com o tal do *O quê*.

Uma Palavra Amiga Para os que Gostam de Adiar

Se duas semanas já se foram, e você sequer iniciou seu inventário de habilidades, então — odeio ter que lhe dizer isso —, vai precisar arrumar alguém para ajudá-lo. Escolha alguém que o apóie na procura do emprego — melhor que seja um amigo do que alguém da família. Um amigo do tipo durão. Você sabe, um *capataz.* Pergunte a esse amigo se ele deseja ajudá-lo. Presumindo que responda *sim,* agendem um encontro semanal, tudo muito certo e garantido. Assim, ele poderá verificar se você está cumprindo suas tarefas, checar tudo o que você já fez e ser absolutamente sincero, se não houver feito nada, ou muito pouco, desde o encontro da semana anterior. Diga a ele que se trata de um projeto de, no mínimo, vinte mil horas e 200 mil reais, responsável, concernente à administração dos talentos que Deus lhe deu.

De onde tiramos essas tais vinte mil horas? Bem, um trabalho de quarenta horas semanais, executado por cinqüenta semanas, a cada ano, soma duas mil horas por ano. Então? Quanto tempo espera permanecer na nova profissão? Dez anos? Isso quer dizer vinte mil horas. Vinte anos? Quarenta mil horas. Portanto, é um projeto que vai durar, pelo menos, vinte mil horas.

E quanto aos 200 mil reais? Bem, descubra isso sozinho. Se ganhar, vamos dizer, dez reais por hora, na sua nova profissão, que vai durar pelo menos vinte mil horas, isso soma 200 mil reais. Se, por acaso, conseguir 20 reais a hora, daí você tem 400 mil reais.

Portanto, trabalhando bem este capítulo e os dois seguintes, você estará de fato trabalhando num projeto de vinte mil horas de duração e que pode render, pelo menos, 200 mil reais. Pode acreditar em mim: é algo que vale todo o tempo que você lhe dedicar!

Se não tem suficiente autodisciplina para entrar nesse projeto, deve, então, convocar um amigo para ajudá-lo.

Na falta de um amigo que possa apoiá-lo, talvez seja o caso de procurar ajuda profissional. Vá conversar com diversos orientadores vocacionais. Escolha o que lhe agradar mais e *vá fundo em sua procura.*

Você tem uma única vida para viver, meu amigo. Cada dia é muito precioso.

Pós-escrito ao Capítulo 5

ALGUNS PROBLEMAS QUE VOCÊ PODE ENFRENTAR AO FAZER SUA IDENTIFICAÇÃO DE HABILIDADES

Quando for fazer a já mencionada identificação de suas habilidades, não será nenhuma surpresa se tiver alguns problemas. Vamos dar uma olhada nas cinco dificuldades mais comuns que enfrentaram outros caçadores de empregos:

1. "Eu não sei exatamente o que é uma realização."

Quando estiver procurando por uma história/realização, para ilustrar uma de suas habilidades, tenha em mente que *não* se trata de algo que apenas você e mais ninguém já fez na história do mundo. Na verdade, está buscando uma coisa muito mais simples. Está tentando localizar algum momento em sua vida quando fez alguma coisa que, na época, lhe deu orgulho por ter feito, como se fosse uma façanha *para você*. Pode ter sido aprender a andar de bicicleta. Pode ter sido atingir pela primeira vez sua cota de vendas, no trabalho. Pode ter sido ainda um projeto particularmente significante, desenhado por você, na meia-idade. Não importa se alguém mais deu valor a tal coisa ou não. Importa apenas que tenha apreciado o que fez.

Gosto da definição de *realização* de Bernard Haldane. Segundo ele, é alguma coisa que sente que fez bem, que gostou de executar e que lhe deu orgulho ter feito. Em outras palavras, está procurando por uma meta (cumprida) que lhe propiciou dois prazeres: com a execução da coisa e com o resultado. Isso não significa que não tenha custado um bocado de esforço, ou que não tenha *odiado* algumas das etapas do processo; significa que você, basicamente, amou a maior parte do processo. Não padeceu daquela ansiedade em se ver livre da tarefa.

2. "Não vejo por que devo procurar por habilidades que aprecie; acho que a maioria dos empregadores vai apenas querer saber quais habilidades eu domino. Não vão se importar a mínima se as aprecio ou não."

Bem, claro que é importante identificar as habilidades que domina. Mas, falando de forma geral, é bastante difícil avaliar a si próprio. "*Faço isso bem ou não? Comparado com quem?*" Mesmo os testes de capacitação não vão lhe dar uma resposta satisfatória. Assim, é melhor adotar essa equação circular que a experiência demonstra ser verdadeira:

Se for uma habilidade que você domine, geralmente lhe dará prazer exercitá-la.

Se lhe dá prazer exercitá-la, é porque, geralmente, você a domina.

Com essa equação no bolso, você verá que — já que a ordem dos fatores nunca altera o produto — faz mais sentido perguntar a si mesmo: "O que eu gosto de fazer?", ao invés de ficar às voltas com um enganador: "Você faz isso bem?". Por isso, repito, liste as habilidades que você mais aprecie praticar e, na maioria dos casos, estará listando exatamente aquelas em que se sai melhor.

Tornar a satisfação em fazer a coisa na chave de tudo causa desconforto em tanta gente porque temos uma antiga tradição em nossa cultura que insinua que não devemos sentir prazer em nossa vida. O sofrimento seria uma maneira de atingir a virtude.

Exemplo: Duas meninas tomando conta de crianças... Uma detesta o serviço. A outra o adora. Qual delas será mais virtuosa, aos olhos de Deus? De acordo com essa velha tradição mencionada, aquela que odeia o que faz deveria ser a mais virtuosa. Alguns de nós, instintivamente, chegam a sentir que é assim apesar de um pouco de lógica nos dizer: Peraí!

Temos esse medo subconsciente. Algo nos sussurra que, se formos pegos aproveitando a vida, o castigo virá. É como na história dos dois escoceses que se encontraram na rua. Um disse: "Belo dia, hem, camarada?" "Sem dúvida!", respondeu o outro. "Mas vamos pagar por isso", concluiu de pronto.

Sentimo-nos muito bem falando de nossos fracassos, mas nos constrangemos a respeito de nossos êxitos. Quando falamos de nossos êxitos, parece que estamos contando vantagens, e isso é um pecado grave. Quer dizer, achamos que é. Enfim, não deveríamos estar tão satisfeitos com nós mesmos.

E, no entanto, olhe para os pássaros em pleno ar, ou até para os seus mascotes domésticos, brincando. Você irá perceber um coisa bastante diferente a respeito desse departamento da criação divina: quando um pássaro ou um mascote faz o que sabe fazer, aquilo que Deus lhe permitiu nascer sabendo fazer, desfruta de um prazer imenso em fazê-lo.

Nitidamente, o prazer faz parte das intenções de Deus a nosso respeito. Deus quer que comamos, então tornou o ato de comer muito prazeroso. Deus quer que durmamos, então tornou o ato de dormir extremamente prazeroso. Deus quer que procriemos, que amemos e façamos amor, então fez do sexo algo notavelmente prazeroso, e do amor, mais ainda.

Da mesma forma, Deus nos propicia uma combinação única de habilidades e de talentos, com os quais deseja que contribuamos para o plano geral da criação — a sinfonia do planeta, a música das esferas celestes. Portanto, quando utilizamos os talentos que Ele quer que utilizemos, isso O deixa muitíssimo feliz. Em todos os aspectos da criação divina, o prazer é a recompensa pela ação correta.

Você precisa identificar as habilidades que mais aprecia utilizar — não apenas no momento, agora que está no processo de mudança de profissão, mas também mais tarde, quando estiver cara a cara com o empregador. É verdade... Maus empregadores não dão a mínima se você aprecia fazer determinada tarefa ou não. Mas, bons empregadores vão se importar, sim, e muito. Eles sabem que, a menos que seus empregados se **entusiasmem** pelo trabalho, a qualidade do serviço ou do produto vai ser a primeira a sofrer as conseqüências.

3. "*Não tenho nenhuma dificuldade em encontrar, na minha vida, histórias que falem de realizações que me deram satisfação. Mas, depois de escrevê-las, tenho grande dificuldade de enxergar ali minhas habilidades, mesmo que passe horas observando os diagramas-chave. Preciso de alguma inspiração de fora, para me ajudar.*"

Que tal considerar a possibilidade de chamar dois membros da sua família, ou dois amigos, sentá-los diante de você e conduzir sua identificação de habilidades através da prática do *jogo de trinca,* que inventei anos atrás, para ajudar a quem tem esse tipo de problema? Em linhas gerais, trata-se do seguinte:

a. Cada um dos três, em silêncio, escreve uma história de alguma realização que lhe tenha trazido satisfação.

b. Cada um dos três, também em silêncio, analisa sua própria história, para verificar quais habilidades encontra. Você as anotará, depois.

c. Um dos três é convidado a expor primeiro. Pode ser você mesmo. Você lerá sua história, em voz alta, enquanto os outros dois anotam todas as habilidades que julguem que você utilizou, no episódio narrado. Caso haja alguma dificuldade em acompanhar a história, é só pedirem a você para dar uma pausa. Ao fim da leitura, você lê em voz alta a lista das habilidades que detectou.

d. Então, a segunda pessoa revela o que está em sua lista: quais as habilidades que, do seu relato, compreendeu que utilizou. Você as copia, abaixo da sua própria lista, mesmo que discorde dos itens assinalados.

e. Então, a terceira pessoa revela as habilidades que listou, e você as anota, mesmo que discorde do julgamento dessa pessoa.

f. Quando as observações de ambos estiverem feitas, com o propósito de poder elaborar melhor os resultados, mais adiante, pode lhes perguntar o seguinte: *"Do que se trata, para você, esta habilidade? Em que ponto da história vocês me ouviram relatando utilizá-la?"*

g. Na vez das outras pessoas lerem suas histórias, vocês devem repetir os passos de "c" a "f".

h. Agora, cada um de vocês deve trabalhar com uma nova história, repetindo os passos de "a" a "g", até chegarem a sete histórias.

4. *"Mas como vou saber se fiz tudo isso direito? E se achar que entendi o que era para ser feito, mas, na verdade, não entendi coisa nenhuma? Preciso ter certeza de que essa coisa que eu identifiquei vai me ajudar a conseguir um emprego."*

Vai, sim, se você seguir as orientações do *Manual Pára-quedas,* junto com este capítulo (sem pular nada), e *se* evitar enumerar suas habilidades no mesmo jargão, ou no mesmo jeito de expressar da sua antiga profissão, como se fosse um militar ou um clérigo. É inútil expressar suas habilidades transferíveis no jargão de sua antiga profissão, dizendo, por exemplo: "*Eu sou bom para fazer pregações.*" Se está escolhendo uma nova profissão cá fora, no assim chamado mundo secular, não pode usar a linguagem que o tranca lá atrás, em seu passado. Isso vai sugerir que você é bom numa só e única coisa. Portanto, é importante pegar a expressão *fazer pregações* e se perguntar o que poderia ampliá-la. Que tal dizer *ensinar*? Talvez. *Motivar pessoas*? Talvez. *Inspirar pessoas a aprofundar-se em si mesmas*? Talvez. *Só você mesmo pode dizer o que é a verdade, no caso.* Mas, de uma maneira ou de outra, assegure-se de livrar suas habilidades de qualquer *jargão que o limite à profissão que desempenhou no passado.*

5. *"Você teria algum último conselho para me dar sobre essa identificação de habilidades?"*

Sim. Quando terminar de fazer essa identificação de habilidades, não vá logo querendo colocar um nome nelas, como se fosse uma profissão ou um cargo. De fato, as habilidades podem sugerir muitos empregos diferentes, que terão inúmeros títulos, como você verá no próximo capítulo. Portanto, não se feche prematuramente. *"Estou procurando por um emprego onde possa **usar** as seguintes habilidades"* é o certo a se dizer. Mas *"estou procurando por um emprego onde possa exercer a **função** de (o nome de algum cargo ou profissão)..."*, nada disso! Não nesta altura da sua caça ao emprego. Maiores definições ficam para depois. Neste ponto, você precisa manter todas as opções em aberto.

Depois disso tudo, se você sentir que é incapaz de escrever essas histórias, vai ficar interessado no relato de uma mulher que caçava empregos na Inglaterra e que me mandou uma carta, contando:

*"Tenho um Ph.D. em química, mas, a última coisa que poderia querer, quando me graduei, era ir trabalhar num laboratório ou numa equipe de pesquisa. Li o seu livro e tentei — sem conseguir — escrever as tais histórias. Acontece que elas requeriam revirar um bocado de coisas cá dentro de mim mesma. Conseqüentemente, demorei nove meses, até conseguir decidir-me sobre um novo rumo para minha profissão. Foi graças ao método de Daniel Porot, chamado PIE (**P**rática de Entrevista, Entrevista Para Coleta de **I**nformações, Entrevista de Seleção para o **E**mprego). Isso me ajudou muito a me tornar mais segura. Comecei a sentir que tinha certo poder — em vez de me portar como uma vítima do mercado de trabalho. Segui suas idéias e conselhos, e, recentemente, me ofereceram, pela primeira vez, um emprego fixo. Estou felicíssima porque escolhi essa nova profissão a partir dos meus interesses e habilidades, e não pela minha qualificação formal. Hoje, sou uma cientista dedicada à pesquisa clínica, num hospital. Finalmente, depois de 27 anos de vida, sinto que estou no caminho de encontrar minha missão na vida."*

CAPÍTULO SEIS

PARA CAÇADORES DE EMPREGO E PESSOAS QUE QUEREM MUDAR DE PROFISSÃO QUE DISPONHAM DE TEMPO E PACIÊNCIA

Uma Abordagem Sistemática
Sobre Caça ao Emprego
e Mudança de Profissão

ONDE

VOCÊ MAIS DESEJA UTILIZAR SUAS HABILIDADES?

Você Precisa Descobrir
com Bastante Exatidão Quais São os Campos
e os Tipos de Lugares
em que Mais lhe Daria Prazer Trabalhar

Capítulo 6

Sumário

A LINGUAGEM DA SUA PROFISSÃO

Certa vez, trabalhei como um secretário-datilógrafo. Isso era O QUE eu fazia.

Mas, naturalmente, eu tinha muitas opções de ONDE poderia fazê-lo.

Poderia trabalhar como secretário num escritório de advocacia ou numa loja de jardinagem, numa companhia aérea ou numa igreja, num laboratório fotográfico ou num banco, numa fábrica de produtos químicos ou num órgão do governo.

Estou frisando o seguinte: não é o bastante você dizer simplesmente O QUE quer fazer: *Quero ser um secretário.* Você precisa definir para si próprio ONDE quer desempenhar esse tipo de trabalho. Esses vários lugares onde poderia trabalhar como secretário — firma jurídica, de jardinagem, companhia aérea, igrejas, estúdio fotográfico, bancos, indústria química e órgãos governamentais, etc., etc. são geralmente chamados de **Especialização**, ou **Matéria**, ou **Campo de interesse** ou **Campo de conhecimento**.

Entretanto, há uma outra maneira de pensar a respeito do assunto, ou seja, pensá-lo como se fossem *linguagens.* Se está confuso a respeito do campo para o qual gostaria de se voltar, em se tratando de sua próxima profissão ou emprego, pergunte a si próprio qual *linguagem* ou *linguagens* adora escutar, falar e usar para trabalhar — tanto que poderia lidar com essa linguagem ao longo de um dia inteiro.

Se você trabalha como uma secretária em uma firma jurídica, terá que agüentar um bocado de conversa, por lá, e todas sobre procedimentos legais. Portanto, a Lei é a *linguagem* com a qual terá que conviver, diariamente, no seu lugar de trabalho. Você gosta dessa *linguagem?* Se é o caso, escolha o campo jurídico para a sua nova profissão ou emprego.

Mais uma vez, se trabalhar como secretário numa loja de jardinagem, também vai escutar muita conversação sobre jardinagem e coisas do gênero, à sua volta. Portando, jardinagem é a *linguagem* com a qual terá que conviver, diariamente, no seu local de trabalho. Você gosta dessa linguagem? Então, escolha a jardinagem como seu campo de trabalho para sua próxima profissão ou emprego.

O mesmo problema se coloca no caso de uma companhia de transportes aéreos, numa igreja (onde Religião é a *linguagem),* num estúdio fotográfico, num banco, numa indústria de produtos químicos, numa repartição do governo, etc. Como regra geral, se aprecia a *linguagem* que comanda a maioria das conversas naquele local de trabalho, então ficará feliz se escolher aquele campo para seu próximo emprego ou profissão.

No entanto, se não apreciar a *linguagem* falada naquele específico local de trabalho... Se, digamos, jardinagem é seu assunto favorito, e acontece que você trabalha numa firma na qual a Lei — uma linguagem que você odeia — é o tema sobre o qual giram todas as conversas, o dia inteiro e diariamente, então vai sentir-se infeliz nessa profissão.

SOBRE QUE ASSUNTO VOCÊ ADORA CONVERSAR? NO QUE ADORA ESTAR MERGULHADO?

É muito importante iniciar suas considerações sobre "ONDE vou utilizar minhas habilidades preferidas?" fazendo uma lista de seus **assuntos preferidos** (isto é, *linguagens*). Em cada *campo* ou *linguagem* que listar, o importante é adorar conversar sobre o assunto e conhecer alguma coisa a respeito dele — não é necessário ter um *mestrado* na matéria.

Também não precisa ser nada do que você estudou no colégio. Como mencionei no Capítulo 4, a maioria das pessoas pensa que, para mudar de profissão, precisa voltar aos estudos, cursar nova faculdade, etc. Bem, algumas vezes, pode ser esse o caso, mas não sempre, nada disso! Sua próxima profissão pode se desenvolver num campo do qual você se aproximou ao longo da sua vida — vamos dizer, *antiguidades*, ou *carros*, *decoração de interiores*, ou *música*, ou *cinema*, ou *outras matérias do tipo das que aparecem naquelas disputas entre equipes nos* shows *de tevê.*

A única coisa importante é *gostar* muito da matéria em questão e ter alguma familiaridade com o que seria trabalhar com ela, mesmo que nunca tenha estudado a respeito. Talvez tenha ganho seu conhecimento sobre antiguidades visitando algumas lojas do ramo e fazendo uma porção de perguntas. E talvez tenha obtido mais informação lendo livros sobre o assunto e adquirindo revistas sobre antiguidades. Pode até ter comprado algumas peças, por conta própria. É o bastante para colocar *antiguidades* na sua lista de campos/ de interesses/ de linguagens. É irrelevante pensar em fazer uma pós-graduação em antiguidades — *a não ser que esteja pensando em trabalhar nesse campo num nível que requeira, de fato,* a pós-graduação.

O DIAGRAMA EM FORMA DE FLOR

Como, exatamente, você poderia descobrir quais seriam suas linguagens *favoritas*, isto é, seus campos de interesse?

Bem, você precisa de uma porção de *checklists*. Fornecemos algumas para você no *Manual de Exercícios*, que começa na página 205.

São exercícios que vão guiar você não apenas através de *linguagens*, mas através de todo o processo de identificar seu ONDE. Depois, você pode colocar o que descobriu nas *pétalas* do seu Diagrama em Forma de Flor.

Tudo isso vai tomar tempo, mas, normalmente, nada além de algumas horas.

Quando tiver todas as oito *pétalas* do Diagrama em Forma de Flor preenchidas, deve recortá-las e depois colá-las numa folha de papel maior.

Pendure essa folha de papel na parede, ou na porta da sua geladeira. E aí está: seu Diagrama em Forma de Flor.

Mas, o que, exatamente, você tem ali na sua frente? Bem, é uma imagem de *si próprio* (por assim dizer), mas é também uma imagem da *profissão* ou do *emprego* pelo qual está procurando. São as duas coisas ao mesmo tempo, porque você construiu um retrato que *combina com você.*

UMA LÂMPADA SE ACENDE

E quando estiver olhando para aquele diagrama, o que pode acontecer? Bem, alguns de vocês (*mais ou menos três em cada cem que estiverem lendo este livro)* soltarão um imenso *Arrá!,* quando virem seu Diagrama em Forma de Flor. Uma lâmpada irá se acender sobre a sua cabeça e você dirá: "Minha nossa! Estou vendo *exatamente* que tipo de profissão isso aqui me indica."

Se você for uma dessas pessoas extremamente intuitivas, ótimo. Mas, fique com estes dois gentis conselhos. Não feche, prematuramente, *outras* possibilidades. *Não* diga para si mesmo: "Bem, estou enxergando aquilo pelo qual daria a minha vida, mas *sei* que não há no mundo um emprego como esse, que eu seja capaz de conseguir." Meu caro amigo, aí está uma coisa da qual não pode ter certeza. Você ainda não saiu procurando.

Pode acontecer que, mesmo depois de pesquisar muito e de muito procurar, não tenha encontrado ainda *exatamente* o que quer, sem tirar nem pôr.

Mas acho que vai se surpreender quando constatar o quanto pode se aproximar do seu sonho.

Algumas vezes, pode ir até ele por etapas. Um senhor aposentado, conhecido meu, que fora um executivo sênior numa editora, encontrou-se bastante entediado com a aposentadoria, quando completou 65 anos. Contatou uma pessoa com quem tivera um relacionamento comercial e recebeu como resposta o seguinte: "Não temos nada que combine ou que requeira a sua qualificação; neste exato momento, tudo o que precisamos é de alguém para o nosso escritório de correspondência." O veterano executivo de 65 anos disse: "Fico com esse emprego!" Foi o que fez, e pelos anos seguintes avançou paulatinamente, mais uma vez, em direção ao emprego que desejava, como executivo sênior daquela organização, onde utilizaria todas as suas estimadas habilidades, por algum tempo mais, até se aposentar novamente, aos 85 anos.

Claro que pode acontecer também de encontrar seu sonho diretamente, sem ter que passar por etapas intermediárias.

> É surpreendente a freqüência com que as pessoas realizam seus sonhos, seja por etapas, seja de uma só vez. Quanto mais evitar *reduzir* o seu sonho — porque *acha* que conhece de sobra o *mundo real* —, mais possibilidades tem de encontrar o que está de fato procurando.
>
> A maioria das pessoas deixa de encontrar seu sonho mais profundo porque decidiu buscar apenas metade dele — e, conseqüentemente, o fez com *metade* de suas energias.
>
> Mas, se decidiu procurar pelo seu sonho *inteiro*, quero dizer, pelo melhor dos seus sonhos, garanto que empreenderá essa busca com *todo* o seu coração. É essa *paixão* que, freqüentemente, faz a diferença entre as pessoas que querem mudar de profissão bem-sucedidas e as que fracassam.

VOCÊ OLHA PARA O SEU DIAGRAMA EM FORMA DE FLOR E... NADA!

A maioria de vocês irá olhar para o seu Diagrama em Forma de Flor e não tirará disso nenhuma *pista* sobre que profissão ou emprego ele sugere. *Bem*... nesse caso, é claro que você precisa pesquisar um pouco mais.

Comece pelo seguinte... Pegue um bloco de papéis, uma caneta ou um lápis, ou vá para o seu computador e tome algumas anotações.

Primeiro, observe o Diagrama em Forma de Flor e escreva de três a cinco das suas inclinações preferidas, também conhecidas como *campos* ou *áreas de interesse.*

Tome suas notas e mostre-as a pelo menos cinco amigos, à sua família, ou aos profissionais que você conhece.

Como você deve lembrar, do Capítulo 4, as habilidades, geralmente, apontam para uma profissão ou para um cargo, enquanto campos de interesse ou de conhecimento usualmente apontam para *áreas de trabalho*. É como se perguntasse a suas habilidades *que emprego ou empregos elas sugerem.*

Então, tomando suas *linguagens* vocacionais favoritas, *que campos de trabalho elas sugerem a você?*

Anote o que essas cinco pessoas disserem.

Depois de terminar de conversar com elas, volte para casa e dê uma olhada em tudo o que lhe passaram. A propósito, se nada do que disserem parecer útil, vá conversar com outros cinco amigos ou conhecidos, ou com qualquer pessoa que conheça o mundo dos negócios ou o trabalho não-remunerado.

Quando obtiver algumas idéias de fato valiosas, sente-se, observe a combinação de sugestões que tem em mãos e faça a si próprio algumas perguntas:

• Primeiro, você deve interpretar o que sugeriram a respeito de suas habilidades: *que empregos ou profissões tinham em mente?* Vai ajudar muito saber que a maioria dos empregos é classificada em 19 títulos ou famílias, conforme encontram-se listados mais à frente.

Para qual dessas 19 *famílias* as sugestões de seus amigos apontam, predominantemente. Quais dessas 19 opções seduzem você?

• A seguir, deve observar o que sugeriram sobre o que seria sua *linguagem favorita: que campos ou profissões vieram à mente deles?* Vai ajudar muito você saber que a maioria dos campos de profissão pode ser classificada em quatro ramos principais: *Agricultura, Produção Industrial, Indústria de Informação, Indústria de Serviços.*

Para quais desses quatro campos as sugestões dos seus amigos *apontam*, predominantemente? Quais desses quatro campos seduzem você?

• O próximo passo refere-se ao seguinte: profissões e áreas de trabalho ainda podem ser subdivididas, mais adiante, conforme você prefira trabalhar prioritariamente com *pessoas*, com *informações/dados* ou com *coisas*.

Vamos pegar como exemplo a agricultura. Trabalhando nesse ramo, você poderia dirigir tratores, ou outras máquinas de plantio — e, assim, estaria lidando, principalmente, com *coisas*. Ou poderia se ocupar em reunir estatísticas sobre colheitas para alguma agência governamental — e estaria trabalhando com *informação/dados*. Ou poderia ensinar algo sobre agricultura, numa cadeira na faculdade, e estaria trabalhando com

FAMÍLIAS DE EMPREGOS

1. Empregos executivos, administrativos, ou cargos de nível gerencial.
2. Engenheiros, supervisores de obras e de projetos e arquitetos.
3. Especialistas em ciências naturais e matemáticos.
4. Cientistas sociais, advogados e profissionais dedicados a áreas sociais e religiosas.
5. Professores, orientadores, bibliotecários, arquivistas.
6. Médicos, psicólogos.
7. Enfermeiras diplomadas, farmacologistas, nutricionistas, terapeutas, assistentes de atividades médicas.
8. Técnicos de saúde e tecnólogos.
9. Escritores, artistas, pessoas ligadas ao entretenimento.
10. Técnicos e tecnólogos (exceto da área de saúde).
11. Ocupações ligadas a *marketing* e a vendas.
12. Ocupações de suporte administrativo.
13. Ocupações no setor de serviços.
15. Mecânicos e profissionais de consertos.
16. Profissionais do ramo de construções e de atividades extra-tivistas.
17. Ocupações no setor da produção.
18. Transporte de pessoas e de materiais.
19. Encarregados de manutenção e limpeza de equipamentos, auxiliares e pessoal de laboratório.

pessoas e com *idéias.* Quase todos os campos, assim como as famílias de profissões, oferecem a você essas três opções, enquanto, é claro, muitos empregos combinam duas ou mais delas.

Você ainda precisa decidir-se sobre qual é a sua preferência e com o que mais gostaria de trabalhar. De outro modo, sua caça ao emprego ou sua tentativa de mudar de profissão vai lhe trazer muita frustração, ao final. Freqüentemente, é sua habilidade favorita que vai lhe dar a pista para essa decisão. Se isso não acontecer, volte atrás e consulte sua *pétala* de habilidades... O que você acha? Suas habilidades preferidas pesam mais para que você procure trabalhar com *pessoas*, com *informação/dados,* ou com *coisas*?

Agora, não importando o que a *pétala* sugere, o que é mesmo que *você* prefere?

A IMPORTÂNCIA TRANSCENDENTAL DAS PESSOAS

Uma vez que tenha obtido aquelas *pistas*, da parte de seus amigos, precisa buscar mais informações. Especificamente, precisa encontrar a resposta para as quatro perguntas indicadas abaixo, todas relacionadas ao ONDE:

• **PERGUNTA 1**

Quais são os **nomes dos empregos e das profissões** que me dariam a chance de utilizar as habilidades que mais aprecio, num campo basicamente relacionado aos meus assuntos preferidos?

• **PERGUNTA 2**

Que **espécies de organizações** empregariam ou empregam pessoas nessas profissões?

• **PERGUNTA 3**

Entre as organizações que não foram abrangidas pela pergunta anterior, quais os nomes das **empresas** nas quais estou **particularmente** interessado?

• **PERGUNTA 4**

Entre os lugares que mais me agradam, **quais seriam suas necessidades** ou que soluções estariam tentando produzir, para as quais minhas habilidades e conhecimento poderiam contribuir?

E como você encontra a resposta para essas perguntas? Bem, vamos começar pela primeira. Vendo como se conduz na exploração dessa questão, você compreenderá como lidar com as outras três, quando chegar a hora.

A primeira questão é: Quais são os **nomes dos empregos e das profissões** que me dariam a chance de utilizar as habilidades que mais aprecio, num campo basicamente relacionado aos meus assuntos preferidos?

Por onde começo? Pode ser em bibliotecas, na Internet, ou onde você goste de pesquisar.

Mas tenho más notícias para os tímidos. As informações mais confiáveis e atualizadas sobre profissões e empregos não serão encontradas nas duas opções citadas acima. Serão encontradas através do contato *pessoal*. A razão é simples: a informação da semana passada sobre empregos e profissões, absolutamente verdadeira, garantidíssima, 100% acurada, está, hoje, totalmente ultrapassada. *As coisas estão mudando muito rapidamente*. Os livros não podem nos dar ajuda. Estão ultrapassados antes mesmo de serem impressos. Assim, se quer identificar um novo emprego ou uma nova profissão que combine com você, precisa sair e ver gente — além de empenhar-se *um pouco* em leitura, para complementar o que contam a você. Não está na hora de ser tímido!

Se a timidez é um problema, tenho algo a dizer sobre como lidar com ela no final deste capítulo.

Mas vamos retomar nossa linha de raciocínio. Para obter a informação de que precisa, necessitará conversar com pessoas. Ah, mas como decidir *quais* pessoas? Bem, é relativamente fácil. Vou lhe dar um exemplo real de como se faz a coisa. (Vamos pegar um sujeito que conheço, que queria mudar de profissão.)

Depois de fazer seu Diagrama em Forma de Flor, decidiu que suas principais habilidades preferidas eram diagnosticar, tratar e curar. Confirmou sua inclinação, depois de mostrar essa informação a cinco amigos e refletir um pouco sobre o que lhe disseram. Tudo indicava que, das 19 *famílias de emprego*, era mais atraído pela de número 6, o que não chegou a representar uma surpresa para ele, já que ocorria até de ter um diploma em psicologia. Só que, há muito tempo, aborrecia-se com a vida, trabalhando num departamento de seleção de recursos humanos, numa empresa de porte médio.

Suas três áreas de interesse principal, ou campos de conhecimento ou *linguagens*, eram psicologia, portanto, e também jardinagem e carpintaria.

Entre os campos de trabalho, ele era mais atraído pela indústria de serviços.

Entre os três tipos de utilização das habilidades, preferia trabalhar com pessoas.

Até aqui, tudo bem. Mas para onde se voltaria a seguir?

Ele foi conversar com algumas pessoas. Mas como escolher com quem conversar? Fácil. Pegou suas *linguagens favoritas* ou seus campos de conhecimento — psicologia, jardinagem e carpintaria — e *mentalmente* traduziu isso nas pessoas que possuíam essas ocupações específicas: um psicólogo, um jardineiro, um carpinteiro.

Daí, tudo o que precisou foi encontrar um indivíduo em cada uma dessas profissões. Isso é relativamente fácil: as *Páginas Amarelas* podem resolver o problema ou ele poderia levantar essa informação de amigos ou de conhecidos. A seguir, foi visitar essas pessoas e lhes perguntar: *como vocês combinariam esses três campos de atividade?* Depois disso, ele poderia descobrir que se encaixava numa profissão que já existisse, ou talvez que precisava criar uma profissão só para si.

E como é que se decide qual desses três profissionais deve entrevistar *primeiro*? A pessoa deve se perguntar qual deles teria a *visão mais abrangente.* (*Freqüentemente, isso dá na mesma que perguntar: a quem custou mais conseguir sua habilitação?*) Nesse caso em particular, o psicólogo.

Então, ele poderia se pôr a visitar dois ou três psicólogos — digamos que sejam os chefes dos departamentos de psicologia nas faculdades das redondezas[1] — e lhes perguntar: *Você tem alguma idéia de como se pode colocar essas três atividades — carpintaria, jardinagem e psiquiatria — juntas, numa única profissão? E, se não sabe, quem acha que poderia saber?* Ele persistiria, até encontrar alguém que aparecesse com uma idéia brilhante sobre como juntar seus interesses.

Neste caso, em particular (*como eu disse, trata-se do relato de uma pessoa real, que desejava trocar de profissão*), alguém acabou lhe dizendo: "Sim, esses seus interesses podem ser reunidos. Há um ramo da psicologia que utiliza plantas para ajudar a curar as pessoas. Isso já contempla seu interesse em psiquiatria e plantas. Sobre a carpintaria, acho que podia usá-la para construir canteiros para suas plantas."

ENTREVISTA PARA COLETA DE INFORMAÇÕES

O processo que acabei de descrever tem um nome. Chama-se Entrevista Para Coleta de Informações. Para evitar confusão, sumarizei na tabela das páginas seguintes exatamente o que é uma *Entrevista Para Coleta de Informações.* Esse método difere de outras maneiras como as *pessoas* podem ajudar você e apoiá-lo, durante a caça ao emprego e a mudança de profissão — maneiras, por sinal, chamadas: *Trabalho em Rede, Grupos de Apoio* e *Contatos.* Sem cobrar mais por isso, também coloquei nessa tabela uma *primeira* coluna, que trata de um aspecto do qual nunca se fala, que é a importância — antes mesmo de iniciar sua caça ao emprego — de *realimentar as amizades que tem deixado meio largadas,* seja telefonando ou visitando seus velhos amigos. O melhor é restabelecer os relacionamentos antes que ocorra a necessidade de recorrer a eles, como pode por certo acontecer, mais tarde. A primeira coluna da tabela vai explicar isso, a seguir.

---

[1] Se não houver psicólogos em nenhuma instituição acadêmica próxima, então ele deveria fazer sua pesquisa com psicólogos com clínica particular — conseguiria seus nomes da lista telefônica —, pedindo a eles ou lhes implorando por uma *meia consulta. Mas isso só em último caso.*

Guia de Relacionamentos do Caçador de Empregos

O Processo	**1.** Valorizar Sua *Comunidade* Antes da Caça ao Emprego	**2.** Trabalho em Rede
Qual é o objetivo?	Assegure-se de que as pessoas de quem pode precisar, para lhe prestar um favor, ou algum tipo de ajuda, saibam que você há muito as estima, *pelo que são.*	Reúna *desde agora* numa lista os contatos que poderão lhe ajudar em sua mudança de profissão ou caça ao emprego, em algum momento do futuro. Liste também aqueles que conheceriam meios de aumentar a sua lista — meios que você normalmente não se lembraria de usar. Trabalho em Rede é um termo freqüentemente reservado para a ação de ampliar a sua lista de apoios. Obviamente, entretanto, isso pressupõe que você, antes, tenha listado todos aqueles que conhece.
Através de quem se pode atingi-lo?	Aqueles que vivem com você, e também a sua família, parentes, amigos e conhecidos, não importa se morem longe ou perto.	Pessoas em seu atual campo de trabalho, ou num campo de trabalho de possível interesse no futuro, que tenha encontrado. E também pessoas cujos nomes foram dados a você por outras pessoas.
Quando você está agindo direito, como lida com seu objetivo? (atividades típicas)	Mesmo com sua agenda cheia, você arruma tempo para eles, muito antes de iniciar sua caça ao emprego. E consegue isso: (1) Dando "qualidade" ao tempo que emprega com as pessoas com quem vive, deixando que saibam o quanto as aprecia, pelo que são e pelo tipo de pessoa que são. (2) Mantendo contato (por telefone, saindo para almoçar, mandando bilhetes de agradecimento) com aqueles que moram na vizinhança. (3) Escrevendo bilhetes amistosos com regularidade para aqueles que moram mais longe — sempre deixe-os saber o quanto os aprecia, pelo que são.	Com isso em vista, você deliberadamente procura comparecer a todos os encontros e convenções, em seu ramo, ou no campo/profissão no qual esteja pensando em se estabelecer, algum dia. Você conversa com pessoas em encontros e atividades sociais, trocando cartões de visita, depois de alguma conversação. Ocasionalmente, alguém pode sugerir um nome, quando está se preparando para uma estada em alguma outra cidade, ou bairro, recomendando que, enquanto estiver por lá, o contate. Um telefonema pode ser seu principal instrumento, com cartas de *follow-up*, depois de voltar para casa, a não ser que consiga ser convidado para almoçar, durante a conversação. Muitas vezes, se você próprio fizer o convite para almoçar, a coisa vai por água abaixo. (Ver a seguir.)
Quais são os sinais de que você agiu de maneira atrapalhada?	Você está desempregado, e só então se dá conta de ter que contatar pessoas para quem deixou de escrever ou de telefonar faz tempo, e, de repente, caindo do céu, você lhes pede para ajudar na sua caça ao emprego. *A mensagem inevitável das entrelinhas é que você, na verdade, não se importa com elas, a não ser quando pode usá-las. Em breve, será visto como alguém que apenas considera as pessoas nos termos do que podem fazer por você, ao invés de desenvolver relacionamentos* "de mão dupla".	Geralmente, quando aborda um indivíduo muito ocupado e convida-o para almoçar, sem finalidade, com nada marcado na agenda (no caso, por exemplo, de ser perguntado sobre o que deseja conversar e responder algo como: "Não... é... não sei, quer dizer, só para nos conhecermos melhor, sabe como é?"). Agindo dessa maneira, você não estará praticando *Trabalho em Rede.* Estará praticando o melhor método para obter *reações hostis.* Tente restringir seu contato ao telefone.

e das Pessoas que Querem Mudar de Profissão

3. Desenvolvendo um Grupo de Apoio	4. Entrevistas Para Coleta de Informações	5. Utilizando Contatos
Recrutar pessoas da sua família, ou seus amigos mais chegados, especialmente para ajudá-lo a enfrentar seus problemas emocionais, sociais e espirituais. A caça ao emprego e a mudança de profissão podem se tornar difíceis momentos de transição, e o melhor é você não estar sozinho numa hora dessas.	Averiguar do que se tratam certas profissões, antes de fazer mudanças. Averiguar o que são certos empregos, antes de aceitá-los. Averiguar o que são certos locais de trabalho, antes de procurar emprego por lá. Levantar respostas para perguntas bastante específicas, que lhe ocorram durante sua caça ao emprego.	Vamos dizer que sejam necessários 77 pares de olhos e de ouvidos para encontrar um emprego novo ou uma nova profissão. Portanto, não saia recrutando os outros 76 pares (*ei, não me tome ao pé da letra — arrume quantos auxiliares você realmente achar que precisa, e não mais*) de olhos e ouvidos, antes de saber exatamente que espécie de trabalho você quer, em que tipo de lugar quer trabalhar e qual o tipo de emprego que procura.
Tente chamar pessoas com uma ou mais destas qualificações: pessoas com quem fique à vontade para conversar, que tomem a iniciativa de lhe telefonar regularmente, que sejam mais experientes do que você e que possam funcionar como um capataz do tipo durão, quando precisar de alguém assim.	Gente que trabalha, gente que trabalha e gente que trabalha. Só há utilidade em fazer uma Entrevista Para Coleta de Informações com pessoas que, no momento, estejam em atividade naquele trabalho que tanto lhe interessa, como um possível novo emprego ou uma possível mudança de profissão.	Qualquer um e todo mundo que estiver em sua lista de Trabalho em Rede (veja na coluna 2). Isso inclui a família, amigos, parentes mais distantes, alunos, colegas de faculdade, antigos colegas de trabalho, pessoas da sua igreja, sinagoga, conhecidos dos lugares onde faz compras, etc.
Tenha pelo menos quatro dessas pessoas à mão. O grupo pode se encontrar com você semanalmente, por uma ou duas horas, para checar como vai indo. Um deles, no mínimo, deve estar sempre acessível para qualquer emergência. Esse grupo deve ser formado por: o Sujeito que Escuta, para quando sentir-se desanimado e precisar conversar; o Motivador, para quando estiver tentado a se esconder dos problemas; o Experiente, para quando você estiver confuso sobre seu próximo passo; o Capataz, para quando sua autodisciplina estiver se partindo em pedaços, porque, nessas condições, precisará de alguém para encorajá-lo a retomar o prumo. Vai lhe ajudar muito se tiver um Torcedor, também, para comemorarem juntos as vitórias, como se fossem um verdadeiro time.	Você consegue os nomes de pessoas que trabalham no ramo, de seus colaboradores, de listas telefônicas, etc. Quando tiver os nomes, telefone e peça para conversar com eles por *vinte minutos*. Previamente, organize uma lista de todas as perguntas que deseja fazer. Se não tiver nada em mente, tente a lista abaixo: Como você entrou para este campo de trabalho? E como conseguiu este emprego em particular? De que espécie de coisas mais gosta neste emprego? De que coisas menos gosta neste emprego? Há alguém mais, trabalhando neste mesmo tipo de emprego, com quem me recomendaria conversar?	A qualquer momento que ache que está sem saída, peça aos seus contatos que o ajudem com informações específicas. Por exemplo: você não consegue encontrar pessoas que estejam trabalhando em empregos do seu interesse. Ou: você tem um lugar em mente, mas não consegue descobrir o nome da pessoa-que-tem-o-poder-de-contratá-lo. Ou: caso saiba o nome dessa pessoa, mas não consiga avistar-se com ela. Em certas ocasiões, você irá ligar para todas as pessoas que tem em sua lista de Trabalho em Rede, se necessário, até alguma delas ser capaz de lhe dar a resposta que procura.
Você embolou tudo quando fica sem um grupo de apoio, não tem ninguém para quem se voltar, ninguém com quem conversar, e sente-se como se estivesse sozinho no mundo. Você estragou a coisa toda quando lhe restar ficar esperando que seus amigos e sua família notem que é um pobre-coitado. Que fique na expectativa deles provarem o quanto o amam, que tomem a iniciativa de se aproximar de você, ao invés de você — que é quem necessita do grupo de apoio — escolher quem pode ajudá-lo melhor e recrutar essas pessoas, simplesmente pedindo auxílio.	Você está tentando usar esta linha de ação com pessoas-que-tem-o-poder-de-contratá-lo, em vez de utilizá-la com pessoas que trabalham no ramo que o interessa. Você diz que está atrás de informação, mas na verdade tem intenções ocultas para querer falar com essa pessoa. (*PS: Esse tipo de pessoa consegue farejar intenções ocultas a um quilômetro de distância.*) Você estraga a coisa toda sempre que estiver mentindo. Tudo numa Entrevista Para Coleta de Informações gira em torno de buscar a Verdade.	Abordando seus contatos prematuramente, em sua caça ao emprego, e lhes pedindo ajuda em termos muito vagos e genéricos, do tipo: "John, estou desempregado. Se você ouvir falar de qualquer coisa, por favor, me conte." Mas será mesmo *qualquer coisa* o que você está procurando? Você precisa fazer seu dever de casa antes de acionar seus contatos. Não são eles que vão encontrar definições para você.

CONVERSANDO COM PESSOAS EMPREGADAS, TESTANDO EMPREGOS

Quando for conversar com as pessoas, estará esperando que lhe dêem idéias, digamos assim, sobre *que profissões* estarão em aberto para você utilizar suas habilidades, suas linguagens ou campos de conhecimento e interesses.

Esse é o primeiro passo.

O segundo é ganhar uma idéia de como aquele trabalho é, por dentro.

No exemplo anterior, você não deseja apenas um título, uma função: *psicólogo que trabalha com plantas.* Você vai precisar sentir algo da substância que está por dentro do nome da função. Em outras palavras, você precisa saber como se desenvolve o dia-a-dia daquele trabalho.

Para esse propósito, você precisa evitar visitar pessoas, em geral, e ir conversar com exemplos vivos e verdadeiros de pessoas que executem esse trabalho que acha que gosta. No exemplo que estamos discutindo, precisa ir conversar com psicólogos que pratiquem, de fato, terapias de trabalho com plantas.

Por que você deve lhes perguntar como é o trabalho que praticam, para ter uma informação "de dentro da coisa"? Bem, porque você estará, na sua cabeça, *experimentando* o emprego e vendo se combina com você.

É muito parecido com ir a uma loja de roupas e experimentar vários ternos (ou vestidos) que viu na vitrina ou expostos no interior da loja. Por que os experimenta? Bem, porque os ternos ou os vestidos que parecem *maravilhosos* na vitrina nem sempre ficam tão bem quando os veste. Acontece que usaram um bocado de alfinetes na roupa que está no manequim da vitrina. Em você, sem os alfinetes, o caimento não parece bom, etc., etc.

Da mesma forma, as profissões que soam maravilhosas aos nossos ouvidos, ou quando lemos sobre elas, ou quando as imaginamos, podem não parecer tão fantásticas quando as vemos de perto, pessoalmente, em toda a sua majestade.

Você precisa saber dessas coisas. O que vem tentando encontrar ultimamente é uma profissão que pareça fantástica na vitrina e *em* você. No final das contas, você está perguntando como é esse emprego. E há algumas perguntas básicas que podem ajudá-lo (*claro que você está conversando com pessoas que trabalham nos empregos do tipo que está interessado em conseguir, não é?*):

- Como você conseguiu este emprego?
- O que mais gosta nele?
- O que menos gosta nele?

• Onde mais eu poderia encontrar pessoas que executam esse tipo de trabalho? (*Você deve sempre pedir a eles mais de um nome, para evitar ficar sem alternativas, caso não encontre a primeira indicação.*)

Se ficar evidente, durante a Entrevista Para Coleta de Informações, que essa profissão, ocupação ou emprego que está pesquisando, definitivamente, *não* combina com você, então a última pergunta acima vai sofrer uma transformação:

• Você tem alguma idéia de alguém com quem eu possa conversar sobre minhas habilidades, ou meus campos de conhecimento e interesses, de forma a poder descobrir como posso empregá-los, conjuntamente, em algum emprego ou profissão?

A seguir, vá visitar a pessoa sugerida.

Se não puderem se lembrar de ninguém, pergunte quem poderia ter uma indicação sobre essa pessoa. E assim por diante. Persistindo.

"DIZEM QUE PRECISO VOLTAR AOS ESTUDOS, MAS NÃO TENHO NEM TEMPO NEM DINHEIRO PARA ISSO."

Próximo passo: identificando os nomes dos empregos e das profissões que lhe interessam, tendo mentalmente *experimentado* essas opções e verificado se combinam com você, a seguir precisa descobrir quanto *treinamento, etc., é necessário para ingressar naquele ramo ou profissão.* Você fará essas perguntas às mesmas pessoas com quem vinha conversando até agora.

Na maioria das vezes, vai ouvir *más notícias.* Vão lhe dizer alguma coisa como: "Para ser contratado para este emprego, você precisa ter um mestrado e dez anos de experiência."

Se é o que você pretende, ou seja, se tem tempo e dinheiro para isso, ótimo! Mas e se não for o seu caso? Isto é o que deve fazer, então: procurar por uma *exceção.*

"Sim, mas você conhece alguém que tenha entrado para essa profissão sem um título de mestrado e sem os dez anos de experiência?

Onde eu poderia encontrar essa pessoa?

Se não conhece essa pessoa, quem poderia me dar uma indicação de alguém assim?"

Durante sua entrevista, não alimente suposições ("Puxa, mas eu pensava que..."). Pelo contrário, questione as suas suposições, *todas elas,* não importa se foram transmitidas a você por pessoas que tenham lhe garantido que "é assim que as coisas são".

Mantenha sempre em mente que existem pessoas *lá fora* que vão lhe dizer alguma coisa absolutamente *diferente*, com toda a convicção de que são capazes — porque realmente *acreditam* que é a verdade. Essas pessoas são 100% sinceras. Já a precisão de suas informações pode ser *um pouco* menor. Você precisa checar e checar outra vez cada informação que as pessoas lhe derem, dizendo que as recolheram em livros (mesmo este aqui).

Portanto, não importa o quanto as pessoas lhe digam que as regras para conseguir uma colocação em particular são assim-e-assado, que não há exceções — pode acreditar que essas exceções *existem*. E isso vale para todas as regras, exceto naquelas profissões para as quais se exige legalmente um diploma, como é o caso da medicina e da advocacia.

Claro que regras são regras. Mas você precisa levar em conta que, neste vasto mundo, *alguém* encontrou uma maneira de ingressar na profissão dos seus sonhos sem passar por todos os desvios que o restante das pessoas lhe dizia serem *inevitáveis*.

Você precisa descobrir quem são essas pessoas e ir conversar com elas, para descobrir *como fizeram seu caminho*.

QUANDO UM POUCO DE TREINAMENTO FOR INEVITÁVEL

Certo, mas vamos supor que está decidido a ingressar numa profissão para a qual são exigidos *anos* de preparação e que não consiga achar ninguém que encontrou um atalho? E agora?

Mesmo assim, você pode se aproximar dessa profissão, *sem* toda a preparação exigida. Todo especialista trabalha *assistido* por um ou mais profissionais, que por sua vez necessitam de menos treinamento para desempenhar suas funções. Por exemplo, em vez de se tornar um médico, você pode ser um paramédico, etc.

ESCOLHA DUAS PROFISSÕES

De qualquer forma, cedo ou tarde, à medida que você for fazendo entrevistas, vai começar a ter uma idéia mais definida sobre a profissão que lhe interessa. Você encontrou algo em que pode usar suas habilidades preferidas. Algo que está dentro do seu campo de conhecimentos e abrange seus interesses. Você entrevistou pessoas que, de fato, *executam esse tipo de trabalho*. Então, parece que sua Entrevista Para Coleta de Informações está terminada.

Certifique-se de obter o nome de duas profissões, pelo menos, ou de dois empregos, os quais acredite que o farão feliz. Nunca, jamais, aposte todas as suas fichas num único lance. O segredo de sobreviver lá na selva é *ter alternativas.*

Seja cuidadoso. Seja meticuloso. Seja persistente. É da sua vida que está cuidando. É o seu futuro. Torne-o glorioso. Custe o que custar, encontre o nome da sua profissão ideal, da sua ocupação ideal, do seu trabalho ideal... *e dos empregos.*

• PERGUNTA 2

Que **espécies de organizações** empregariam ou empregam pessoas nessas profissões?

Antes de pensar em lugares específicos onde gostaria de trabalhar, é necessário voltar atrás um pouco e pensar em todos os *tipos* de lugares nos quais uma pessoa poderia conseguir emprego.

Vamos pegar um exemplo. Suponha que tenha decidido ingressar na profissão de professor. Então, se pergunta: *Que espécie de lugares contratam professores?* Você pode responder: "*Somente escolas*" — e, descobrindo que as escolas em sua vizinhança não estão oferecendo vagas, pode dizer: "*Bem, não há emprego para ninguém nessa profissão.*"

Mas isso não é verdade. Há inúmeras outras *espécies* de organizações e agências, aí fora, além de escolas, que empregam *professores*. Por exemplo, departamentos de treinamento corporativo, promotores de oficinas, fundações, departamentos de pesquisa em firmas diversas, consultores educacionais, associações de professores, associações profissionais e de comércio, quartéis, conselhos públicos para questões educacionais, academias de polícia e de bombeiros, e assim por diante.

Espécies de lugares significam também lugares com *tipos de contratação diferenciada*, além das contratações de tempo integral, tais como:

- lugares que o empregariam por algumas horas ao dia (quem sabe você decide que o melhor será pegar dois ou três empregos desses, que, juntos, fariam o papel de um emprego de horário integral, com a vantagem de maior variedade);
- lugares que empregam pessoas por um período determinado, comprometidas com um projeto de cada vez;
- lugares que contratam consultores para um projeto específico;
- lugares que trabalham com voluntários, etc.
- organizações sem fins lucrativos;
- organizações com fins lucrativos;
- e não esqueça a possibilidade de iniciar algum trabalho por conta própria.

Recorde ainda que, quando conversa com pessoas sobre seus trabalhos ou profissões (veja a seção anterior), elas podem, por acaso, lhe dar voluntariamente informações sobre essas *espécies* de organizações. Ouça com atenção. Tome notas.

• PERGUNTA 3

Entre as organizações que não foram abrangidas pela pergunta anterior, quais os nomes das **empresas** nas quais estou **particularmente** interessado?

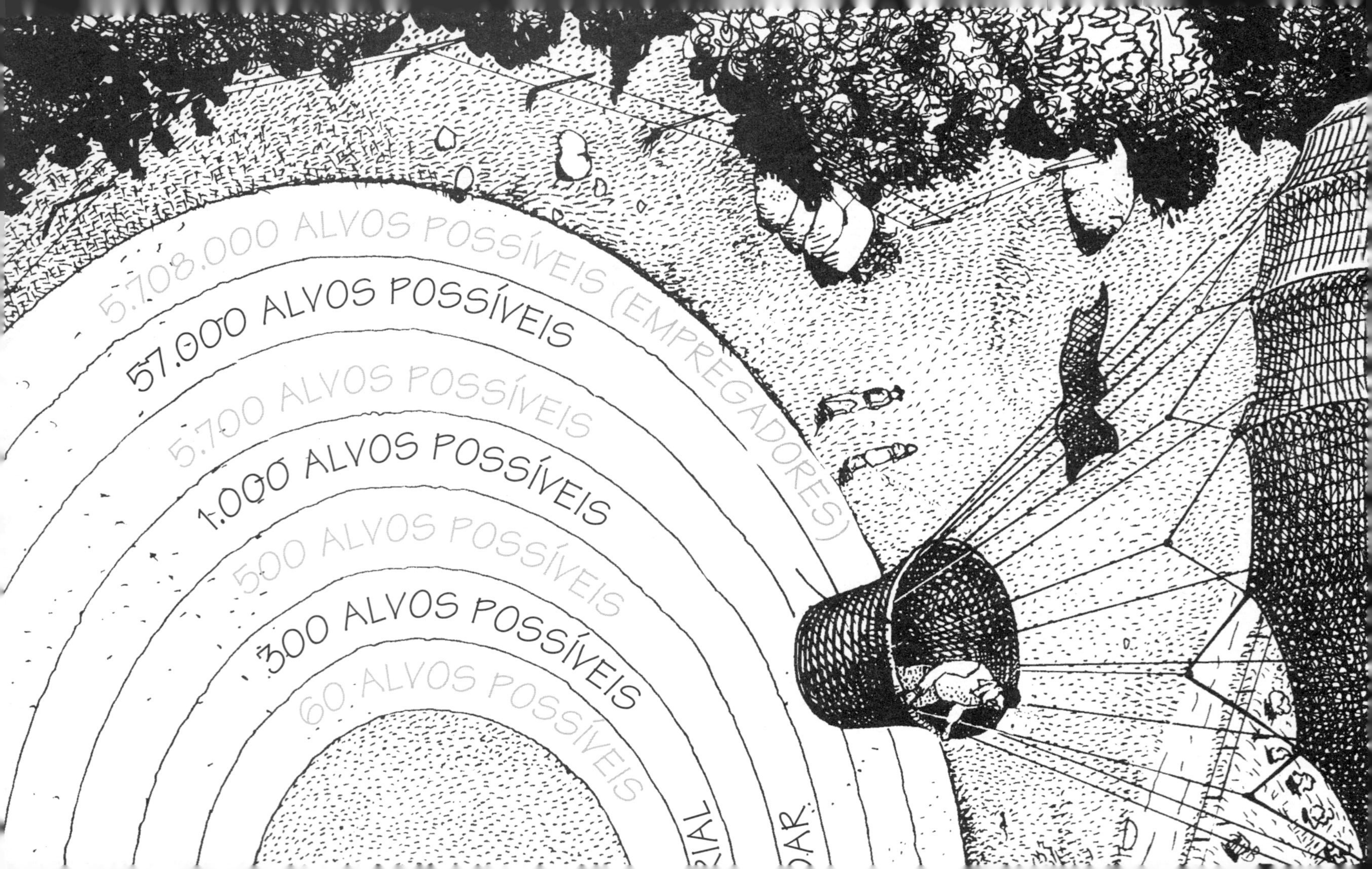
5.708.000 ALVOS POSSÍVEIS (EMPREGADORES)
57.000 ALVOS POSSÍVEIS
5.700 ALVOS POSSÍVEIS
1.000 ALVOS POSSÍVEIS
500 ALVOS POSSÍVEIS
300 ALVOS POSSÍVEIS
60 ALVOS POSSÍVEIS

10 ALVOS POSSÍVEIS
SEUS VALORES ESPIRITUAIS
SEU NÍVEL PREFERIDO DE COMPLEXIDADE E PRETENSÃO
SUAS CONDIÇÕES DE TRABALHO PREFERIDAS
COISAS, TIPOS DE PESSOA, DE INFORMAÇÃO COM QUE VOCÊ PREF
SUAS TAREFAS PREFERIDAS OU SUAS HABILIDADES
SEU CAMPO DE TRABALHO (OU DE CONHECIMENTO) OU PROFISSÃO FAVORITA
SUA LOCALIZAÇÃO GEOGRÁFICA FAVORITA

DIMINUINDO O TERRITÓRIO

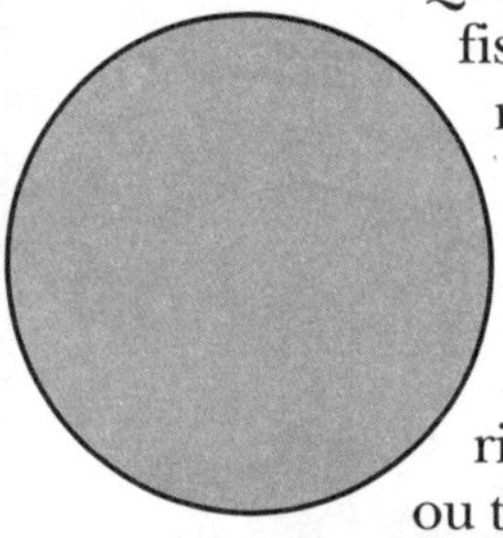

Quando você conversa com pessoas sobre seus trabalhos ou profissões, elas podem, por acaso, lhe dar voluntariamente informações concretas sobre as empresas que dispõem desses empregos — incluindo o que é bom e o que é mau a respeito do lugar onde trabalham. Essa informação é importante para você. Anote o que puder a respeito. Tome notas como se isso fosse parte da sua religião. Você vai agora percorrer dois cenários: ou receberá alguns poucos nomes de lugares para trabalhar, ou terminará com informação demais — um excesso de nomes de lugares que contratam pessoas para a profissão que interessa a você.

Vamos tomar esse último cenário, para começar. Se terminar com nomes em excesso, deve precisar **diminuir seu território**, de forma a restringir-se a um número de *alvos* viável de ser coberto por sua caça ao emprego.[2]

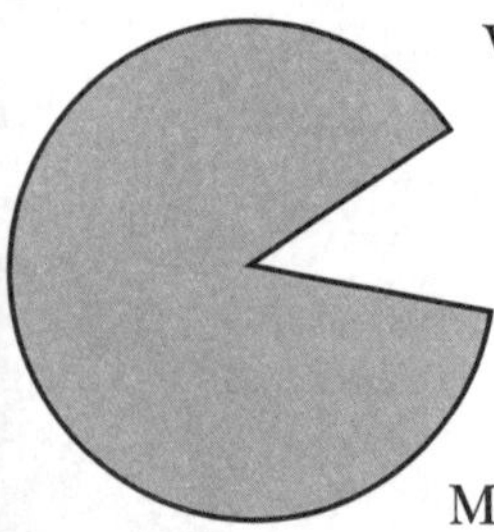

Vamos pegar um exemplo. Suponhamos que tenha descoberto que a profissão que mais lhe interessa é a de *soldador*. É o que você gostaria de fazer. Bem, isso já é um começo. Você eliminou algo em torno de 16 milhões de outros empregos (só nos EUA).

Quero trabalhar num lugar que empreguem soldadores.

Mas o território continua muito grande. Pode haver milhares de lugares no país que usam soldadores. Você não pode visitar todos. Assim, precisa diminuir seu território. Suponhamos que a sua *pétala geográfica* registre que você vive no Rio de Janeiro e é por aí que quer trabalhar. Isso ajuda um bocado: diminui bastante o território.

Agora, sua meta é:

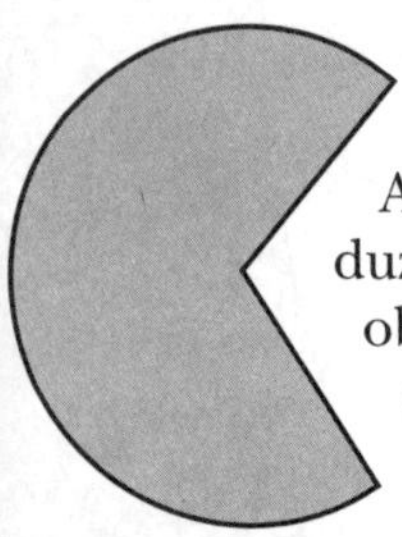

Quero trabalhar num lugar que empregue soldadores,
na região do Rio de Janeiro.

Ainda assim temos um território muito grande. Pode haver cem, duzentas, trezentas empresas que se encaixem nessa descrição. Se observar seu Diagrama em Forma de Flor, buscando nova orientação, irá reparar que, sob o item *condições de trabalho preferidas*, declarou que deseja trabalhar numa organização com cinqüenta empregados ou menos. Muito bom. Agora, seu objetivo é:

---

[2] Se você hesitar diante da idéia de *diminuir território* — se sentir que poderia alcançar satisfação em qualquer lugar, contanto que possa utilizar suas habilidades favoritas —, então, nenhuma empresa, praticamente, pode ser deixada de fora. Assim, se você se recusa a diminuir seu território, terá que visitar todas as que existem. Boa sorte. Vejo você empregado... daqui a uns cinqüenta anos!

> Quero trabalhar num lugar que empregue soldadores,
> na região do Rio de Janeiro, numa empresa que tenha
> no máximo cinqüenta empregados.

Podemos ainda estar lidando com um território demasiadamente grande. Olhe de novo para o seu Diagrama e verá que na pétala *Coisas,* você declarou que quer trabalhar para uma empresa que lide com ou que produza *rodas.* Agora, portanto, sua orientação sobre a ocupação que está procurando é:

> Quero trabalhar num lugar que empregue soldadores,
> na região do Rio de Janeiro, numa empresa que tenha
> no máximo cinqüenta empregados, que produza rodas.

Usando seu Diagrama, você pode prosseguir reduzindo território, ficando com uns dez *alvos,* para a sua caça ao emprego. Aí está um bom número de lugares para se começar. Você pode expandir essa lista mais tarde, se nenhum desses dez lugares for de fato promissor ou interessante.

EXPANDINDO O TERRITÓRIO

Algumas vezes, o seu problema é exatamente o oposto. E, aí, vamos para o segundo cenário: no caso, sua Entrevista Para Coleta de Informações não resultou em uma quantidade suficiente de nomes de lugares onde você poderia ser admitido para iniciar sua nova profissão. Então, terá que consultar outras fontes.

Se está procurando por nomes de organizações menores, então sua salvação são as *Páginas Amarelas.* Procure em cada título relacionado com o seu interesse. Veja também o que pode encontrar na Câmara de Comércio, no SEBRAE e em suas publicações. Se você morar numa cidade muito pequena, estenda sua busca para as localidades vizinhas.

Uma vez que tenha em mãos aproximadamente dez nomes de organizações ou de negócios que podem contratar pessoas para o tipo de trabalho que está procurando tanto, siga em frente para a pergunta 4.

• PERGUNTA 4

Entre os lugares que mais me agradam, **quais seriam suas necessidades** ou que soluções estariam tentando produzir, para as quais minhas habilidades e meu conhecimento poderiam contribuir?

PESQUISANDO A RESPEITO DE LUGARES ANTES MESMO DE IR A ELES

Por que você deveria pesquisar sobre os lugares, antes de tentar uma aproximação, uma entrevista de seleção? Bem, primeiro porque vai ser bom para você saber alguma coisa mais da vida interna da organização: que tipo de trabalho fazem por lá, por exemplo, quais são suas necessidades, problemas, desafios que pretendem superar. E que espécie de objetivos estão tentando atingir, que obstáculos estão enfrentando, e como podem suas habilidades e conhecimentos ajudá-los? (*Quando você, finalmente, for lá para a entrevista de seleção, deve, acima de tudo, ser capaz de mostrar que tem alguma coisa a oferecer, algo de que eles precisam.*)

Em segundo lugar, você deve descobrir se apreciaria trabalhar ali. Quer ter a medida da empresa ou das empresas. Todo mundo procura essa medida, mais cedo ou mais tarde. O problema da maioria dos caçadores de emprego e das pessoas que querem mudar de profissão é que procuram ganhar a medida da organização *depois* que já estão trabalhando nela.

Uma pesquisa nos EUA, promovida por um departamento federal de colocação de profissionais, demonstrou que 57% das pessoas que, recorrendo àquele serviço, encontraram emprego ficaram menos de trinta dias trabalhando no local encontrado.

E ficaram apenas trinta dias em seus empregos *porque* usaram os primeiros dez ou vinte dias na organização para conhecê-la de fato (note que alguns eram contratados por período curto).

Fazendo esse levantamento do lugar com antecedência, estará procedendo da melhor maneira. Essencialmente, trata-se de *verificar* o que são as profissões, empregos, locais de trabalho, *antes* de ingressar neles. Mas que idéia sensata! Quanta esperteza!

Assim, trate de descobrir de qualquer maneira o máximo possível sobre essas empresas (*no plural, não no singular*) que interessam a você, *antes de ser contratado por elas.* Há muitas maneiras pelas quais pode conduzir sua pesquisa antecipada:

• **Amigos e Vizinhos**. Pergunte a *todos* se conhecem alguém que trabalhe nesse lugar que lhe interessa. Em caso afirmativo, pergunte se podem fazer você e essa pessoa se encontrarem para um almoço ou café. Nesse momento, conte a eles por que o lugar lhe interessa, indicando que gostaria de descobrir mais a respeito da empresa. (*Vai ajudar se o amigo em comum sentar-se junto com vocês, de forma que o propósito da conversa fique claro.*) Essa é a maneira como a maioria das pessoas descobre mais a respeito das empresas em vista. Entretanto, obviamente, você precisa de pelo menos mais duas alternativas na manga, só para garantir.

• **Procurar Material Impresso**. A companhia pode ter publicado folhetos, ou outros impressos, a respeito dos seus objetivos, etc. O presidente da empresa pode costumar dar palestras e a companhia pode ter cópias dessas palestras. Pode haver brochuras, relatórios anuais, etc., veiculados pela companhia a respeito do negócio a que se dedicam, etc. Como conseguir esse material? No caso de pequenas organizações, deve-se falar a respeito diretamente com quem atende o telefone. No caso de organizações maiores, deve haver uma assessoria de imprensa, um departamento de relações públicas, ou algum setor do gênero, onde você pode procurar. Pode haver algo também nos departamentos de pesquisa dos jornais, etc.

• **Pessoas na Organização em Questão ou em Organização Similar**. Você pode muito bem ir direto à empresa e perguntar o que quiser saber. Mas, nesse caso, devo alertá-lo a respeito de diversos *perigos*.

Primeiro, esteja certo de não estar perguntando a eles coisas que estão impressas em alguma publicação à qual você, com facilidade, poderia ter tido acesso e lido — ao invés de *incomodá-los*.

Em segundo lugar, assegure-se de estar abordando as pessoas na organização *cuja função seja dar informações* — recepcionistas, relações públicas, etc., *antes* de recorrer aos altos escalões.

Terceiro: assegure-se de abordar *subordinados*, e não o pessoal mais importante da empresa, se por acaso subordinados puderem lhe oferecer a resposta que você procura. Aborrecer o patrão com perguntas mais simples, que qualquer um poderia responder, *é levar sua caça ao emprego ao suicídio.*

Quarto: você não deve usar a abordagem simplesmente como um truque para chegar ao patrão, como algum tipo de esperteza para que ele o contrate. Trata-se apenas de um levantamento de informações. Mantenha-se dentro desses limites. Seja honesto.

Caçadores de Emprego Metidos a Espertos

Infelizmente, devo declarar que não há nenhuma técnica honesta de caça ao emprego, daquelas que se pratica de coração aberto, que não possa ser torcida pelos metidos a espertos, com seus espíritos transviados, e transformada em alguma espécie de armadilha. Acontece muito com o caso da Entrevista Para Coleta de Informações. Alguns çaçadores de emprego tiveram a idéia: "Taí um jeitinho legal para chegar junto do patrão (e não do empregado), pedindo um pouco de sua atenção, dizendo-me atrás de informação e partindo para cima, na primeira chance de pedir um emprego!"

No caso de *você* — por um breve instante que seja — sentir-se tentado a seguir esses maus passos, deixe-me carinhosamente informá-lo que os empregadores, em qualquer parte do mundo, detestam sofrer esse tipo de decepção, em particular, e geralmente atiram o metido a espertinho porta afora de seus escritórios.

Um empregador de Nova York me contou o que disse para um sujeito desses: "Você veio aqui me pedindo informações. E, de boa-vontade, lhe dei um pouco do meu tempo. E, agora, parece que o que você quer, na verdade, é um emprego na minha empresa. Você deve achar que encontrou um jeito muito esperto de entrar por minha porta. Mas acontece que mentiu para mim. Vou lhe dizer uma coisa: baseado no que acabei de ver, do seu estilo de conduzir as coisas, não o empregaria nem que fosse o último profissional na face da Terra."

Nestes tempos difíceis, de muita mentira, manipulação, vale-tudo, pisar em cima, você precisa parecer acima disso tudo. Você precisa ser um monolito de integridade, verdade e gentileza, na forma como conduz sua caça ao emprego ou sua mudança de profissão — e isso inclui o procedimento durante a Entrevista Para Coleta de Informações. Isso é o que os empregadores estão dando a vida para encontrar.

• **Agências de Emprego Temporário.** Muitos caçadores de emprego e pessoas que desejam mudar de profissão acham que uma maneira eficaz de encontrar organizações interessantes é arrumar trabalho através de uma agência de empregos temporários. Os empregadores se valem dessas agências para encontrar: a) pessoas que queiram trabalhar por algumas horas, durante um número limitado de dias e b) pessoas que queiram trabalhar em horário integral, durante um número limitado de dias. Esta tem sido uma tendência crescente. Algumas empresas americanas, nas quais empregados temporários compreendiam apenas 10% de sua força de trabalho, até 1989, mais ou menos, estão empregando tanta gente através desse modelo de contrato, que agora os empregados temporários representam de 25% a 60% do total de sua força de trabalho.

Para você, a vantagem do trabalho temporário é que, se houver uma agência que esteja captando pessoas com as suas habilidades, em particular, e com a sua experiência, você ganha a chance de visitar inúmeras empresas, e diferentes patrões, em algumas poucas semanas — e dessa forma consegue ver como essas empresas são por dentro. Pode ser que um serviço temporário não coloque você no lugar pelo qual tem rezado; mas, algumas vezes, pode lhe proporcionar desenvolver contatos com a empresa dos seus sonhos, se as duas empresas forem do mesmo ramo.

Alguns de vocês podem cismar com a idéia de envolver-se com agências de trabalho temporário. Isso porque se lembrarão dos velhos tempos, quando esse tipo de organização restringia sua operação a serviços de secretaria e demais funções de escritório. Mas o campo de ação dessas empresas explodiu nos últimos anos...

• **Trabalho Voluntário.** Outra maneira eficaz de pesquisar um determinado lugar antes de ir lá à procura de um emprego é oferecer-se para um estágio ou mesmo para trabalhar de graça, caso aquela empresa realmente interesse a você. Muitas empresas vão recusar sua oferta, algumas de maneira muito fria. Mas outras podem, pelo menos, escutá-lo com boa-vontade. Se for o caso, será muito mais fácil pedir para deixarem você trabalhar com eles, já que isso terá um custo reduzido ou praticamente nenhum, e será oferecido como uma experiência de curta duração. Em outras palavras, do ponto de vista deles, se você se tornar um *problema*, não terão que suportá-lo por muito tempo.

Dessa maneira, você ganha a chance de conhecer a organização por dentro. Não por coincidência, se decidir que quer mesmo trabalhar ali de maneira permanente, considerando que tiveram a oportunidade de ver você em ação e podem querer *contratá-lo*. Digo que isso é *possível*. Mas não se aborreça se eles simplesmente disserem: "Muito obrigado pela ajuda que nos deu." (É o que acontece, geralmente.) Mesmo assim, terá aprendido um bocado e isso vai servir, no futuro, quando abordar outras empresas.

MANDE UM BILHETE DE AGRADECIMENTO

Sempre que *qualquer pessoa* lhe fizer um favor, durante sua Entrevista Para Coleta de Informações, *lembre-se* de mandar um bilhete de agradecimento no dia seguinte ao favor prestado. É um procedimento que deve ter com *todos* que lhe prestarem auxílio, ou com quem você conversar. Isso abrange amigos, pessoas da empresa em questão, empregados da agência de serviços temporários, secretárias, recepcionistas, bibliotecários, empregados... seja quem for.

Quando estiver pessoalmente com essas pessoas, peça sempre seus cartões de visita (se eles tiverem um a oferecer), ou peça que escrevam seu nome e endereço do trabalho num pedaço de papel. Você *não pode* escrever o nome delas errado. Às vezes é difícil conseguir soletrar o nome das pessoas, simplesmente sabendo como pronunciá-lo. Alguém chamado "Marisa" pode ter seu nome escrito como "Mariza". E assim por diante. Consiga seus nomes e seus endereços, *mas faça isso direito,* por favor. Vou insistir: escreva seu bilhete de agradecimento na mesma noite ou no dia seguinte, o mais tardar. Um bilhete de agradecimento que chega uma semana depois não tem mais nenhum sentido.

O ideal é que seja escrito à mão. Mas, se sua caligrafia é difícil de ser entendida (ou beirando o *indecifrável*), datilografe, sem nenhuma dúvida. Podem ser apenas duas ou três frases. Alguma coisa do tipo: *"Gostaria de agradecer por ter conversado comigo ontem. Foi muito útil para mim. E, particularmente, agradeço ter encontrado um horário, em sua agenda apertada, para me receber. Um abraço..."* Sempre assine ao final. Principalmente, quando o bilhete for datilografado, pelo menos assine com sua letra. Cartas sem assinatura, atualmente, parecem estar se multiplicando, feito coelhos, no mundo do trabalho. A falta da assinatura faz o bilhete parecer *totalmente* impessoal. E você não deve causar essa impressão.

E SE ME OFERECEREM UM EMPREGO, ENQUANTO AINDA ESTIVER REUNINDO TODAS ESSAS INFORMAÇÕES?

Provavelmente, isso não vai acontecer. Deixe-me recordar que, durante essa coleta de informações, você não estará se dirigindo a empregadores, mas a empregados.

No entanto, um empregador pode, eventualmente, atravessar o seu caminho, nessa etapa. E esse empregador pode ficar tão impressionado com o cuidado que você demonstra, ao conduzir sua caça ao emprego ou sua mudança de profissão, que queira contratá-lo no ato. Assim, pode ser que receba uma oferta de emprego enquanto estiver coletando informações. Não é *provável,* mas é *possível.* Se acontecer, o que é que você responde?

Bem, se você está desesperado, claro que vai dizer *sim.* Lembro-me de um tenebroso inverno, quando estava já no meu último par de calças, queimando os móveis na lareira para manter a casa aquecida, com a cama desabada e comendo espaguete todo santo dia, até já não agüentar mais. Numa situação como essa, é claro que vai dizer *sim.*

Mas, se não está tão desesperado, se pode se dar ao luxo de esperar e ser mais cuidadoso, então procure ganhar tempo. Explique que deseja evitar incorrer no erro da maioria dos caçadores de emprego, os quais somente tentam saber mais sobre as empresas *depois* de estarem contratados. E que, justamente, está fazendo o que tem certeza de que o empregador também faria, se estivesse em seu lugar: examinando opções de profissão, campos de trabalho, indústrias, empregos, empresas, e tudo isso *antes* de decidir onde pode executar seu trabalho de maneira mais eficiente.

E conte que, já que a sua Entrevista Para Coleta de Informações não está terminada, seria prematuro aceitar uma oferta de emprego, até estar certo de que esse seria o lugar onde você poderia executar seu trabalho da melhor forma.

Mas, diga também: "Claro, estou lisonjeado por você me querer aqui. E, quando eu terminar minha pesquisa, ficarei contente em retornar, para conversarmos sobre isso, já que minha impressão, no momento, é que este é o tipo de lugar que procuro, o tipo de pessoas para quem gostaria de trabalhar e o tipo de pessoas também com quem gostaria de trabalhar."

Em outras palavras, *se você não está desesperado,* não entre de supetão pelas portas que se abrem, mas também não deixe que se fechem.

Uma Última Palavra Para os Tímidos

O falecido John Crystal[3] dava consultas para indivíduos tímidos. Freqüentemente, eles se assustavam com a simples idéia de ir conversar com pessoas para pedir informações — quanto mais para candidatar-se a um emprego. Assim, John desenvolveu um método para ajudá-los. Ele sugeriu que, antes mesmo de fazer a Entrevista Para Coleta de Informações, você deve falar com as pessoas sobre *qualquer coisa,* apenas para ganhar um pouco de prática em conversar. Milhares de caçadores de empregos e de pessoas que querem mudar de profissão seguiram esse conselho, nos últimos 25 anos, e realmente sentiram-se ajudadas. De fato, pessoas que seguiram os conselhos de John nesse assunto alcançaram um índice de êxito da ordem de 86% em encontrar um emprego — e não apenas um emprego, mas *o* emprego ou *a* nova profissão pela qual estavam procurando.

Daniel Porot, o especialista em caça ao emprego europeu, adotou o sistema de John e organizou-o um pouco mais. Ele observou que John, na verdade,

[3] John também inventou o método do O QUÊ, ONDE e COMO, que utilizei como moldura básica para este capítulo e os anteriores.

recomendava três tipos de entrevistas. Primeiro, essa entrevista da qual estamos falando, apenas para praticar. Depois de cumprir essa etapa, o caçador de emprego poderia, então, passar para a Entrevista Para Coleta de Informações, e, finalmente, é claro, para a entrevista de seleção para o emprego. Daniel decidiu chamar essas três etapas de Método PIE, o qual auxiliou milhares de caçadores de emprego e pessoas que pretendiam mudar de profissão, tanto na Europa quanto nos EUA. O método de Porot está exposto nas páginas a seguir.

Por que é chamado PIE?

P é a fase de *aquecimento,* que John Crystal chamava de Prática de Pesquisa de Campo. Daniel Porot adaptou o método dizendo que essa era a fase em que se faziam as coisas por **P**razer.

I é de Entrevista Para Coleta de Informações.

E é a Entrevista de Emprego, diretamente com a pessoa que tiver o poder de contratar você.

Como usar o **P** para praticar o suficiente para me acostumar a ir falar com as pessoas sozinho?

Escolha um assunto — qualquer assunto, mesmo que seja trivial, tolo, algo que dê a você prazer falar a respeito com seus amigos e com a sua família. Para evitar qualquer ansiedade, não deve ser um assunto ligado a sua vida profissional, nem passada nem futura. De preferência, os tipos de assunto que funcionam melhor para este exercício são:

- **um *hobby*** que você adore, tal como colecionar selos, jogar buraco, fazer caminhadas, etc.;
- **algum entretenimento** que o tenha entusiasmado, tal como um filme que você acabou de ver e que apreciou muito;
- **uma curiosidade antiga**, tal como descobrir de que jeito são feitas as previsões do tempo, ou como é a ação da polícia;
- **algum aspecto da cidade em que você mora**, por exemplo, um *shopping* recém-inaugurado;
- **uma causa** com a qual você se sinta fortemente solidário, tal como as pessoas sem teto, as pessoas que contraem AIDS e seu sofrimento, ecologia, etc.

Há apenas uma condição, sobre a escolha do assunto: deve ser alguma coisa a respeito da qual realmente goste — muito — de conversar com outras pessoas. Um assunto sobre o qual você não saiba nada, mas que o entusiasme bastante, é preferível a um sobre o qual conheça muita coisa, mas que costuma lhe dar sono.

Entusiasmo

Ao longo da caça ao emprego e da mudança de profissão, a chave das entrevistas não é memorizar uma dúzia de regras sobre o que acham que você deve responder.

Não, a chave de tudo é uma coisa apenas: agora e sempre, assegure-se de estar falando sobre coisas que lhe despertam *paixão.*

Entusiasmo é o segredo para apreciar as entrevistas e para conduzi-las de maneira eficiente, seja em que nível for. O que esse exercício na etapa **P** nos ensina é que a timidez sempre perde o seu poder e aquela desagradável sensação de desconforto, sempre que você fala sobre algo que *ama.*

Por exemplo, se ama jardinagem, vai esquecer toda a sua timidez quando estiver falando com alguém sobre jardins e flores. *"Você já foi ao Jardim Botânico?"*

Se adorar cinema, vai esquecer toda a sua timidez quando estiver conversando com alguém sobre cinema. *"Odiei aquela cena em que eles..."*

Se é apaixonado por computadores, esquecerá toda a sua timidez quando estiver conversando sobre as últimas novidades multimídia, etc., etc.

Por isso é tão importante que você explore e desenvolva o seu entusiasmo — aqui, os seus *hobbies*; depois, na Entrevista Para Coleta de Informações, as suas habilidades e os seus assuntos favoritos — em suas conversas com as pessoas.

Uma vez que tenha identificado o seu entusiasmo, precisará conversar com alguém que seja tão entusiasmado quanto você nesse assunto. *O exercício terá melhores resultados se você não conhecer a pessoa.* Use as *Páginas Amarelas*, pergunte por aí, ou aos seus amigos e familiares, *quem eles conhecem que adoraria conversar a respeito do tal assunto.* É relativamente fácil encontrar esse tipo de pessoa.

Quando já tiver localizado alguém que acredite que compartilhe do seu entusiasmo, vá conversar com ele. No que estiverem cara a cara, a primeira coisa a fazer é aliviar uma possível ansiedade que ele talvez esteja alimentando. Todo mundo já recebeu uma visita que acabou abusando da hospitalidade, permanecendo tempo demais. Se o seu companheiro de entusiasmo estiver preocupado sobre quanto tempo você lhe tomará, isso irá impedir que ouça uma palavra sequer do que estiver dizendo.

Assim, a primeira coisa a fazer, quando o encontrar, é pedir-lhe *dez minutos* de atenção *e nada mais.* Ponto. Parágrafo. Ponto de exclamação. E acompanhe os ponteiros do seu relógio *como um falcão*; assegure-se de não demorar um minuto a mais. *Nunca* fique mais do que o combinado. Insisto nisso. Imploro a você que cumpra sua palavra![4]

[4] Uma exclamação polida do tipo "Ah, você tem mesmo que ir embora?" deve ser entendida pelo que realmente é: delicadeza. Sua resposta deve ser: "Sim, eu prometi que isto tomaria apenas dez minutos do seu tempo e pretendo cumprir minha palavra." Isso sempre deixará uma boa impressão a seu respeito.

Inicial:	Prazer **P**	Informação **I**	Emprego **E**
Tipo de Entrevista	Prática de Pesquisa de Campo	Entrevista Para Coleta de Informações ou Levantamento	Entrevista de Seleção Para o Emprego
Propósito	Acostumar-se a conversar com pessoas. Aprender a apreciar isso; "penetrar" em redes de trabalho.	Descobrir se você gostaria de trabalhar naquele emprego, antes de pleiteá-lo.	Conseguir ser contratado para o emprego pelo qual você definiu sua preferência.
Como Você Vai Para a Entrevista	Você pode levar alguém com você.	Vá sozinho ou leve alguém com você.	Vá sozinho.
Com Quem Você Fala	Com qualquer um com quem possa (na sua opinião) compartilhar seu entusiasmo por temas não-relacionados com trabalho.	Com um empregado que esteja no momento executando o tipo de trabalho que lhe interessa.	Um empregador que tenha o poder de contratá-lo para o emprego de sua preferência.
Quanto Tempo Você Pede	10 minutos (e NÃO ultrapasse esse limite — pedir um encontro para as 11:50h pode ajudar a manter o acordo, já que a maioria dos empregadores sai para almoçar ao meio-dia).	Idem	
O que Perguntar	Qualquer assunto sobre o qual compartilhem curiosidade ou entusiasmo.	Qualquer pergunta que você tenha a respeito desse emprego ou desse tipo de trabalho.	Diga o que você aprecia na empresa deles e que tipo de trabalho anda procurando.

Inicial:	Prazer **P**	Informação **I**	Emprego **E**
O que Perguntar *(continuação)*	Se nada ocorrer a você, pergunte: 1. Como você iniciou esse seu *hobby*, interesse, etc.? 2. O que mais o entusiasma ou interessa no que você faz? 3. O que você menos gosta nesse assunto? 4. Quem mais você conhece que tenha interesse pelo seu *hobby*, ou que tenha seu entusiasmo pela matéria, e a quem eu poderia me dirigir para satisfazer um pouco mais a minha curiosidade? a) Posso fazer-lhe uma visita? b) Posso mencionar que você sugeriu que eu o visse? c) Posso dizer que você me recomendou? **Consiga seus nomes e endereços.**	Se nada ocorrer a você, pergunte: 1. Como você ficou interessado neste trabalho e como conseguiu seu emprego? 2. O que o entusiasma ou interessa mais em seu trabalho? 3. O que você menos gosta em seu trabalho? 4. Quem mais, que você conheça, executa o mesmo trabalho, ou algo similar, mas com uma diferença, do tipo ________ ? 5. Que espécies de desafios ou de problemas você precisa enfrentar neste emprego? 6. Que habilidades alguém precisa ter para resolver esses problemas ou superar esses desafios? **Consiga seus nomes e endereços.**	 Você lhes diz com que tipos de desafios gosta de lidar. Que habilidades você tem para enfrentar esses desafios. Que experiência possui, na superação desses desafios, em seu passado profissional.
MAIS TARDE: Naquela mesma noite	MANDE UM BILHETE DE AGRADECIMENTO	MANDE UM BILHETE DE AGRADECIMENTO	MANDE UM BILHETE DE AGRADECIMENTO

Quando a pessoa (ou as pessoas) tenha(m) concordado em lhe ceder os tais dez minutos, explique por que está ali — diga que está tentando se acostumar a conversar com pessoas que não conhece, buscando informações — e, segundo sabe, vocês compartilham um interesse comum que...

E depois? Bem, cada assunto pode puxar suas próprias perguntas. Eu, por exemplo, adoro cinema. Assim, se encontrar alguém que tenha esse mesmo interesse, minha primeira pergunta será: "Que filmes você tem visto, ultimamente?" E por aí vai. Se é um assunto do qual você goste, e sobre o qual conversa freqüentemente, *irá saber* o que deve perguntar. Mas, se nenhuma pergunta vier à sua mente, mesmo depois de muito esforço, as perguntas abaixo foram testadas e aprovadas como eficazes para iniciar uma conversa, segundo a experiência de milhares de caçadores de empregos e de pessoas que queriam mudar de profissão, independente do assunto da conversa.

Dê uma olhada, guarde-as de cor (*ou copie essas perguntas numa ficha que caiba na palma da sua mão)* e tente ver como funcionam com você.

Perguntas que Podem Servir Para os Tímidos Praticarem

- Como você se envolveu com/como tornou-se interessado *nisso*? (*Nisso* é a curiosidade, causa, ou seja lá o que entusiasme ou interesse a vocês ambos.)
- O que você mais gosta *nisso*?
- O que menos gosta *nisso*?
- Com quem mais você me sugere conversar, que tenha o mesmo interesse?
- Posso usar o seu nome?
- Posso dizer que foi por uma recomendação sua que fui falar com essa pessoa?
- *Então, escolhendo uma pessoa da lista de diversos nomes que você deve ter recebido, diga:* "Bem, acho que posso começar indo conversar com esta pessoa. Você poderia telefonar para ela, avisando que vou procurá-la?"

A propósito, nessa prática de entrevista, é válido se quiser levar alguém para acompanhá-lo — de preferência, alguém que sinta ser mais despachado do que você. Nas primeiras entrevistas, você pode até deixá-lo ficar à frente da conversa, só para observar como ele faz.

Quando chegar a *sua vez* de conduzir uma entrevista, geralmente acontece de você já estar achando mais fácil conversar com as pessoas e lhes perguntar coisas sobre as quais tenha curiosidade.

O segredo é *divertir-se* fazendo a coisa. Se estiver se divertindo, está fazendo tudo certo. Se não está, precisa continuar praticando, até relaxar. Pode ser que precise entrevistar quatro pessoas, pode ser que precise entrevistar dez. Você é quem vai dizer.

Resumo Deste Capítulo

Não há limite para o que você pode descobrir sobre ONDE gostaria de trabalhar — profissões, empresas que contratam pessoas para essas profissões — se rodar um pouco e dedicar-se a conversar com as pessoas. Quando encontrar empresas que lhe interessem, é irrelevante se estão ou não oferecendo vagas. Nessa dança da vida chamada caça ao emprego, *você* é quem deve decidir primeiro, durante sua pesquisa, se as quer ou não. Somente depois de ter decidido isso, caberá perguntar, como está descrito no próximo capítulo, se elas também querem você.

Vocês são um bando de burros! Ficam ralando seus traseiros, abrindo um caminho que ninguém vai seguir. Não querem gastar seu tempo buscando uma companhia para a qual tenham interesse em trabalhar. Por que não decidem para quem querem trabalhar e então vão atrás dele?

Professor Albert Shapiro

CAPÍTULO SETE

PARA CAÇADORES DE EMPREGO E PESSOAS QUE QUEREM MUDAR DE PROFISSÃO QUE DISPONHAM DE TEMPO E PACIÊNCIA

Uma Abordagem Sistemática
Sobre Caça ao Emprego
e Mudança de Profissão

COMO

CONSEGUIR UM EMPREGO COMO ESSE?

Você Precisa Identificar Quem Tem o Poder Para Contratá-lo
e Mostrar Como as Suas Habilidades Podem Ajudá-lo
a Resolver Seus Problemas

Capítulo 7

Sumário

COMO
Conseguir Uma Entrevista de Seleção

Muito bem, você conseguiu identificar o trabalho que mais ama, encontrou a empresa — ou, melhor ainda, as *empresas* — onde adoraria trabalhar. Mas...

Mas a pessoa que precisa ver, para conseguir ser contratado, está num escritório protegido por um anel de fogo, com três cavaleiros de armadura completa guardando a porta, num castelo com muros de vinte metros de altura, cercado por um poço escuro e profundo, em cuja água nadam crocodilos famintos.

E deseja saber como conseguir uma entrevista de seleção com esse personagem, certo? Bem, não é tão difícil quanto pode parecer à primeira vista... se você está *determinado.* E se conhecer alguns princípios básicos.

A PRIMEIRA QUESTÃO FUNDAMENTAL: QUAL O TAMANHO DA ORGANIZAÇÃO?

Para começar, a maioria das discussões sobre as entrevistas de seleção para empregos parte de uma falsa premissa. Ou seja, *assume* que você sempre esteja querendo entrar em uma grande empresa — sabe como é, daquelas que você necessita de um mapa para andar pelos corredores e de um catálogo em ordem alfabética para conhecer todos os que pertencem à diretoria.

Há de fato enormes problemas para quem quiser penetrar num gigante desses, tentando obter uma entrevista de seleção. E um deles — não exatamente o menor — é o fato de que a maioria dessas empresas está procedendo a um enxugamento de sua folha salarial, e não contratando, já que estamos na era dos cortes de custos.[1]

Mas, muitos dos caçadores de empregos não querem mesmo trabalhar para grandes companhias. Desejam experimentar as chamadas "pequenas companhias" — aquelas com no máximo cinqüenta empregados —, as quais, nos EUA, por exemplo, no setor privado, representam 80% dos negócios e empregam um quarto da mão-de-obra.

Essas organizações pequenas, segundo os especialistas, criam dois terços — ou mais — de todos os novos empregos. E isso é ótimo, pode acreditar em mim, já que é muito mais fácil entrar nas pequenas organizações do que nas grandes.

Lidando com uma pequena organização, você não vai ter que esperar até *saber* que há uma vaga sendo oferecida, porque raramente essas empresas anunciam, oferecendo empregos.

Numa pequena organização não há departamento de pessoal ou de recursos humanos servindo de barreira entre você e a pessoa que precisa ver.

Numa pequena organização, não precisa entrar em contato com eles através do correio: você chega e pede para ver o dono. E se por acaso ele ou ela tiver proteções ativadas contra intrusos, é bem mais fácil descobrir como contornar o problema. A solução são os contatos, como iremos ver.

Numa organização pequena, principalmente se ela estiver crescendo, há muito mais probabilidade de já estarem querendo criar um novo cargo, que serve exatamente para você, *se puder convencê-los de que é bom demais para que o deixem escapar de suas garras.*

Por todas essas razões, e por muitas outras, devemos sempre pensar em pequenas organizações, quando começamos a conversar sobre técnicas e estratégias para obter uma entrevista de seleção.

---

[1] Como todas as generalizações, esta também tem suas exceções.

Assim, precisamos conversar sobre esse assunto considerando duas técnicas diferentes:

Como se aproximar de uma grande organização.

E como se aproximar de uma pequena organização.

São duas abordagens bastante diferenciadas.

ABORDANDO UMA GRANDE EMPRESA PARA UMA ENTREVISTA

São as grandes organizações as que dão problemas a quem está tentando uma entrevista de seleção. Mas você pode tornar sua tarefa mais simples, mantendo em mente certas coisas. Para começar, você não quer apenas entrar no prédio. Você quer se avistar *com alguém em particular*, naquele edifício, e apenas essa pessoa, a saber, a pessoa-que-tem-o-poder-de-contratar-você para o emprego, lhe interessa.

A maioria dos caçadores de emprego sequer tenta descobrir quem é essa pessoa, antes de se aproximar da grande companhia. Normalmente, tenta fazer contato por um método que apenas pode ser descrito como um *tiro no escuro* — enviando seus currículos, acompanhados ou não de uma carta de introdução, com a esperança de que isso funcione como uma espécie de supercartão de visita, despertando o interesse de todos os empregadores, até que terminem por chamar o caçador de emprego para vê-los.

Esse é o método preferido de muitos caçadores de emprego para conseguir uma entrevista de seleção numa grande companhia. E a razão dessa preferência é que evita que se visite o lugar, sem resultados; evita que se esteja olhando nos olhos do empregador, na hora de receber uma negativa, e — vamos admitir — porque até funciona, às vezes. Até acontece de alguém, usando esse método, ser chamado para uma entrevista de seleção.

Por outro lado, alguns empregadores também amam esse método "pelo correio", mas por razões substancialmente diferentes. Eles o amam porque permite que você seja averiguado em *aproximadamente oito segundos*, sem perda do precioso tempo que gastariam numa entrevista.

Entretanto, é muito comum que caçadores de emprego tentem essa aproximação em oitocentas empresas ou mais, sem conseguir um único chamado para uma entrevista de seleção. Naturalmente, se acreditar erradamente que esse método funciona com a maioria dos caçadores de emprego, vai começar a imaginar o que há de errado com você. Não apenas você dificilmente encontrará um emprego, procedendo desse jeito, como também terminará com sua auto-estima abalada. Se tentar

esse tipo de aproximação, e não funcionar, não sinta que o errado é você. Errado é o método que está empregando.

Nem é necessário dizer que há situações em que será útil dispor de um currículo — por exemplo, quando estiver conversando com algum empregador de visita à cidade, mas que more do outro lado do país, ou se está comparecendo a uma série de entrevistas em um local específico e gostaria de deixar seu currículo com alguém, depois da primeira entrevista, de forma que o empregado encarregado da entrevista possa repassá-lo aos que não estiveram presentes.

A regra mais importante, ao preparar esse material, é não pensar que haja algo como um formato *certo* para um currículo. Eu tinha como *hobby* colecionar "currículos bem-sucedidos" — ou seja, currículos que, de fato, proporcionaram a seus autores uma entrevista de seleção e, conseqüentemente, um emprego. Como gosto de brincar, me divertia mostrando esses currículos, sem comentar nada, para empregadores que conhecia. Muitos deles não aprovaram os currículos bem-sucedidos. "Ninguém vai arranjar um emprego com um currículo desses", diziam. Então, eu contava: "Lamento, mas você está enganado. A pessoa já está empregada. O que realmente quer dizer é que ela não receberia um emprego *de você*."

O currículo reproduzido a seguir é um bom exemplo do que estou dizendo. (*Você queria um exemplo, não queria?*) Jim Dyer foi um fuzileiro naval por vinte anos. Queria um emprego como vendedor para equipamento pesado de construção e mineração, há milhares de quilômetros do lugar onde residia até então. Ele confeccionou o currículo que você vai ler e tirou cinqüenta cópias. Dyer conta que usou "uns sete, antes de conseguir o emprego que queria".

A exemplo do empregador que o contratou, eu adorei esse currículo. No entanto, outros empregadores o criticaram por usar um retrato, por ser muito extenso (ou muito curto), etc. Em outras palavras, se Jim houvesse mandado seu currículo *para eles*, não ficariam impressionados o bastante para chamá-lo para uma entrevista. Assim, não acredite em ninguém que diga a você que existe um formato certo dentro do qual se deva fazer o currículo, ou um estilo que garanta resultados. Depois de quatrocentos anos, não avançamos tanto além da *tecnologia do chute*, em contratações; ou seja, algo significa uma coisa para um empregador e outra coisa para um empregador diferente. Assim, quando enviar seu currículo, dirija suas preces e esperanças, basicamente, para que pareça tão atraente para os empregadores *quanto para você.*

Vai haver sempre milhões de empregadores que não gostam de currículos, de maneira geral, ou que não gostem do *seu* currículo, em particular. Alguns empregadores são tão alérgicos a currículos — e ponto final — que fogem em disparada mal vêem chegar o correio. Assim, muitas vezes, uma carta breve, pessoal, resumindo o que estaria dito no currículo, dá melhores resultados.

Há maneiras muito mais eficientes de abordar empregadores — para começar, identificando *quem* nessa organização tem o poder de contratá-lo para o cargo que você tem em mente, e, então, descobrir se têm amigos em comum que poderiam lhe ajudar a marcar um encontro com ele. **A-pessoa-que-tem-o-poder-de-contratar-você** irá encontrar-se com você graças a esse amigo em comum.

E.J. DYER   Rua, Cidade, CEP   Telefone nº

FALO
A LINGUAGEM
DOS HOMENS,
DAS MÁQUINAS
E DO
GERENCIAMENTO...

OBJETIVO: Vendas de Equipamento Pesado

QUALIFICAÇÕES:

* Conhecimento de equipamento pesado, seu uso e manutenção.
* Habilidade em convencer pessoas a mudar... para um novo equipamento ou para novas idéias... habilidade em vender.

EXPERIÊNCIA:

Homens e Máquinas

* Fez manutenção, expedição, orçamento e definição de prioridades de alocação para 85 peças de equipamento pesado como chefe de uma organização de 500 homens (1975-1977).
* Construiu doze complexos de apoio a operações de campo, empregando uma tripulação de 100 homens e 19 peças de equipamento pesado (1965-1967).
* Operador de equipamentos para construção pesada (verões de 1956, 1957, 1958).

Gerenciamento

* Planejou, negociou e executou aquisições de equipamentos em larga escala, em nível de nação para nação (1972-1974).

Vendas

* Conseguiu aceitação de mercado para dois novos importantes sistemas computadorizados:
  - sistema de controle de estoque de equipamentos e expedição de peças de reposição (1968-1971);
  - sistema de treinamento para tomadores de decisões (1977-1979).
* Liderança comprovada... seguidamente eleito ou indicado para funções de responsabilidade.

EDUCAÇÃO:

* B.A Benedictine College, 1959. (Presidente de Classe, Editor do Anuário, consta do "Quem é Quem nas Faculdades Americanas").
* Naval War College, 1975. (Presidente de Classe, Graduado "Com Alta Distinção").
* Universidade de Maryland, 1973-1974 (Língua Chinesa).
* Curso de Treinamento Para Gerentes em Nível Médio, 1967-1968. (Colocação final: primeiro lugar, numa turma de 97 alunos).

PESSOAL:

* Família: Sharon e nossos filhos Jim (11), Andy (8), Matt (5), que desejam mudar-se para um estado montanhoso, por volta de 1982, mas, nesse meio tempo, considerariam uma alternativa em alguma outra localização, dentro ou fora dos Estados Unidos... Saúde: excelente... Nascimento: 9 de dezembro de 1937... Completou o serviço militar na patente de tenente-coronel, no Corpo de Fuzileiros Navais Americano.

RESUMO: Uma pessoa que procura desafios... experiente, testada e confiante em sua capacidade de fechar vendas lucrativas.

É estonteante a quantidade de vezes que esse tipo de aproximação funciona — de fato, ela mantém 86% de efetividade, no que diz respeito a se conseguir uma entrevista de seleção e, conseqüentemente, um emprego.

Claro que há aqueles 14% das vezes em que *não* funciona. Há lugares nos quais é decididamente impossível entrar e avistar-se com o patrão, isto é, a pessoa que tem o poder de empregar você, mesmo usando os contatos, amigos em comum, seja o que for. Como já foi dito, ele ou ela vive num castelo isolado, cercado por um poço de três metros de largura, repleto de crocodilos famintos. É claro que você, mesmo assim, vai se atirar contra as defesas do castelo meia dúzia de vezes, furioso por não poder ver pessoalmente aquela bendita pessoa, a despeito de ter utilizado todas as técnicas descritas neste livro.

Mas, posso lhe fazer uma pergunta? *Por que* quer trabalhar num *lugar assim*? Quero dizer, dá para entender que esteja levando a questão para o nível pessoal. *Rejeição, rejeição, rejeição...* a palavra está faiscando em seu cérebro. Mas será que, agindo dessa forma, *eles* não estão lhe dizendo alguma coisa sobre a maneira *como trabalham*? Não será essa uma *informação importante* para você considerar? E, com essa informação na cabeça, *não seria a hora de parar para refletir se deseja trabalhar num lugar tão resguardado, tão impenetrável, tão inamistoso?*

COMO
Utilizar Seus Contatos Para Conseguir Uma Entrevista

COMO DESCUBRO QUEM EXATAMENTE TEM O PODER DE ME CONTRATAR?

Numa organização pequena — com até cinqüenta empregados — esse é um problema fácil de resolver. Deve bastar telefonar e perguntar o nome do patrão. É a famosa e sofisticada técnica chamada *Levantamento de Informação em um Minuto.*

Mas, se está tentando uma organização maior, a resposta à pergunta acima é: através do levantamento que já aprendeu a fazer, no Capítulo 6, e pondo em ação os *contatos* que possuir.

Digamos que um dos lugares em que esteja interessado chama-se *Companhia Mitológica.*

Você sabe o tipo de trabalho que gostaria de conseguir por lá, mas primeiro precisa descobrir o nome da **pessoa-que-tem-o-poder-de-contratá-lo**. O que fazer?

Se é uma grande companhia, visite seu departamento de relações públicas, em busca de um organograma. Talvez, os arquivos de algumas publicações especializadas em negócios possam resolver o problema também. Para quem tem computador e está ligado na Internet, tente encontrar a *home page* da companhia em questão. Tudo depende de um pouco de sorte.

Se sua pesquisa não trouxer resultados — o que pode muito bem acontecer também no caso de companhias menores — *use seus contatos.*

Quem ou O que é "um Contato"?

Há muitos mal-entendidos sobre essa história de *contatos*, entre os caçadores de empregos e as pessoas que desejam mudar de profissão. Assim, vamos ser mais específicos a respeito desse assunto.

Toda pessoa que você conhece é um contato.

Todo membro da sua família.

Todos os seus amigos.

Todas as pessoas que estiverem em sua caderneta de telefones.

Todas as pessoas para quem você costuma mandar cartões de Natal.

Toda pessoa com quem já teve qualquer relacionamento comercial, como cliente, comprador ou fornecedor.

Qualquer pessoa que vá a sua casa prestar qualquer tipo de serviço, reparos ou manutenção.

Todo funcionário de escritório que você conheça.

Todo frentista de posto de gasolina.

Qualquer companheiro de horas de lazer, do tipo que faz caminhadas com você, ginástica, natação, ou seja o que for.

Todo médico, advogado ou qualquer profissional que você conheça.

Todo professor com quem você já teve algum relacionamento ou que ainda sabe como encontrar.

Toda pessoa ligada ao clero, rabinos, líderes religiosos, que conheça.

Todas as pessoas que freqüentem a igreja, sinagoga, mesquita ou assembléias religiosas.

Todas as pessoas que participem de organizações comunitárias.

Todos aqueles a quem foi apresentado recentemente.

Todas as pessoas que encontre, com quem cruze ou conheça de passagem, durante a sua caça ao emprego, e tiver a gentileza de anotar nome, endereço e telefone (*sempre* tenha a gentileza de anotar esses dados).

Deu para entender?

Vamos agora para o que você tem que fazer. Você entra em contato com todas as pessoas de que necessitar e pergunta a cada uma delas: "Você conhece alguém que trabalha ou que já trabalhou na *Companhia Mitológica*?"

Pergunte isso, insistentemente, a *todas* as pessoas que conhecer ou com quem se encontrar, até que alguém responda: "Conheço, sim."

Então, pergunte para essa pessoa:

- "Qual o nome desse seu conhecido que trabalha ou que costumava trabalhar na *Companhia Mitológica*? Você teria o número do telefone dele ou seu endereço?"
- "Você poderia lhe telefonar e dizer a ele quem eu sou?"
- Então, você ou telefona para a tal pessoa ou marca um encontro ("*Não vou gastar mais do que dez minutos do seu tempo*"). Uma vez que esteja conversando com essa(s) pessoa(s), logo após os cumprimentos, pergunte sobre aquilo que está dando a vida para saber. Essa pessoa está *dentro* da organização que interessa a você e, normalmente, será capaz de responder à pergunta que o está perturbando: "Quem, na *Companhia Mitológica,* tem o poder de me contratar para esse tipo de função (*a qual você pode agora descrever*)?" Se seu interlocutor responder que não sabe, pergunte quem ele acha que *poderia* saber. Mas, se acontecer de ele saber quem você deve procurar, pergunte não apenas o nome, endereço, telefone e o *e-mail* dessa pessoa, mas também tudo o que puder lhe contar sobre o cargo que ela ocupa, seus interesses, e como costuma conduzir entrevistas de seleção.
- Então, pergunte se seu interlocutor poderia ajudá-lo a marcar um encontro com essa pessoa. E repita uma vez mais aquele seu refrão tão familiar:
- "Conhecendo minha experiência profissional, você recomendaria que eu fosse ver essa pessoa?"
- "Você a conhece bem, pessoalmente? Em caso contrário, pode me dar o nome de alguém que a conheça bem?"
- "Se o conhece pessoalmente, posso lhe dizer que fui recomendado por você?"
- "Você poderia lhe telefonar, antes, dizendo quem eu sou, e me ajudar a agendar um encontro?"

Antes de sair, você também pode pedir algumas informações sobre a organização em geral.

Então, você agradece, vai embora e *nunca, nunca mesmo,* deixe o dia terminar sem sentar-se para escrever um bilhete de agradecimento. Faça isso *sempre. Nunca* se esqueça disso.

SOCORRENDO O EMPREGADOR

Como você pode notar, conseguir avistar-se com alguém não é tão difícil assim. Todo mundo tem amigos, inclusive **a-pessoa-que-tem-o-poder-de-contratar-você**. Você simplesmente está se aproximando dele através dos amigos que *ele* possui. E não estará fazendo isso constrangido, como alguém que pede um favor. Você está sendo *prestativo*, ao fazer isso, assim como alguém que pede ajuda para socorrer outra pessoa.

Socorrendo? Sim, trata-se de prestar socorro. Nem sei mais quantas vezes, nesses anos todos, encontrei empregadores que não conseguiam imaginar uma maneira de encontrar o empregado certo. Aí está uma coisa que quebra a cabeça deles, particularmente nos dias difíceis de hoje, quando caçadores de emprego parecem estar reunidos aos bandos em cada esquina.

Você tem dificuldades para encontrar o empregador. E o empregador tem dificuldades para encontrá-lo. *A vida é de fato maravilhosa!*

Assim, ao se apresentar pessoalmente à **pessoa-que-tem-o-poder-de-contratar-você**, o encontro será não apenas uma resposta às suas preces, mas, com sorte, uma resposta às preces dele também. Você será *exatamente* o empregado por quem ele vinha procurando, sem saber como encontrar. Mas isso...

se você dedicou-se (empenhou-se) aos Capítulos 5 e 6 e

se dedicou-se a levantar suas habilidades favoritas e mais desenvolvidas e

se dedicou-se a descobrir quais são as suas *linguagens* e quais são os seus assuntos preferidos e mais desenvolvidos e

se dedicou-se a descobrir quais empresas *poderiam* ter mais necessidade dessas *linguagens* e

se pesquisou sobre a empresa em vista, buscando aprender quais seriam as tarefas envolvidas no trabalho, seus principais desafios e problemas e

se empenhou-se de fato até descobrir quem era a pessoa com o poder de contratá-lo.

Claro que nunca terá *certeza* se eles precisam de você realmente. Isso só vai ser revelado na entrevista de seleção. Mas, ao menos com essa preparação tão cuidadosa, você terá *aumentado* significativamente as suas chances de estar batendo no lugar certo — tenham eles anunciado que estavam com vagas em aberto ou não. E, se estiver no lugar certo, não estará se impondo a esse empregador. Você não está ali como um "pedinte de emprego", mas como um "recurso humano". E, nesse caso, você pode muito bem estar salvando o empregador de muitas dificuldades — pode acreditar.

SOCORRO! SOCORRO!

Quando um caçador de empregos me escreve contando que chocou-se contra um muro de tijolos, e não conseguiu descobrir o nome da **pessoa-que-tem-o-poder-de-contratá-lo**, o problema *sempre* é: ele não está usando *suficientemente* seus contatos. Está usando seus contatos de maneira superficial, mas não está se empenhando de fato, nem pondo sua alma na coisa.

Minha história (verdadeira) preferida sobre esse assunto é a respeito de um caçador de empregos que conheço pessoalmente. Ele havia decidido que desejava trabalhar em um organização de assistência médica particular e, sem saber mais nada além disso, aproximou-se da empresa através do departamento de recursos humanos. Depois de preencher trabalhosos formulários, candidatando-se para o emprego, e depois também de conversar com alguém no tal departamento, disseram-lhe que não havia empregos disponíveis na empresa. Ponto. Parágrafo. Fim da história.

Aproximadamente três meses depois, ele tomou conhecimento da técnica de aproximar-se da empresa usando contatos. Com muita *diligência*, percorreu seus contatos e conseguiu uma entrevista com a pessoa-que-tinha-poder-para-contratá-lo para o cargo em que estava interessado. Os dois se entenderam imediatamente. O encontro transcorreu na maior tranqüilidade. "Você está contratado", disse a pessoa-que-tinha-o-poder-de-contratá-lo. "Vou telefonar para o departamento de recursos humanos e dizer que tomem as providências para que você cumpra todas as formalidades."

Nosso caçador de emprego nunca chegou a mencionar que já havia tentado entrar naquela mesma empresa, através do mesmo departamento de recursos humanos, que o havia recusado sumariamente.

Lembre-se: o segredo da coisa são os contatos. Para encontrar o emprego, a empresa, a profissão que está buscando, devem-se usar oitenta pares de olhos e de ouvidos.

Seus contatos são esses *olhos* e esses *ouvidos.*

São eles que vão ajudar você a conseguir o emprego ideal, aquele que tanto procura, e são a chave para descobrir o nome da pessoa-que-tem-poder-para-contratá-lo.

Quanto mais pessoas conhecer, quanto mais pessoas encontrar, com quanto mais pessoas conversar, quanto mais pessoas recrutar como parte da sua rede pessoal de caça ao emprego, mais chances terá de obter êxito.

Alguns caçadores de emprego estão sempre cultivando novos contatos, onde quer que estejam, enquanto estão desempregados. Por exemplo, se vão a uma palestra, sobre algum assunto de seu interesse, fazem questão de reunir-se à multidão que cerca o palestrante, ao final, e —

com um bloco a postos — perguntar coisas como: "Há alguma coisa em especial que pessoas com a minha experiência possam fazer?" E aqui podem mencionar um título ou profissão, algo genérico, do tipo: graduado em informática, profissional da área de saúde, químico, escritor, ou seja o que for. Muitas informações úteis foram conseguidas dessa maneira. Você pode também chegar para o palestrante e perguntar se poderia contatá-lo, caso precise de mais informações: "Qual é mesmo seu endereço?"

Da mesma forma, convenções oferecem ricas oportunidades de se fazer contatos. Um recém-formado me disse uma vez: "Entrei de penetra numa convenção de anunciantes de tevê a cabo e foi assim que consegui meu emprego."

Uma outra maneira pela qual as pessoas costumam cultivar contatos é deixar em sua secretária eletrônica mensagens que perguntem, a quem quer que ligue, por informações de que estão precisando. Um desses caçadores de emprego usou a seguinte mensagem: "Aqui fala o recém-demitido John Smith. Não estou em casa neste momento porque estou procurando por um bom emprego como um solucionador de problemas de computação, no campo das telecomunicações. Se tiver alguma indicação para mim, ou se simplesmente quiser deixar seu recado, faça isso depois do sinal."

Você também cultiva contatos estudando sobre *coisas* com as quais gosta de trabalhar, e então escrevendo para o fabricante daquela *coisa,* pedindo uma lista das organizações, em sua área geográfica, que se utilizam dessa *coisa.* Por exemplo, digamos que você goste de trabalhar em uma máquina, em particular, e escreva para o fabricante daquela máquina, pedindo os nomes das organizações, situadas na área em que você mora, que a

utilizam. Ou digamos que você goste de trabalhar num tipo particular de instalação; então, considere os insumos utilizados nessa instalação. Por exemplo, digamos que você adore câmaras escuras. Então, pense sobre que tipos de equipamentos ou de material são usados numa câmara escura, e então contate os gerentes de vendas da companhia que fabrica esse material, perguntando a ele quem são seus clientes. Alguns desses profissionais não serão nada receptivos a esse tipo de pergunta, enquanto outros, gentilmente, fornecerão indicações muito valiosas.

Sua memória vai ser sobrecarregada, durante a caça ao emprego ou a mudança de profissão. Assim, será muito útil você criar algum sistema de fichamento de informações, no qual registrará o nome de todo contato que fizer, em cartões 3 x 5, com endereço, número telefônico, e tudo a respeito do lugar onde trabalham e de quem eles conhecem, que poderão ser utilizados no futuro.

Isso vai ocupar um *bocado* de cartões, porque você deve arrumar *um bocado* de contatos. Mas é isso mesmo.

Você pode precisar de *todos* eles, quando *as coisas esquentarem.*

CHEGANDO LÁ

Se o contato com quem conversar não conhecer bem o bastante **a-pessoa-que-tem-o-poder-de-contratar-você**, pelo menos não o suficiente para conseguir para você uma entrevista, então, volte para os seus outros contatos — agora, com o nome da pessoa que precisa ver na empresa — e faça-lhes uma nova pergunta. Acionando todos os contatos que precisar, pergunte a cada um deles: "Você conhece o Sr. G., na *Companhia Mitológica*? Ou você sabe de alguém que o conheça?"

Faça essa pergunta milhares de vezes, percorra todo o seu fichário, até encontrar alguém que responda: "Sim, eu o conheço!"

Então, pelo telefone ou — melhor ainda — pessoalmente, pergunte aquelas mesmas coisas, já suas conhecidas, mas com muita atenção e exatamente nesta ordem:

- "O que pode me dizer sobre ele, ou ela?"
- "Sabendo o tipo de trabalho que estou procurando (que pode descrever, nesse ponto da conversa), você acha que valerá a pena ir vê-lo?"
- "Você tem o número do seu telefone ou seu endereço?"
- "Posso lhe dizer que você recomendou que eu fosse vê-lo?"
- "Você se sentiria à vontade para telefonar antes, dizer quem eu sou e marcar um encontro para mim?"

Uma vez que consiga marcar um encontro, usando este método, *chegou a hora,* é claro, de começar a *suar.* "*A entrevista de seleção! Eu consegui entrar!*"

OS DEZ MAIORES EQUÍVOCOS COMETIDOS EM ENTREVISTAS DE SELEÇÃO

Devido aos quais suas chances de conseguir emprego diminuem bastante.

I. Dirigir-se a grandes companhias (do tipo *as dez mais* das revistas).

II. Empreender sozinho a caça aos lugares que deve visitar, usando anúncios de oferta de emprego e currículos.

III. Não estudar, previamente, a respeito das organizações.

IV. Permitir que o departamento de recursos humanos (ou de pessoal) entreviste você — a principal função desses setores é *FILTRAR candidatos.*

V. Deixar de marcar um limite no tempo de visita, quando tiver um encontro agendado na empresa.

VI. Deixar que seu currículo seja utilizado como roteiro na entrevista de seleção.

VII. Falar primeiro a seu próprio respeito e a respeito dos benefícios que o emprego lhe trará.

VIII. Quando for responder às perguntas, falar por qualquer coisa entre 2 a 15 minutos, cada vez.

IX. Aproximar-se deles como se fosse um pedinte de emprego, ansiando que lhe ofereçam qualquer colocação, mesmo que seja modesta.

X. Deixar de enviar um bilhete de agradecimento, logo depois da entrevista.

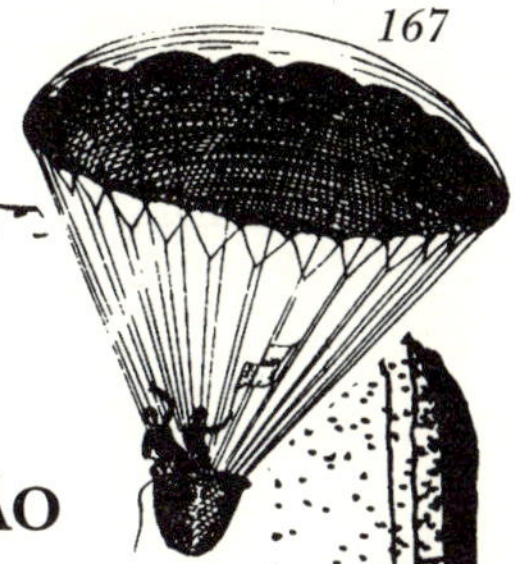

OS DEZ MANDAMENTOS PARA AS ENTREVISTAS DE SELEÇÃO

Os quais aumentam bastante as suas chances de ser contratado.

I. **Procure as organizações menores, com até vinte empregados, já que são as que geram 2/3 dos novos empregos.**

II. **Empreenda a caça às entrevistas utilizando o auxílio de amigos e de conhecidos, já que a caça ao emprego requer cinqüenta olhos e ouvidos.**

III. **Estude o mais que puder a respeito da organização em vista, seja usando a Entrevista Para Coleta de Informações ou outros recursos.**

IV. **Seja qual for a empresa, identifique quem tem o poder para contratar você, em se tratando da colocação que deseja. Use seus amigos e conhecidos como contatos para avistar-se com essa pessoa.**

V. **Peça por apenas vinte minutos do tempo dessa pessoa, quando propuser o encontro, e mantenha sua palavra.**

VI. **Faça sua própria agenda para a entrevista, levante suas perguntas, o que tiver curiosidade de descobrir, procurando saber se o emprego combina com você.**

VII. **Somente fale sobre você mesmo caso o que tenha a dizer ofereça algum benefício para a organização e puder ajudá-la a resolver seus problemas.**

VIII. **Quando responder a uma pergunta, fale por alguma coisa entre 20 segundos e 2 minutos de cada vez.**

IX. **Chegue a eles como um *recurso humano*, capaz de melhorar a qualidade do trabalho realizado por aquela organização.**

X. **Sempre escreva um bilhete de agradecimento, na noite do mesmo dia em que for entrevistado ou, no máximo, na manhã seguinte.**

COMO
Conduzir Uma Entrevista

Bem, você chegou lá. Mas não vá ficar com medo de encontrar a pessoa-que-tem-o-poder-para-contratar-você. Há diversos pensamentos reconfortantes em que você pode se apoiar.

PRIMEIRO PENSAMENTO RECONFORTANTE: NUMA ENTREVISTA DE SELEÇÃO, VOCÊ CONTINUA FAZENDO PESQUISA

Quando chega a hora da entrevista de seleção, naturalmente, você irá perguntar: "Como vou convencer esse empregador a me contratar?" Pergunta errada. Isso implicaria você já ter decidido que aquele é um grande lugar para trabalhar, que aquela é uma pessoa com quem adoraria trabalhar e, assim, tudo o que resta a você é se vender bem. Raramente é esse o caso. Na maioria das vezes, a despeito de seus melhores e mais cuidadosos esforços para levantar informações a respeito do lugar, você ainda não sabe o suficiente para afirmar uma coisa dessas. Você *precisa* usar a entrevista de seleção como uma chance de reunir informações mais aprofundadas sobre a empresa e seu patrão.

Se entender *assim* a entrevista, estará à frente de 98% de todos os caçadores de emprego — que, freqüentemente, vão para a entrevista de seleção da mesma maneira que uma ovelha vai para o matadouro, ou como um criminoso vai para o tribunal.

Você *está* sob julgamento, é claro, aos olhos do empregador.

Mas, da mesma forma, o empregador e a empresa estão sob julgamento, aos *seus* olhos.

É isso o que torna a entrevista tolerável, ou mesmo agradável: você está estudando tudo a respeito do empregador, ao mesmo tempo que ele está estudando tudo a seu respeito.

Duas pessoas, cada qual medindo a outra. Você já adivinhou o que isso lembra, não é? Um início de namoro, é claro. Bem, a entrevista de seleção é de fato um pouco parecida com namoros. Ambos têm que gostar um do outro, antes de poderem discutir se vão permanecer juntos, isto é, se *isso* vai dar em emprego. Então, lá estão vocês, cada qual medindo o outro. *Maravilha!*

A importância de você proceder à sua própria averiguação sobre aquela pessoa e aquela organização, *durante* a entrevista de seleção, não pode ser menosprezada. É tradição nos EUA — e por todo o mundo, em se tratando desse assunto —, quando se arruma um emprego, pegá-lo logo e *depois* tentar descobrir — nos três meses seguintes, depois de já estar dentro da coisa — se é bom ou não. E pedir demissão, caso não seja.

Você estará contrariando essa tradição estúpida, assim como deveria fazer qualquer pessoa de bom-senso, ao utilizar a entrevista de seleção para descobrir o mais que puder sobre a empresa, *antes de começar a trabalhar nela* — o que vai lhe poupar desgosto, sentimento de culpa e tempo.

Se *desistir antes que lhe ofereçam o emprego*, ao invés de *desistir depois que lhe ofereçam o emprego*, o empregador vai lhe agradecer, sua mãe vai lhe agradecer, sua esposa vai lhe agradecer e, é claro, você também será muito grato a si próprio.

SEGUNDO PENSAMENTO RECONFORTANTE: UMA ENTREVISTA DE SELEÇÃO NÃO É UMA CIÊNCIA

Quando for para a entrevista de seleção, lembre que **a pessoa-que-tem-o-poder-para-contratar-você** deve estar suando também. Por quê? Porque a entrevista de seleção não é uma maneira muito confiável de se escolher um empregado. Numa pesquisa conduzida entre uma dúzia dos principais empregadores do Reino Unido foi descoberto que as chances de um bom empregado ser encontrado através de uma entrevista de seleção eram apenas ***3% melhores*** do que se tivessem tirado o nome dele, entre vários outros, de um chapéu. Uma outra irônica conclusão da pesquisa revelou que, se a entrevista houvesse sido conduzida por alguém que estivesse trabalhando diretamente com o candidato, a possibilidade de êxito cairia para ***2% menos*** do que se tirassem o nome dele do mesmo chapéu. E se a entrevista fosse conduzida por um assim chamado especialista, teriam ***10% menos*** de chance do que se recorressem, ainda, ao chapéu.

Bem, não sei como foram tiradas essas conclusões, mas são coerentes com o que sei a respeito do mundo da contratação de empregados. Já assisti aos assim chamados especialistas em recursos humanos ou em pessoal fazerem escolhas desgraçadamente equivocadas para suas próprias firmas e, quando me confessavam isso, com muito pesar, meses depois, geralmente durante um almoço, eu os provocava, perguntando: "Se vocês não sabem nem ao menos como contratar um bom empregado para o seu próprio setor, com que cara aceitam ser contratados como consultores para gerirem a contratação de uma outra empresa qualquer?"

Bem, deixe eu contar uma coisa, meu amigo... a entrevista de seleção *não* é uma ciência. É uma loteria. E a maioria dos empregadores que a praticam o faz muito mal, a despeito de seus bons corações, de suas melhores intenções e de toda a generosidade com que se dedicam à tarefa.

TERCEIRO PENSAMENTO RECONFORTANTE: FREQÜENTEMENTE, O EMPREGADOR ESTÁ TÃO ASSUSTADO QUANTO VOCÊ

Lá está você sentado, com as palmas das mãos suadas, mas provavelmente imaginando que **a-pessoa-que-tem-o-poder-de-contratar-você** esteja à sua frente divertindo-se um bocado com todo aquele processo sádico. Isso pode até ser verdade, mas é muito raro.

Não, não, não há *um* indivíduo (*você*) sentado ali, morto de medo, na entrevista de seleção.

Há *dois* indivíduos (*você e o empregador*) sentados ali, mortos de medo. Acontece apenas que o empregador aprendeu a *esconder* seus receios melhor do que você, porque tem mais prática no assunto.

Mas ele ou ela, afinal de contas, é um ser humano igual a você. Ele ou ela pode não ter *jamais* pensado que isso faria parte do trabalho. *Isso* apenas veio junto com todas as outras obrigações. E eles podem até *saber* que não fazem isso muito bem.

Vai ajudar você a se tornar mais confiante se, mentalmente, catalogar *não os seus receios, mas os receios do empregador.* E isso inclui:

A. Que você não seja capaz de executar o trabalho: que não possua as necessárias habilidades ou a experiência requerida, e a entrevista de seleção não detecte isso.

B. Que, uma vez empregado, não dedique todo o seu tempo ao trabalho, regularmente.

C. Que, uma vez empregado, muitas vezes falte, por motivo de doença, ou por outra razão qualquer, por dias a fio.

D. Que, uma vez empregado, você só fique enrolando por lá, durante algumas semanas ou, no máximo, durante alguns meses, e depois se demita, sem avisar com antecedência.

E. Que leve muito tempo para aprender o trabalho e isso signifique que custe muito para você começar a render lucros para a empresa.

F. Que não se dê bem com os outros empregados, ou que entre em conflito pessoal com o seu chefe.

G. Que dê apenas o mínimo admissível, e não o máximo, que esperam de você ao contratá-lo.

H. Que seja do tipo que sempre precise esperar que lhe digam o que fazer a seguir, em vez de mostrar iniciativa — que seja alguém que apenas responda aos estímulos, em vez de alguém que estimule (e não que desestimule).

I. Que tenha um caráter avesso ao ambiente de trabalho e que demonstre mais tarde ser desonesto ou totalmente irresponsável, um criador de casos, preguiçoso, um vigarista, um fofoqueiro, um tarado, um toxicômano, um alcoólatra, um mentiroso, um incompetente ou, em outras palavras... um desastre.

J. (*Se for uma grande organização e seu possível chefe não estiver no cargo mais alto*): Que traga descrédito a ele, ao departamento/seção/divisão, etc., apenas por ter contratado você, só para começar, constrangendo-o e, possivelmente, levando-o a perder uma promoção.

L. Que custará uma fortuna se cometerem um erro, contratando você. Atualmente, nos EUA, uma má contratação custa a um empregador 50 mil dólares, ou mais, incluindo aí os custos de reposição, além do prejuízo pelo trabalho malfeito ou que se deixou sem fazer, e uma boa quantia em indenizações, se eles o demitirem.

Não é de admirar que o empregador esteja suando frio.

Antigamente, um empregador poderia obter informações úteis para orientar a decisão de contratar um empregado, sem utilizar a entrevista de seleção, mas, sim, através de referências sobre o candidato, vindas de seu antigo emprego.[2]

A entrevista é tudo de que ele dispõe para tentar descobrir — *no transcorrer da entrevista ou da série de entrevistas* — se deve ou não empregar você. Nos dias de hoje, a entrevista de seleção tornou-se *tudo.*

---

[2]**Nota do Editor:** Cartas de referência para níveis modestos de emprego — porteiros, faxineiros, por exemplo — ainda são bastante utilizadas no Brasil, tornando as contratações mais confiáveis.

QUARTO PENSAMENTO RECONFORTANTE: VOCÊ NÃO PRECISA DECORAR UM BANDO DE RESPOSTAS

Para ajudá-los a decidir se devem ou não contratar você, estarão lhe fazendo algumas perguntas. Livros sobre entrevistas — e há muitos sobre o assunto — freqüentemente publicam uma lista dessas perguntas — pelo menos das mais comuns, entre os empregadores, tais como:

- Fale um pouco sobre você.
- Por que está se candidatando a este emprego?
- O que você sabe sobre este emprego e sobre a empresa?
- Como você se descreveria?
- Quais suas principais qualidades?
- Quais os seus principais defeitos?
- De que tipo de trabalho você mais precisa?
- Quais são os seus interesses, além do trabalho?
- Que realização lhe deu mais satisfação?
- Qual foi seu principal erro, nos empregos anteriores?
- Por que deixou seu último emprego?
- Por que foi demitido (se foi o caso)?
- Como a sua formação e experiência estão relacionadas a este emprego?
- Onde você se vê, daqui a cinco anos?
- Quais são os seus objetivos na vida?
- Quanto você ganhava em seu emprego anterior?

Bem, a lista prossegue, e prossegue... às vezes, alcança 89 perguntas, ou mais.

E ainda dizem a você que deve se preparar para a entrevista de seleção tomando notas, praticando, decorando algumas respostas espertas para *todas* essas perguntas — respostas que alguns livros fornecerão. Bem, acho que esse é um mau conselho.

Meu amigo, sua preparação para a entrevista de seleção não precisa ser tão complicada.

Mais importante do que essas dúzias e dúzias de possíveis perguntas, todas parecidas com as que listei acima, há apenas *cinco perguntas básicas* que você precisa recordar.

Cinco. Apenas cinco. E elas são:

A pessoa-que-tem-o-poder-de-contratar-você quer saber:

1. "Por que você está aqui?" *Isso significa: "Por que você bateu em minha porta e não em outra porta qualquer?"*

2. "O que você pode fazer por nós?" *Ou seja: "Se eu o contratar, você se tornará parte dos problemas que já tenho, ou parte das soluções de que preciso?*

Quais são as suas habilidades, e quanto você sabe sobre os assuntos e as áreas em que estamos interessados?"

3. "Que espécie de pessoa você é?" *Quer dizer: "Você é do tipo com quem as pessoas têm facilidade de trabalhar e está pronto a compartilhar dos valores que existem nesta empresa?"*

4. "O que faz você diferente dos outros 19 sujeitos que podem fazer a mesma coisa que você faz?" *Ou seja: "Você tem métodos de trabalho mais eficientes do que os dos outros 19? Você começa a trabalhar mais cedo? Trabalha com mais cuidado? Mais rápido? Mantém um alto padrão de qualidade? Costuma superar-se... ou o quê?*

5. "Posso pagar seu salário?" *Quer dizer: "Se decidirmos que queremos contratá-lo, quanto isso custará? Estamos querendo ou podemos pagar essa quantia — já que precisamos nos restringir ao nosso orçamento e à impossibilidade de pagar a você mais do que recebe a pessoa que ocupa a função superior à sua, no organograma da empresa?"*

Essas são as cinco principais perguntas que mais *incomodam* os empregadores. *É isso que está em questão, mesmo quando a entrevista vai do começo ao fim sem que nenhuma dessas cinco perguntas sejam explicitadas.* Elas ficam sempre flutuando no ar, na sala, pouco acima da conversação e no fundo de cada uma das 89 perguntas que podem fazer a você.

O bom da coisa é que há realmente apenas cinco questões básicas, na cabeça dos empregadores, e não 89. Assim, há apenas cinco respostas que você precisa conhecer.

E é melhor que saiba *mesmo* essas cinco respostas. Se trabalhou nos Capítulos 5 e 6 e também no *Manual Pára-quedas,* saberá as respostas. Se não, não saberá. Ponto. Fim da história.

É claro que você tem o direito — não, a obrigação — de perguntar a si próprio as mesmas cinco perguntas, de uma forma ligeiramente diferente:

1. O que esse trabalho envolve?
2. Será que as minhas habilidades se encaixam nesse trabalho?
3. Eu gostaria de trabalhar com este tipo de pessoas ou não? *Não ignore sua intuição, se ela lhe disser que não seria agradável trabalhar com essas pessoas!*
4. Se gostarmos uns dos outros, por aqui, e quisermos trabalhar juntos, será que consigo persuadi-los que existe algo único a meu respeito, que me faz diferente das 19 outras pessoas que podem executar as mesmas tarefas?
5. Posso persuadi-los a me contratar pelo salário de que necessito ou quero?

Naturalmente, você não fará essas perguntas durante a entrevista. De preferência, inicie sua participação na entrevista de seleção relatando como exatamente você vem conduzindo sua caça ao emprego e o que o impressionou a respeito da empresa *deles,* durante a sua pesquisa, a ponto de fazê-lo decidir-se a candidatar-se ao emprego. Daí, você pode dedicar sua atenção, durante o restante da entrevista, a responder às cinco questões acima, do seu próprio modo.[3]

Se não está ali atrás de um emprego que já exista, mas sim pretenda que *criem* um cargo para você, então as suas cinco perguntas se tornarão cinco *afirmações,* que você pode fazer diante da pessoa-que-tem-o-poder-de-contratar-você:

1. O que você **gosta** dessa empresa.
2. Que espécies de **necessidades** acha mais intrigantes neste ramo e nesta empresa (nunca use a palavra *problemas,* já que a maioria dos empregadores preferem sinônimos, tais como *necessidades* — a não ser que a palavra *problemas* saia primeiro da boca de algum dos entrevistadores).

---

[3] Perguntas adicionais que você pode pensar em fazer, a fim de desenvolver as cinco básicas:

- Por que mudanças significativas esta companhia passou, nos últimos cinco anos?
- Quais são os valores considerados fundamentais, nesta companhia?
- O que caracteriza os mais bem-sucedidos empregados desta companhia?
- Que mudanças vocês antevêem para o futuro, por aqui?
- Quem vocês distinguem como aliados, colegas ou concorrentes, neste negócio?

3. Quais **habilidades** parecem a você serem as recomendadas para enfrentar essas necessidades.

4. **Comprove** sua experiência passada, o que demonstrará que você tem as habilidades em pauta e que pode exercitá-las da maneira ou no estilo que alega.

5. O que é **exclusivo** a respeito da maneira como você exercita essas habilidades. Como mencionei anteriormente, você deve dedicar alguma reflexão a esse item, antecipadamente. Por exemplo, se você analisa problemas, como faz isso? *De maneira esmerada? Intuitivamente, com resultado imediato? Consultando autoridades no assunto?* Acho que você já entendeu do que estou falando. Você está tentando destacar o "estilo" ou a "maneira" pela qual faz o seu trabalho, que é o que pode distingui-lo e, esperançosamente, atrair esse empregador.

Já disse antes, mas vou dizer de novo: todo empregador empenhado em prospecção quer saber *o que o faz diferente* dos outros 19 indivíduos que podem fazer o mesmo trabalho que você faz. Você *precisa* saber o que é. E, então, não se limite a falar a respeito, mas concretamente demonstre isso, pela maneira como conduzir sua entrevista de seleção. Por exemplo: *"Eu executaria o trabalho para você de uma maneira muito cuidadosa"*, ou seja, da mesma maneira pela qual deve ter pesquisado cuidadosamente a empresa, antes de candidatar-se a uma entrevista de seleção.

QUINTO PENSAMENTO RECONFORTANTE: O EMPREGADOR, NA VERDADE, NÃO ESTÁ INTERESSADO NO SEU PASSADO

Na maioria dos casos, como tenho enfatizado, a pessoa-que-tem-o-poder-de-contratar-você está *apavorada.* Se você acha que esta é uma palavra forte demais, vamos dizer *apreensiva, receosa* ou *preocupada.* E essa preocupação está por trás de todas as perguntas que possa fazer.

O medo dela, por definição, é em relação ao futuro. Nenhum empregador se importa com o seu passado.

Você precisa se dar conta de que a única coisa com que o empregador está preocupado é com o seu futuro... seu futuro *com eles.* Mas é difícil desvendar o futuro. Assim, ele geralmente tenta prever seu comportamento no futuro perguntando coisas sobre o seu comportamento no passado.

Não seja enganado por esse aparente interesse no seu passado. Enquanto o empregador estiver entrevistando-o, você deve se concentrar em perceber que receios em relação ao *futuro* estão por trás de cada pergunta que o empregador fizer, concernente ao seu passado — e, então, você deve responder exatamente a esse receio.

Aqui vão alguns exemplos:

Pergunta do Empregador	O Medo por Trás da Pergunta	O que Você Deve Passar	Frases que Você Pode Usar Para Dizer o que Quer
"Fale um pouco sobre você."	O empregador tem medo de não estar conduzindo bem a entrevista, de estar deixando de fazer as perguntas apropriadas. Ou está com medo de haver qualquer coisa errada com você, e espera que deixe isso escapar, seja o que for.	Você é um bom empregado, como comprovou pelo seu passado, em outros empregos. (Conte resumidamente a sua história: quem você é, onde nasceu, onde cresceu, seus interesses, passatempos, e o trabalho que mais apreciou até então.) *Não ultrapasse os 2 minutos.*	Descrevendo seu passado profissional, utilize expressões que *honestamente* caberiam na sua história e que dizem tudo por si, tais como: "alguém que trabalha duro", "que chega cedo e sai tarde", "sempre fiz mais do que esperavam de mim", etc.
"Que tipo de trabalho você está procurando?"	O empregador teme que você esteja procurando um emprego diferente daquele que ele tem a oferecer. Por exemplo, ele quer uma secretária, mas você quer ser um chefe de escritório, etc.	Você está procurando, exatamente, por aquele tipo de trabalho que o empregador oferece (não diga isso se não for verdade). Com suas próprias palavras, repita para o empregador tudo aquilo que ele lhe disse sobre aquele trabalho, enfatizando as habilidades que possui para executá-lo.	Se o empregador ainda não houver feito uma descrição do trabalho, diga: "Ficarei contente em responder a sua pergunta, mas, primeiro, preciso entender exatamente que espécie de trabalho este emprego envolve." Então, dê sua resposta baseado no que tenham lhe dito.
"Você já fez este tipo de trabalho?"	O empregador está com medo de que você não possua as necessárias habilidades e a experiência requerida para o emprego.	Você possui as habilidades transferíveis, comprovadas por aquilo que já fez — e fez bem — em sua vida.	"Eu pego as coisas rapidamente." "Aprendi rapidamente como executar todos os trabalhos por que já passei."

Pergunta do Empregador	O Medo por Trás da Pergunta	O que Você Deve Passar	Frases que Você Pode Usar Para Dizer o que Quer
"Quando você deixou o seu último emprego?" ***ou*** **"Como foi seu relacionamento com seu ex-chefe e com seus colegas de trabalho?"**	O empregador teme que você não se relacione bem com as pessoas, especialmente com os chefes, e está só esperando você falar mal de seu ex-patrão ou de seus ex-colegas de trabalho para comprovar a suspeita.	Diga o que puder de mais positivo a respeito de seu ex-patrão e de seus ex-colegas de trabalho (*não minta*). Enfatize que você, geralmente, se dá bem com as pessoas — e use essa sua atitude gentil para com seu(s) ex-patrão(ões) e ex-colegas para comprovar o que diz, aos olhos (e ouvidos) do empregador.	Se você deixou o emprego voluntariamente: "Meu patrão e eu sentimos que eu seria mais eficiente e mais feliz em outro emprego no qual (aqui, descreva seus pontos fortes, tais como...) eu teria mais oportunidade de usar minha criatividade e iniciativa." Se foi demitido: "Normalmente, eu me dou bem com todas as pessoas, mas, nesse caso particular, meu patrão e eu não conseguimos nos relacionar bem. Não sei dizer por quê." Se o seu cargo ou emprego foi extinto: "Meu *emprego* foi extinto."
"Qual o seu estado de saúde?" ***ou*** **"Com que freqüência você faltava ao trabalho no seu último emprego?"**	O empregador tem medo de que você falte muito ao trabalho, caso o contrate.	Você é daqueles que não falta ao emprego. Se tem algum problema de saúde, deve enfatizar que isso não o impede de trabalhar diariamente. Comparada à de outros empregados, sua produtividade é excelente.	Se não andou faltando no seu último emprego: "Creio que é obrigação do empregado comparecer ao trabalho diariamente." Ponto final. Se andou faltando além da conta, diga por que e destaque que isso foi causado por algo já superado.

Pergunta do Empregador	O Medo por Trás da Pergunta	O que Você Deve Passar	Frases que Você Pode Usar Para Dizer o que Quer
"Por que está desempregado há tanto tempo?" *ou* **"Por que existem esses intervalos em sua história profissional?"** ***(Geralmente, esta pergunta acontece após o exame do currículo.)***	O empregador teme que você seja o tipo de pessoa que peça demissão por qualquer coisa, ou seja, que não seja do tipo que se apegue à empresa.	Você ama seu trabalho e está sempre procurando meios de enfrentar novos desafios e de aprender a superá-los.	"Durante os intervalos entre meus empregos, estive estudando/praticando trabalho voluntário/refletindo seriamente sobre meus objetivos na vida/redirecionando meus esforços para vencer." (Escolha uma das opções.)
"Será que este trabalho não representaria para você um retrocesso?" *ou* **"Acho que este emprego está abaixo das suas habilidades e do seu talento."** *ou* **"Você não acha que seria subutilizado, neste emprego?"**	O empregador teme que você possa conseguir a oferta de um salário mais elevado de alguma outra empresa e deixá-lo logo que surja coisa melhor.	Você permanecerá nesse trabalho pelo tempo que seu empregador e você estiverem concordando que é o melhor a se fazer.	"Este trabalho não é um retrocesso para mim. É um passo à frente... em relação ao desemprego." "Temos um medo semelhante. Todo empregado teme ser demitido, sem uma razão justa." "Gosto de trabalhar e sempre dei o melhor de mim, em todos os empregos que tive."
E, por último: **"Diga quais são os seus pontos fracos mais significativos."**	O empregador receia que tenha alguma falha de caráter, e tem esperança de que, pressionado, você a confesse.	Você tem limitações, como todo mundo, mas está sempre se empenhando em se aprimorar e em ser um trabalhador mais eficiente.	Mencione algum ponto fraco, mas enfatize seu lado positivo. Ex.: "Não gosto de ser controlado demais, porque tenho muita iniciativa e gosto de antecipar-me aos problemas, antes que se agravem."

Com o prosseguimento da entrevista, você deve discretamente (*sem comentar a respeito*) observar o *ritmo* do questionamento conduzido pelo empregador. Quando a entrevista estiver correndo favoravelmente para você, o *ritmo* das perguntas freqüentemente tende a diminuir — *sutilmente* — encaminhando-se na seguinte direção:

1. Passado mais distante: por exemplo, *"Qual colégio você freqüentou?"*
2. Passado recente: por exemplo, *"Conte mais sobre seu último emprego"*.
3. Presente: por exemplo, *"Que tipo de emprego você está procurando?"*
4. Futuro imediato: por exemplo, *"Você poderia voltar na próxima semana, para uma outra entrevista?"*
5. [*Opcional:* Futuro distante: por exemplo, *"Onde gostaria de estar daqui a cinco anos?"*]

Quanto mais as perguntas seguirem do passado para o futuro, melhor estará transcorrendo a entrevista para você. Por outro lado, se o entrevistador se fixar no seu passado, é sinal de que as perspectivas não são tão boas. *Ah, sim, você não pode ganhar todas!*

Se as perguntas do entrevistador se concentrarem no seu futuro, *então* é chegada a hora de ser mais específico em relação ao emprego. Os especialistas sugerem o tipo de perguntas abaixo:

Especificamente, do que se trata o emprego para o qual vocês estão considerando meu nome?

Se eu fosse contratado, que tarefas deveria desempenhar?

Quais as responsabilidades que terei?

Para o que estarão me contratando?

Vou trabalhar numa equipe ou com um grupo? A quem devo me reportar?

De quem é a responsabilidade de verificar se estou obtendo o treinamento necessário, por aqui, a fim de poder acelerar esse processo?

Como meu trabalho será avaliado, com que freqüência e por quem?

Quais eram os pontos fracos e os pontos fortes das pessoas que ocuparam anteriormente esta função?

Por que *você próprio* decidiu vir trabalhar aqui?

O que você gostaria de ter conhecido sobre esta empresa, antes de iniciar? Quais as características particulares que considera que tenham conduzido você a ter êxito, trabalhando aqui?

Posso me encontrar com a pessoa com quem estarei trabalhando, no caso de não ser você?

Lembre que esse *reconhecimento mútuo* não é uma técnica científica. Como disse Nathan Azrin, há muitos anos, *o processo de seleção é mais parecido com escolher um companheiro do que com decidir se deve-se ou não comprar uma casa*. É claro que não se deve tomar isso ao pé da letra. Não quer dizer que, se for empregado, vá se casar, literalmente, com a empresa. Não, não, não.

"Escolher um parceiro" aqui é uma metáfora. Para se pensar um pouco mais sobre ela, significa que o *mecanismo* pelo qual a natureza humana decide contratar alguém é similar àquele pelo qual a mesma natureza humana decide se deve ou não casar-se com alguém. Esses mecanismos, é claro, seguem impulsos, intuições, processos irracionais e, freqüentemente, obedecem a estímulos do momento — às vezes envolvendo aquele tipo de *epa!* meio idiota que só a irmãzinha do sujeito poderia compreender.

SEXTO PENSAMENTO RECONFORTANTE: FREQÜENTEMENTE, SOMOS DERROTADOS NAS ENTREVISTAS NOS PRIMEIROS DOIS MINUTOS

Para continuar nossa discussão, seguindo a mesma metáfora que mistura a escolha de um empregado à de um possível cônjuge — pense a respeito do seguinte: você pode possuir todas as habilidades do mundo, pode ter pesquisado até quase morrer sobre a tal empresa, pode ter praticado a condução das entrevistas e as "respostas certas a dar", até se tornar um mestre no assunto, pode ser a pessoa perfeita para o emprego, e assim mesmo ser derrotado na entrevista de seleção porque... *tem mau hálito*. Ou outra razão pequena do gênero. É bom estar preparado para a experiência de lutar contra dragões e ser vencido por um mosquito.

Essa é a razão pela qual podemos dar algumas entrevistas por perdidas, logo nos primeiros dois minutos.

Vou deixar em suspenso, por um momento, minha estranha afirmativa de que este é um *pensamento reconfortante*. Enquanto isso, vamos dar uma olhada nesses *mosquitos* que podem aparecer voando, dos primeiros 30 segundos aos 2 minutos da entrevista com *a-pessoa-que-tem-o-poder-de-contratar-você*, a ponto de ele começar a ruminar: "*Espero sinceramente que haja outros candidatos, além deste aqui.*"

1. Sua aparência e seus trajes: após inúmeras entrevistas, ficou constatado que, se você é um homem, *tem mais chances de conseguir um emprego se...*

- aparentar ostensivamente ter tomado um banho há pouco, ter se barbeado há pouco, estar penteado, com as unhas limpas e se usar desodorante;
- vestir roupas que aparentem terem saído diretamente da lavanderia e, se trajar um terno ao invés de roupas mais esportivas, usar calças com vinco e ter os sapatos engraxados;

• não tiver mau hálito, se não desprender cheiros tais como o de cebolas, alho, tabaco, nem o forte odor de bebida, empesteando o ar do escritório; se tiver escovado bem os dentes, se necessário usando depois um aromatizante bucal;

• não estiver cheirando a colônia pós-barba a três metros de distância, quando entrar na sala.

Se você for uma mulher *tem mais chances de conseguir um emprego se...*

• aparentar ostensivamente ter tomado banho há pouco, não tiver o rosto carregado de maquiagem; tiver passado recentemente por um cabeleireiro e por uma manicure competente; não tiver unhas grandes como garras saindo de seus dedos e estiver usando desodorante;

• estiver usando sutiã, trajando roupas impecavelmente limpas, vestida de forma sofisticada, usando sapatos e não sandálias, e não parecer do tipo que gosta de chamar atenção;

• não tiver mau hálito, evitar comer cebolas e alho, pouco antes; não cheirar a tabaco ou a bebida, empesteando o escritório; tiver escovado bem os dentes, se necessário usando um aromatizador bucal;

• não tiver usado toneladas de perfume, do jeito que faria sua presença ser *farejada* mal entrasse na sala.

2. Tiques nervosos: *é um mal sinal para os empregadores se...*

• lhes der um aperto de mão do tipo molenga,

• desabar na cadeira, ou ficar se remexendo sem parar, durante a entrevista,

• ficar continuamente evitando olhar nos olhos do empregador,

• ficar estalando os dedos, esfregando as mãos ou brincando com o seu cabelo.

3. Falta de autoconfiança: *é um mau sinal para os empregadores se...*

• demonstrar ser constante e extremamente autocrítico,

• subestimar suas realizações ou habilidades,

• falar tão baixo que mal possam ouvi-lo ou tão alto que poderiam escutá-lo no andar de baixo,

• responder monossilabicamente às perguntas dos empregadores,

• interromper constantemente os empregadores,

• hesitar nas respostas.

4. Consideração com as demais pessoas: *é um mau sinal para os empregadores se...*

• demonstrar descortesia para com a recepcionista, com a secretária ou (durante um almoço) com garçons,

• emitir opiniões demasiadamente críticas a respeito de seu ex-patrão e de seus antigos colegas de trabalho,

• tomar bebidas fortes (pedir bebida alcoólica, quando o patrão o leva para almoçar é sempre uma má idéia, já que desperta na cabeça do empregador a seguinte pergunta: *Será que ele pára normalmente no primeiro copo, ou tem o hábito de continuar bebendo?* Não faça isso!),

• esquecer-se de agradecer pela entrevista, ao sair, ou esquecer-se de mandar um bilhete de agradecimento mais tarde. Um gerente de recursos humanos disse: "Uma carta, curta, rápida, enviada por fax, agradecendo pelo tempo que despendi, com uma sinopse (resumidíssima) das qualidades únicas do candidato, me passa que essa pessoa é afirmativa, motivada, um vendedor que procura a satisfação do cliente, alguém que utiliza a tecnologia e conhece as regras do jogo. Essas são as qualidades por que estou procurando. Atualmente, recebo apenas uma carta dessas, de cada 15 candidatos que entrevisto."

• A propósito, *muitos* empregadores observam se você fuma, tanto no escritório quanto durante o almoço. (*Numa confrontação entre dois candidatos igualmente qualificados, o não-fumante derrotará o fumante em 94% das vezes, de acordo com um estudo feito por um professor de assuntos comerciais da Universidade de Seattle.) Alguns especialistas dão o seguinte conselho aos fumantes, que pretenderem esconder esse fato dos entrevistadores: "Se você é um fumante, não pense que será fácil ocultar essa informação. Vai custar um bocado de trabalho. Quanto mais tiver ficado exposto à fumaça, mais as suas roupas, seu cabelo e o seu hálito cheirarão a cigarro, durante a entrevista. E você estará tão acostumado a isso, que não será capaz de detectar o odor. Mas o empregador vai conseguir senti-lo,* instantaneamente, *assim que você se aproximar para cumprimentá-lo. Balas de menta e perfume ou água-de-colônia NÃO vão adiantar nada.*

Você vai precisar tomar uma providência mais radical. Qual? Fique sem fumar pelo menos por quatro horas, antes da entrevista, tome um banho completo, lavando inclusive seu cabelo, imediatamente antes de sair para a entrevista; tenha sempre (em casa) roupas livres de fumaça, inclusive roupa de baixo e sapatos, guardadas num saco plástico bem vedado e num ambiente afastado de onde costuma fumar, na casa, e vista essas roupas para a entrevista." Esse é o conselho para quem quer esconder a coisa. Pessoalmente, acho que esse tipo de prática contra o empregador é contraproducente. Então, por que não dispensá-la? Cedo ou tarde, vão saber que você fuma, depois que estiver empregado, e o empregador que detestar cigarros pode sempre arranjar um jeito de se ver livre de você, usando um ou outro pretexto, sem mencionar que o está afastando porque fuma. Assim, não tente esconder a coisa. Mas, ao mesmo tempo, aguarde o momento de revelá-la. Nunca *fume enquanto estiver com a pessoa-que-tem-o-poder-para-contratá-lo, a não ser que ele esteja fumando também, e feito uma chaminé. E, para evitar que tenha que interromper a entrevista e "dar uma parada para fumar", sugiro que leve chicletes, porque a conversa pode demorar muito tempo.* Uma vez que a oferta de emprego tenha sido concretizada, *então,* creio que é importante contar que fuma e oferecer uma saída fácil para o caso: "Se isso incomoda muito a vocês, e se não querem um empregado que fume, prefiro desistir agora, cordialmente, do que tornar isso um atrito entre nós, mais à frente." Tanta consideração assim, tanto cuidado e gentileza da sua parte podem contribuir um bocado para vencer as resistências do empregador sobre o fato de você fumar. Em muitas empresas, os empregados saem para fumar em intervalos regulares.

5. Seus valores: *é um péssimo sinal para os empregadores, se eles constatarem em você...*

- qualquer indício de desonestidade ou mentira, em seu currículo ou durante a entrevista;
- qualquer indício de irresponsabilidade ou tendência a fazer trapalhadas;
- qualquer indício de arrogância, excesso de agressividade; qualquer indício de impontualidade ou do hábito de não cumprir compromissos ou de comparecer a encontros, incluindo aí a entrevista de seleção;
- qualquer indício do costume de descumprir ordens ou desobedecimento de regras;
- qualquer indício de que você seja do tipo que está sempre reclamando ou jogando a culpa nos outros;
- qualquer indício de preguiça ou falta de motivação;
- qualquer indício de falta de entusiasmo pela organização ou pelo que está tentando executar;

• qualquer indício de instabilidade, reações inapropriadas ou coisas parecidas;

• outros tipos de problemas relacionados a seus *valores*, tais como: quais as coisas que o influenciam ou não, no escritório; o que está disposto a sacrificar para conseguir esse emprego e o que não está disposto a sacrificar; seu grau de entusiasmo pelo trabalho;

• pouco caso na maneira como você pesquisou a companhia, antes de se candidatar ao emprego;

e blá,blá,blá.

Já que o processo de seleção é tão parecido com escolher uma namorada ou um namorado, o empregador, simplesmente, vai tentar determinar se gosta do candidato. Se você "queimar-se" num desses itens que destaquei, ele pode acabar decidindo que você não o agrada e, nesse caso, está fora do emprego, não importando o quanto for qualificado em outros aspectos.

Você andou se preparando para enfrentar dragões, na entrevista de seleção, e agora sabe que pode ser vencido por esses *mosquitos.*

Agora, por favor, meu caro amigo, não vá me escrever dizendo que muita coisa aqui não passa de picuinha dos patrões. Pode acreditar que eu *sei* disso. Não estou dizendo como o mundo *deveria ser.* Estou apenas relatando o que, depois de muito estudar, constatei a respeito de como o mundo *é.*

Você pode levar a sério, ou resolver ignorar a coisa toda. Entretanto, se decidir ignorar esses itens, e então — depois de inúmeras entrevistas — não conseguir um emprego, talvez deseje reavaliar sua posição. Você pode estar sendo derrotado pelos mosquitos, não pelos dragões.

E há uma maneira de *dar um jeito* nesses mosquitos. É por isso que eu disse, lá atrás nesta seção, que o fato de você poder dar por perdida uma entrevista logo nos primeiros dois minutos, por coisas tão ínfimas como as citadas aqui, é um pensamento reconfortante. É reconfortante porque essas mesquinharias *estão sujeitas ao seu controle.* Sim, você pode controlar *todos* esses fatores.

Releia-os todos. Não há um só deles sobre o qual você não tenha o poder de agir, de mudar. Você pode muito bem banhar-se antes de ir para uma entrevista, pode engraxar os seus sapatos, pode interromper o cigarro, etc. Todos os pequenos detalhes que podem torpedear sua entrevista estão sujeitos ao seu controle. Você *pode dar um jeito neles,* se o estiverem impedindo de arrumar um emprego.

Não disse que era algo reconfortante?

COMO

Encerrar a Entrevista

Antes de deixar a entrevista terminar, há seis perguntas que você deve *sempre* fazer:

1. *"Examinando as minhas habilidades e a minha experiência, existe algum emprego aqui para o qual vocês considerariam a possibilidade de me contratar?"* Isso, é claro, se você não tiver sido chamado, desde o início, tendo em vista um emprego específico.

2. *"Vocês podem me dar esse emprego?"* Sei que isso pode parecer meio idiota, mas é espantosa a quantidade de caçadores de emprego que asseguraram seus empregos simplesmente por terem sido atrevidos o bastante para pedir por ele, ao final da entrevista, com palavras como *"Posso ficar com o emprego?"* (ou alguma coisa semelhante — diga da maneira que deixe você mais confortável). Não sei por que isso acontece. Sei apenas que *acontece.* Talvez esteja relacionado com o fato de os empregadores não gostarem de dizer "não" a quem pede diretamente por alguma coisa. De qualquer modo, se depois de escutar tudo a respeito do tal emprego, você decidir que realmente o quer, *peça.* O pior que pode acontecer é o empregador dizer "Não" ou "Precisamos pensar um pouco sobre todas as entrevistas que estamos conduzindo".

3. *"Vocês gostariam que eu retornasse para uma outra entrevista, talvez com a presença de alguns dos seus colegas?"* Se, na cabeça do empregador, você for um sério candidato ao emprego, a praxe é proceder a uma segunda rodada de entrevistas. E, muitas vezes, uma terceira e uma quarta. Você, é claro, quer ser chamado para essa segunda rodada. De fato, muitos especialistas dizem que o único propósito de comparecer à primeira entrevista é ser chamado de volta para a segunda entrevista. Se você garantir *isso,* dizem eles, então ganhou o primeiro *round.*

4. *"Quando posso esperar por notícias de vocês?"* Você *nunca* deve deixar o controle sobre os passos seguintes do processo nas mãos do empregador. Deve buscar ter o controle. Se o empregador disser: *"Precisamos pensar mais a respeito"* ou *"Chamaremos você para uma segunda entrevista"*, é melhor não deixar isso sem data marcada, dependendo das boas intenções do empregador. Você quer agarrar a coisa, não quer?

5. *"Quando, no máximo, terei notícias suas?"* Provavelmente, o empregador deu a você a *melhor* hipótese, na resposta anterior. Agora, quer saber *qual seria a pior*. Certa vez, um empregador, ao me responder essa pergunta, disse: *"Nunca!"* Achei que ele tivesse muito senso de humor, mas aconteceu de estar falando tremendamente sério.

6. *"Posso entrar em contato com vocês, depois dessa data, se, por alguma razão, ainda não tiverem me dado notícias?"* Alguns empregadores não gostam dessa pergunta. Você saberá se está lidando com um desses, se eles responderem de pronto: *"Está duvidando de mim?"* Mas a maioria dos empregadores aprecia o fato de você lhes estar oferecendo uma rede de segurança. Eles sabem que podem ficar muito ocupados, sobrecarregados com outros afazeres, e acabar esquecendo a promessa que lhe fizeram. É mais garantido se você oferecer-se para procurá-los, nessas condições.

[Opcional: 7. *"Vocês podem sugerir outra empresa que estaria interessada em me contratar?"* Esta pergunta deve ser utilizada apenas se a resposta à primeira questão for "Não".]

Anote todas as respostas que eles derem às perguntas acima, levante-se, então, agradeça-lhes com sinceridade pelo tempo que despenderam com você, aperte-lhes a mão com firmeza e vá embora. Naquela mesma noite, escreva um bilhete de agradecimento e envie-o pelo correio, sem falta, pela manhã.

Nos dias a seguir, atenha-se rigorosamente ao que foi combinado e não os contate, a não ser pelo bilhete de agradecimento, até depois do último prazo marcado entre vocês na resposta à pergunta 4. Se tiver que entrar em contato com eles, e responderem que as coisas permanecem ainda no ar, repita as perguntas 3, 4 (página anterior) e 5 da página anterior. E continue assim, sempre assim.

A propósito, é inteiramente apropriado inserir no caminhar das coisas um bilhete de agradecimento após cada entrevista ou contato telefônico. Isso vai ajudar a que se lembrem de você.

COMO
(e Quando) Negociar Seu Salário

Presumindo que as coisas tenham corrido bem na primeira entrevista, e presumindo que eles não estivessem, na ocasião, preparados para lhe oferecer um emprego de imediato, você será chamado para uma outra entrevista, ou para outras entrevistas, na empresa — seja com a pessoa que o entrevistou antes, ou com uma comissão. Eventualmente, depois da segunda, terceira, quarta entrevista, se *você* gostar deles, e se eles, cada vez mais, gostarem de você, vão lhe oferecer o emprego.

Então, e só então, é chegada a hora de lidar com a inevitável questão que está na cabeça dos empregadores — como vimos anteriormente: *quanto essa pessoa vai me custar?* E a questão que está em *sua* cabeça: *quanto esse trabalho vai me pagar?*

É tempo de negociar o salário. Livros inteiros podem ser (e têm sido) escritos sobre esse assunto. Mas há, basicamente, cinco questões-chave para se ter em mente:

PRIMEIRA QUESTÃO-CHAVE PARA OBTER ÊXITO EM UMA NEGOCIAÇÃO SALARIAL

O EMPREGADOR RARAMENTE DIRÁ A VOCÊ QUANTO, NO MÁXIMO, ESTÁ DISPOSTO A PAGAR

Nunca aconteceriam negociações salariais se *todo* empregador, em *toda* entrevista de seleção dissesse, desde o começo, a quantia máxima que está disposto a pagar para aquele cargo. *Alguns* empregadores o fazem. E isso encerra as negociações salariais. Mas, é claro, a maioria não procede assim. Sempre tendo a esperança de pagar menos, começam *abaixo* daquilo a que pretendem chegar. Isso estabelece uma faixa salarial — entre a primeira oferta e o máximo que têm em mente. E essa faixa é tudo, na negociação salarial.

Por exemplo, se o empregador quer contratar alguém por não mais de 2.000 reais por mês, ele pode fazer *um lance* inicial de 1.500. Nesse caso, a faixa salarial com que se está trabalhando vai de 1.500 a 2.000 reais. Ou digamos que ele queira pagar no máximo 3.000 reais por mês. Pode então fazer *um lance* de 2.000. Nesse caso, a faixa salarial vai de 2 a 3.000 reais.

Então, por que você deve negociar? Porque, se tudo gira em torno desses valores, você deve tentar negociar para obter o máximo, dentro desse limite.

O objetivo do negociador é gastar o menos possível. Seu objetivo é trazer para a sua família ou para o sustento da sua casa o melhor salário que puder, em pagamento pelo trabalho que for executar. Não há nada de errado com o objetivo de ambos. Mas isso significa que, se o empregador iniciar com um lance baixo, a negociação salarial é válida e previsível.

SEGUNDA QUESTÃO-CHAVE PARA OBTER ÊXITO EM UMA NEGOCIAÇÃO SALARIAL

NUNCA DISCUTA SALÁRIO ATÉ O ENCERRAMENTO DO PROCESSO DE SELEÇÃO, QUANDO JÁ TIVEREM DITO QUE QUEREM CONTRATÁ-LO

Se o empregador levantar logo a questão do salário, e parecer ser uma pessoa gentil, sua melhor resposta será: "Até vocês terem decidido definitivamente que me querem, e até eu ter decidido que decididamente posso ajudá-los nas tarefas que têm por aqui, sinto que qualquer discussão sobre salário seria prematura." Na maioria dos casos, isso vai funcionar.

Mas, suponhamos que esteja cara a cara com o empregador e ele exija saber qual o salário que você está pretendendo, logo nos primeiros dois minutos em que estiver na sala. Nesse caso, você pode tentar a excelente resposta que terá guardada para uma eventualidade dessas: "Ficarei contente em discutir sobre isso, mas primeiro poderiam me ajudar a entender o que envolve este emprego?"

Boa, sim, para a *maioria* dos casos. Mas não funcionou *desta* vez. O empregador eleva a voz e diz: "Vamos lá, nada de enrolação comigo. Quero saber quanto você pretende ganhar." Você também terá uma resposta preparada para essa situação, mencionando uma faixa salarial, só que o empregador insiste em obter um número exato: "Quanto por mês?"

No mercado de trabalho atual, muitas entrevistas começam aqui, e cada vez mais é onde terminam. O empregador não tem uma faixa salarial em mente. O lance inicial é o lance final. Nenhuma negociação é possível.

Quando isso acontece é porque os empregadores fazem do salário o critério principal para decidir qual dos vinte candidatos vão contratar.

Se você se vir numa situação como essa, e se estiver desesperado para conseguir esse emprego, não tem alternativa a não ser entregar os pontos. Pergunte quanto estão oferecendo e tome sua decisão. (Claro que você sempre pode tentar algo como: "*Preciso de um pouco de tempo para pensar a respeito.*")

Entretanto, esse é *o pior cenário possível.* Nem sempre as coisas se dão dessa maneira. Não, se pegarmos um grande número de casos. Em muitas e muitas entrevistas, nos dias de hoje, o salário pode ser negociado — *se você guardar essa discussão para o final do processo de entrevista.*

Quando Negociar Salário[4]

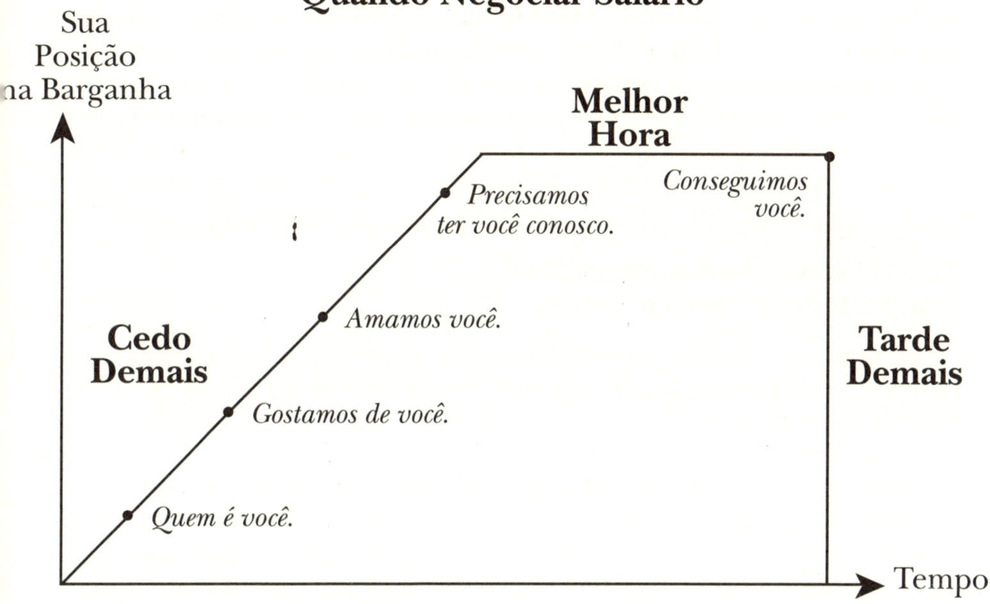

> **Não Discuta Salário**
>
> - Até conseguir que o conheçam bem, e que conheçam o melhor de você, de forma a constatarem como se sobressai entre os outros candidatos;
> - Até conseguir conhecê-los bem, o mais profundamente que possa, de maneira a poder perceber quando estiverem definidos numa questão, ou quando poderiam tornar-se flexíveis;
> - Até ter uma noção exata do que se trata o trabalho;
> - Até ter tido a chance de descobrir o quanto você se encaixa nos requisitos do trabalho;
> - Até chegar o final da entrevista;
> - Até ter decidido: "Realmente, gostaria de trabalhar aqui";
> - Até terem dito: "Queremos você";
> - Até terem dito: "Precisamos ter você conosco";
>
> não entre numa discussão sobre salário com seu empregador.

[4] Tirado com a permissão do editor, de *Ready, Aim, You're Hired,* de Paul Hellman ©. Publicado por AMACOM, uma divisão da American Management Association, New York. Todos os direitos reservados.

Por que é vantajoso adiar a discussão salarial? Porque, se você de fato *brilhar* durante a entrevista de seleção, eles até podem, no final, oferecer um salário maior do que originalmente tinham em mente, quando a entrevista começou — e isso, particularmente, no caso de a entrevista ter transcorrido tão bem que eles estejam *determinados* a obter seus serviços.

TERCEIRA QUESTÃO-CHAVE PARA OBTER ÊXITO EM UMA NEGOCIAÇÃO SALARIAL

TENTE *NUNCA* SER O PRIMEIRO A MENCIONAR UMA QUANTIA

Lá está você, numa entrevista em que a questão salarial ainda não entrou em discussão. Então, quando finalmente se chega ao assunto, você deve tentar manobrar as coisas de forma que o empregador seja o primeiro a mencionar uma quantia.

Acontece que o empregador quer sempre pagar o menos possível, enquanto você, por seu lado, quer receber o máximo possível, dentro da faixa salarial. Assim, vai ocorrer uma espécie de duelo verbal. Não procure descobrir a razão, mas tem sido observado ao longo dos anos que, *geralmente, quem menciona primeiro uma quantia, ao término da negociação salarial, sai vencido.*

Empregadores e entrevistadores inexperientes não sabem disso. Os experientes sabem. E é por isso que tentam *sempre* passar a bola para você, com uma pergunta inocente do gênero: "Que nível salarial você está pretendendo?" *Mas é tão gentil da parte deles perguntar a mim quanto quero ganhar* — você pode pensar. Não, não e não. Gentileza não tem nada a ver com isso. Eles torcem para você ser o primeiro a mencionar uma quantia porque conhecem muito bem essa regra tão obscura: *quem menciona primeiro uma quantia, geralmente, sai derrotado da negociação salarial.*

Assim, naturalmente, sempre que puder, você vai responder: "Bem, já que levantaram o assunto, creio que devem ter uma quantia em mente e estou interessado em saber de quanto se trata."

QUARTA QUESTÃO-CHAVE PARA OBTER ÊXITO EM UMA NEGOCIAÇÃO SALARIAL

ANTES DE IR PARA A ENTREVISTA, FAÇA SUAS CONTAS E VERIFIQUE DE QUANTO PRECISA

Quando estiver num processo de entrevista, no qual a discussão a respeito de remuneração for de fato reservada *(como deve ser)* para o final, a questão salarial está totalmente em aberto, *dentro da faixa implícita* — a não ser por esta horrível possibilidade: *E se* a *quantia máxima que eles estejam considerando situar-se muito abaixo da menor quantia que* você *estiver necessitando, a ponto de deixá-lo morrer de fome, caso a aceite*? Digamos que você precisa de 2.500 reais por mês, para sobreviver a duras penas, e o máximo que estejam dispostos a pagar seja 1.500 reais.

Você está entendendo o problema. Você *precisa* saber, de antemão, qual o mínimo que precisa ganhar.

Você pode determinar isso de duas maneiras: a) arrisque um palpite — e haverá o perigo, é claro, de descobrir, depois de estar empregado, que é simplesmente impossível viver com aquele salário (*essa é a estratégia favorita neste e em outros países)*; ou b) faça um cálculo detalhado das suas estimativas de despesas *no momento*, listando o que você precisa mensalmente, nas seguintes categorias:[5]

---

[5] Se lhe der dor de cabeça tentar fazer esse tipo de cálculo financeiro, encontre um amigo, companheiro, parente, conhecido, ou qualquer um que possa ajudá-lo.

Moradia

- Aluguel ou prestações .... $ ________
- Eletricidade/gás .... $ ________
- Água .... $ ________
- Telefone .... $ ________
- IPTU/Taxa de Lixo .... $ ________
- Condomínio .... $ ________
- Limpeza, manutenção, consertos[6] .... $ ________

Alimentação

- Supermercado .... $ ________
- Feira .... $ ________
- Açougue .... $ ________
- Restaurantes (almoço em dia de trabalho, etc.) .... $ ________

Vestuário

- Compra de novas roupas .... $ ________
- Lavanderia .... $ ________

Automóvel/transporte[7]

- Prestação do carro .... $ ________
- Gasolina .... $ ________
- IPVA .... $ ________
- Consertos .... $ ________
- Gasto com passagens (ônibus, metrô, avião) .... $ ________

Seguros

- Carro .... $ ________
- Casa ou objetos pessoais .... $ ________
- Seguro-saúde .... $ ________
- Seguro de vida .... $ ________

---

[6] Se tiver outras despesas neste item, tais como uma empregada, assegure-se de incluí-las aqui.

[7] O canhoto do seu talão de cheques vai lhe dar muitas informações sobre seus gastos. Mas você pode se confundir um pouco para identificar despesas pagas com cartão de crédito ou em dinheiro. Por exemplo, você pode não saber quanto gasta na feira, ou com combustível. Há um jeito fácil de resolver isso. Passe umas duas semanas circulando com um bloco de notas e uma caneta sempre à mão e anote tudo o que pagar em dinheiro *(ou toda vez que usar cartão de crédito)* — faça o registro *no ato, logo depois de pagar a despesa.* Ao final das duas semanas, você poderá se valer do bloco de notas e fazer uma estimativa realista de quanto deve dispor para cada um desses itens, resolvendo o problema que o está preocupando. (Para ter um cálculo mensal, multiplique as despesas das duas semanas por dois.)

Despesas médicas
- Consultas .... $ ________
- Medicamentos .... $ ________
- Emergências .... $ ________

Despesas com outros membros da família
- Gastos com crianças *(se tiver filhos)* .... $ ________
- Pensão *(se paga pensão, para ex-mulher e filhos)* .... $ ________
- Ajuda a parentes *(se está ajudando algum deles)* .... $ ________
- Doações para caridade/Dízimo *(ajuda ao próximo)* .. $ ________

Educação
- Escola das crianças *(se tem filhos na escola)* .... $ ________
- Cursos *(línguas, dança, ginástica, etc.)* .... $ ________
- Livros e outras despesas com educação .... $ ________

Despesas com animais domésticos *(se tiver algum)* .... $ ________

Contas e crediários (pagamentos mensais regulares)
- Lojas .... $ ________
- Cartões de crédito .... $ ________
- Outras obrigações mensais .... $ ________

Impostos e taxas
- Imposto de renda .... $ ________
- Contribuição previdenciária .... $ ________

Poupança .... $ ________

Previdência privada *(aposentadoria, fundos, etc.)* .... $ ________

Lazer/Despesas diversas
- Cinema, teatro .... $ ________
- Aluguéis de vídeo, TV a cabo, etc. .... $ ________
- Presentes .... $ ________
- Livros, jornais e revistas .... $ ________
- Restaurantes .... $ ________

Total mensal .... $ ________

Paralelamente, talvez seja interessante preparar duas versões desse orçamento. Uma, com as despesas que *gostaria* de fazer, e a outra, um orçamento mínimo, que vai lhe fornecer o patamar de que precisa, abaixo do qual você não pode sustentar suas despesas.

QUINTA QUESTÃO-CHAVE PARA OBTER ÊXITO EM UMA NEGOCIAÇÃO SALARIAL

ANTES DE ENTRAR NA EMPRESA, PESQUISE QUAL A FAIXA SALARIAL PRATICADA NAQUELE CAMPO DE ATIVIDADE

Como eu já disse, a negociação salarial é *sempre* possível quando o patrão não abre a discussão com a quantia máxima que tem em mente, mas inicia com uma quantia menor.

Certo, aqui está uma pergunta que vale um bocado de dinheiro: como você vai saber se a quantia mencionada pelo empregador é apenas seu *lance inicial* e não sua *oferta final*? A resposta é: pesquisando um pouco, antecipadamente, aquele campo de trabalho e aquela empresa.

Ah, qual é? Posso até ouvir você soltar essa exclamação. *Será que isso não vai me trazer mais problemas do que resultados?* Bem, sim, se você se encaixa no capítulo dos caçadores de emprego impacientes. Mas, este capítulo, se está lembrado, é para os caçadores de emprego e para as pessoas que querem mudar de profissão que disponham de tempo e de paciência.

E, se se encontra nessa situação, aqui está um ponto que você não deve menosprezar. Acredite, pesquisa salarial é uma coisa que dá um belo retorno.

Vamos dizer que custe a você de um a três dias, para conseguir esse tipo de informação, sobre as três ou quatro empresas que mais o interessem. E vamos dizer que, graças a essa pesquisa, você conseguirá um salário que seja 500 reais ao mês mais alto do que o que conseguiria, se não possuísse a informação. Nos próximos três anos, você ganharia 18 mil reais a mais. *Nada mau, como pagamento, para um trabalho que lhe custou de um a três dias.* E pode ser que consiga ainda mais. Conheço *muitos* caçadores de emprego e pessoas que querem mudar de profissão que tiveram essa experiência. Como pode ver, há um custo financeiro que recai exatamente sobre aqueles que são preguiçosos demais, ou que têm pressa demais para tentar conseguir essa informação. Em linguagem simples: você não quer pesquisar? Então, pague por isso!

Bem, então, como é que se faz essa pesquisa? Há uma regra muito simples: **vá conversar com as pessoas**. De preferência, pessoas que tenham o mesmo emprego *em outras companhias*. Ou vá conversar com pessoas da universidade ou do colégio que *dá treinamento* a essas pessoas, seja lá qual for o departamento onde isso acontecer. Os professores geralmente sabem quanto seus alunos estão ganhando.

Use livros, bibliotecas e a Internet somente como *segunda* e *última* fonte.

Agora, como é mesmo que você irá conversar com as pessoas, para obter a informação de que precisa? Vamos olhar alguns exemplos:

> *Primeiro exemplo:* Lidando com grandes corporações (um nível de aproximação **mais frio**) — digamos, uma empresa de *fast-food.*

Você pode até não precisar fazer nenhuma pesquisa salarial. Eles pagam o que querem pagar, e pronto. Você entra, pede um formulário para se candidatar ao emprego e entrevista-se com o gerente. Ele geralmente vai dizer quanto pagam, sem problemas. E é inflexível. Mas, pelo menos, você vai achar muito fácil descobrir qual é o salário. (A propósito, preencher o formulário ou participar de uma entrevista nessa empresa não o obriga a aceitar o emprego — mas, provavelmente, você já sabe disso. Você sempre pode recusar o oferecimento, seja qual for. É isso que torna essa aproximação indolor.)

> *Segundo exemplo:* Lidando com um lugar onde você não consegue descobrir quanto podem lhe pagar, digamos, uma *empresa de construções.*

Se nessa empresa de construções onde você *gostaria* de trabalhar encontrou dificuldades para fazer sua pesquisa, vá visitar uma *outra* empresa de construções, na mesma cidade — uma que interesse menos a você —, e pergunte quanto o pessoal ganha por *lá.* Bem, se não souber com quem conversar, preencha um dos formulários deles e vá falar com a pessoa que faz as contratações, sobre que tipos de empregos eles têm (ou podem vir a ter), e aí é plenamente justificável falar sobre níveis salariais. Com esse levantamento feito, retorne à empresa que realmente o interessa e candidate-se. Você continua sem saber quanto *exatamente* eles pagam, mas já sabe o que o concorrente paga — e normalmente as duas quantias são próximas.

> *Terceiro exemplo:* Lidando com um escritório onde trabalha uma única pessoa, digamos, *a secretária.*

Nesse caso, você geralmente pode conseguir informações úteis vasculhando os anúncios de oferta de emprego por uma semana ou duas. A maioria dos anúncios, provavelmente, não menciona o salário, mas alguns podem fazê-lo. Entre estes, verifique qual é o maior salário oferecido e qual é o menor, e veja também se os anúncios revelam a razão dessa diferença. É interessante o quanto você pode descobrir sobre salários, desta maneira. Sei disso porque, lá vai longe no tempo, já trabalhei como secretário.

Uma outra maneira de fazer a pesquisa salarial é encontrar uma agência de empregos temporários que coloque secretárias no mercado e se deixar ser carregado de um escritório para outro: quanto mais, melhor. É relativamente fácil fazer pesquisa salarial quando você está *dentro* da empresa. (Considere o quanto a empresa paga à agência, não quanto a agência paga a você.) Se é um escritório onde houver empregados *como* você, então poderá perguntar muitas coisas, inclusive sobre salários. Como parte do bate-papo, a pesquisa torna-se muito fácil.

Antes de encerrar sua pesquisa, antes de dirigir-se àquela empresa para a última entrevista, você deve dispor de mais do que simplesmente um número. Você deve ter em mãos uma faixa salarial. Em qualquer organização com mais de cinco empregados é relativamente simples calcular essa faixa. Será menos do que *a pessoa que estiver acima de você* ganha e mais do que *a pessoa que estiver abaixo de você* ganha.

Se a Pessoa que Estiver Abaixo de Você Ganha Mensalmente	*E a Pessoa que Estiver Acima de Você Ganha Mensalmente*	*A Faixa Salarial Para o Seu Emprego Será Entre*
R$ 2.000	R$ 3.000	R$ 2.000 e R$ 3.000
R$ 800	R$ 1.500	R$ 800 e R$ 1.500
R$ 500	R$ 700	R$ 500 e 700

Agora, um problema pequenino mas essencial: *como* descobrir os salários das pessoas que estariam acima e abaixo de você? Bem, primeiro você teria que descobrir seus *nomes* e os nomes de suas *funções*. Se está lidando com uma organização pequena — com menos de vinte empregados —, levantar essa informação deve ser *moleza*. Qualquer um que trabalhe ali dentro pode saber a resposta. Use seus contatos para conseguir conversar com esses empregados, ou então com ex-empregados da empresa. Já que dois terços dos novos empregos são gerados por companhias desse tamanho, é dessa maneira que você vai estar resolvendo a questão, na maioria dos casos.

Se está lidando com uma organização maior, então, tem de reserva seu já familiar recurso de ir atrás de todos os contatos que tiver reunido (parentes, amigos, conhecidos, ex-colegas de trabalho, companheiros de igreja) que porventura conheçam a companhia e possam lhe fornecer a informação que está buscando. Você está procurando por Alguém que Conheça Alguém que trabalhe ou que já tenha trabalhado naquele lugar em particular e que possa ter ou obter a informação para você.

Se der com a cara na parede numa empresa, em especial (todos os que trabalham lá fizeram voto de silêncio e costumam enviar os ex-empregados para o Alasca), então, tente junto ao concorrente mais próximo, na mesma região. *Por exemplo*, vamos dizer que esteja levantando informações sobre o Banco X e constate que são indevassáveis, no que diz respeito à folha de pagamento que praticam. Então, você poderia tentar o Banco Y, como base para o seu levantamento, e quem sabe será mais fácil conseguir a informação necessária. Se for o caso, você assume que ambos os bancos têm um padrão de remuneração similar, e que o que descobrir no Banco Y é aplicável ao Banco X.

Quando tiver terminado sua pesquisa, e quando a coisa for para valer, na entrevista de seleção, no que o empregador mencionar a quantia que tem em mente, você estará preparado para responder: "Compreendo, é claro, as restrições sob as quais todas as empresas vêm trabalhando, atualmente, mas acredito que minha produtividade justificaria um salário entre..." — *e então você menciona a quantia mais próxima ao topo da faixa salarial que* eles *praticam.*

Durante a discussão, vai ser bastante útil você estar preparado para demonstrar as maneiras pelas quais será capaz de *aumentar o faturamento* da companhia, e também como o seu trabalho irá *economizar custos* para eles. Isso é o que vai justificar sua pretensão salarial mais alta e, com sorte, vai dar a você o salário que deseja.[8]

Durante a negociação salarial, não se esqueça de dar atenção aos assim chamados **benefícios**, tais como seguro de vida, seguro médico ou planos de saúde, planos de férias, programas de aposentadoria, que, geralmente, aumentam substancialmente a remuneração real do empregado.

Se o seu emprego está num nível alto, os benefícios podem incluir: seguro-saúde, seguro de vida, tratamento odontológico, férias com passagens ou estadias pagas, automóvel, reembolso de custos com educação para cursos relativos ao trabalho executado, auxílio-educação para os filhos, verba de representação, premiação, participação nos lucros, opção para compra de ações da empresa, reembolso para despesas de mudança de moradia e muitas outras modalidades de salário indireto (que é outro termo comumente empregado, nesses casos).

Você deve portanto perguntar quais benefícios estão incluídos, e negociar, se necessário, até mesmo os aumentos salariais que pretende obter. Claro que considerar tudo isso antes de partir para fechar um valor, um número, vai tornar sua negociação mais fácil. Você pode preparar terreno para a sua negociação do salário, indagando: *"Se eu satisfizer suas expectativas neste emprego, como sinceramente creio que vai acontecer, podendo mesmo superá-las, quando posso esperar um aumento salarial?"*

Uma vez que a negociação salarial seja concluída satisfatoriamente, não se esqueça de pedir que toda ela seja colocada por escrito — uma espécie de acordo, ou contrato de trabalho, do qual você guardará uma cópia assinada pelo responsável. Pode até ser que não consiga isso, mas tente. O caminho dos infernos é pavimentado com promessas de boca que deixam de ser cumpridas.

Muitos executivos, infelizmente, *esquecem* o que haviam dito, durante a entrevista de seleção, e até mesmo negam que em algum momento o tenham dito.

Da mesma forma, acontece de executivos deixarem a companhia, ou serem transferidos, e de seus sucessores ou o superior desobrigar-se de cumprir qualquer promessa *não-registrada por escrito*: *"Não sei o que os levou a dizer isso a você, mas claramente extrapolaram sua autoridade, e é claro também que não podemos arcar com isso."*

---

[8] Daniel Porot, na Europa, sugere que se você e o empregador não conseguirem chegar a um acordo, e se você estiver morrendo de vontade de trabalhar na empresa, mas acontecer de não poderem pagar o salário de que necessita, que você considere a hipótese de oferecer-se para trabalhar por meio expediente (ou algo assim). Se você precisa — e acredita que merece — ganhar R$ 3.000 por mês, mas eles só podem pagar R$ 1.500, você pode oferecer-se para trabalhar para eles apenas no horário da manhã. Isso deixa você livre para pegar outro trabalho, ou mesmo serviços *free lance*, no tempo que sobra.

Neste novo emprego, organize-se para manter registros de suas realizações, atualizados semanalmente — fazendo anotações todo final de semana, num diário particular. Especialistas em profissões, tais como Bernard Haldane, recomendam que você não deixe de fazer isso, em hipótese alguma. Você pode resumir essas realizações anualmente, numa única folha, para entregá-la como relatório ao seu chefe, quando for apropriado levantar a discussão sobre aumento salarial.[9]

O Que
Fazer, Quando os Empregadores Nunca Chamam Você

QUANDO NÃO É CULPA SUA

Regularmente, escuto caçadores de emprego relatarem que deram atenção a todos os assuntos que mencionei neste capítulo, tiveram bastante êxito em conseguir suas entrevistas — e mesmo assim não são chamados para o emprego. Essas pessoas querem saber que erros cometeram. Infelizmente, a resposta às vezes é :"Talvez, nenhum."

Não sei com que freqüência acontece, mas sei que acontece — porque mais de um empregador já confessou isso a mim e, de fato, em certo momento da vida, passei por isso também, quer dizer: *alguns* empregadores agem como se fosse uma brincadeira. Convidam você para uma entrevista e, na verdade, já contrataram outra pessoa para o cargo.

Você, é claro, fica animado com a facilidade com que consegue a entrevista. Mas, sem que você saiba, o gerente que o está entrevistando tem um amigo a quem já prometeu dar o emprego. Claro que permanece um pequeno problema: por qualquer razão legal ou da política interna da empresa, é preciso percorrer todo o processo como se fosse *para valer.* O tal gerente atende às exigências mas já decidiu selecionar dez candidatos, entre os quais seu protegido, e conduz as entrevistas como se o emprego estivesse aberto para todos. De fato, entretanto, desde o início,

[9] Em qualquer organização de bom tamanho, você ficará freqüentemente espantado com a pouca atenção dada pelos seus superiores às suas realizações e o quanto estão desavisados, ao final do ano, em relação ao aumento que você fez por merecer. Podem até dar valor ao que você fez, mas ninguém vai tomar nota desse tipo de coisas... a não ser você mesmo.

ele tem a intenção de contratar o amigo e rejeitar os demais candidatos. Assim, como coube a você a honra de estar entre estes últimos, mesmo que seja o melhor candidato, será rejeitado. Afinal de contas, trata-se de dar o emprego ao *amigo*. Mas, assim, o gerente pode alegar que seguiu todas as regras do processo de seleção.

Se você for um dos destinados à rejeição, pode ficar se *atormentando* depois, tentando descobrir o que aconteceu. O problema é que nunca saberá se o gerente estava jogando ou não com cartas marcadas. E isso pode acarretar para você alguma depressão.

QUANDO É CULPA SUA

Mas existe a chance de o jogo ser limpo e você continuar sendo recusado, em diversas empresas, porque há alguma coisa errada na maneira como se conduz nas entrevistas de seleção.

Dificilmente, um empregador vai lhe esclarecer algo a respeito disso. Você nunca escutará alguma coisa do tipo: "Você se portou de maneira muito agressiva ou muito arrogante, durante a entrevista." Quase sempre, você não vai ter a mínima noção do que fez de errado.

Uma maneira de contornar esse silêncio mortal é pedir uma avaliação, mesmo genérica, de algum empregador mais amistoso, que você possa reencontrar mais tarde. Se você passa por inúmeras entrevistas, e não chega a lugar nenhum, pode talvez tentar telefonar para eles, refrescar-lhes a memória a respeito de quem é você, e então fazer a pergunta, de maneira deliberadamente vaga: "*Sabe como é, já compareci a diversas entrevistas, em muitas empresas, e nenhuma me chamou. Do seu ponto de vista, há alguma coisa no meu procedimento durante a entrevista que pode estar me impedindo de ser contratado? Se for o caso, apreciaria muito se você destacasse uma ou outra coisa que me ajudasse a melhorar meu desempenho nas próximas entrevistas.*"

Na maioria das vezes, não dirão nada excessivamente rude, mas também nada de útil. Eles não sabem como você vai de fato usar o que disserem. Um veterano uma vez me contou: "Eu costumava acreditar que era minha obrigação atirar a verdade na cara de todo mundo. Agora, procedo assim apenas com aqueles que podem fazer bom uso disso."

Mas, *ocasionalmente*, você pode encontrar um empregador que esteja disposto a dizer a verdade, talvez porque acredite que você mereça essa oportunidade. Na falta de qualquer ajuda desse tipo, por parte dos empregadores que o entrevistaram, você sempre pode arrumar um bom amigo, ou colega de trabalho, para encenar uma entrevista de seleção. Talvez ele seja capaz de dizer o que está dando errado.

Se você conseguir um *feedback*, seja do amigo ou dos telefonemas aos empregadores, agradeça — mesmo que esse *feedback* seja extremamente doloroso. Indicações desse tipo, tomadas a sério, podem provocar as mudanças que você mais precisa para sair vitorioso de uma entrevista.

Nunca
Ponha Todos os Seus Ovos na Mesma Cesta

Concluindo, gostaria de dizer que tenho estudado caçadores de emprego bem-sucedidos e mal-sucedidos por quase um quarto de século, já, e o maior de todos os segredos que aprendi, o mais simples também, é que os bem-sucedidos *têm sempre alternativas.* Alternativas para a maneira como planejam o que fazer. Alternativas na maneira de conduzir a caça ao emprego (não se limitando a currículos, anúncios de oferta de emprego, etc.). Alternativas para *levantar os empregos existentes.* Alternativas sobre para quais empresas se dirigir. Alternativas sobre como abordar o empregador. E daí por diante.

Assegure-se de ter mais de um empregador em vista. De que a organização, o escritório, a fábrica, o órgão do governo, a organização de trabalho voluntário, seja o lugar ideal para você trabalhar. Mas, independente do *apetite* que essa sua *opção preferencial* despertar em você, independente da água que lhe vem à boca só de pensar em trabalhar ali, estará levando sua caça ao emprego ao suicídio, se não tiver alternativas em mente. Claro que você pode realizar o seu sonho. Mas — *grande questão* — quais são os seus planos, se isso não acontecer? Você precisa ter outros planos, desde **agora** — e não deixar para fazê-los daqui a três meses, quando esse primeiro objetivo começar a perder o fôlego. Você precisa ter em vista mais de uma empresa. Eu recomendo que sejam cinco, no mínimo.

Visando Pequenas Empresas

Se amanhã eu estiver atrás de um emprego, eis o que faria. Depois de ter visualizado, como está descrito no capítulo anterior, qual seria meu emprego ideal, e depois de ter coletado uma lista das empresas que oferecem esse tipo de emprego, na área geográfica de minha preferência, passaria uma linha em volta dos nomes e dos endereços das pequenas empresas (pessoalmente, restringiria meu *primeiro* leque de opções àquelas com até 25 empregados) — e iria tentar entrar nelas, da maneira como descrevi neste capítulo. No entanto, como algumas pequenas empresas podem estar estagnadas, ou mesmo morrendo, procuraria particularmente as que estivessem em condições ***estáveis*** ou ***crescendo***. E, se *organizações com até 25 empregados*, eventualmente, não resultassem em nada mais concreto, ampliaria meu raio de ação para organizações com até cinqüenta empregados. Finalmente — se também continuasse a zero —, eu me voltaria para organizações com até cem empregados. Mas começaria pelo pequeno. Pelo muito pequeno.

Lembre que caça ao emprego envolve sorte, em alguma medida. Mas, com um pouco dessa sorte, e muito empenho, somado a determinação, essas orientações sobre como conseguir um emprego devem funcionar no seu caso, da mesma forma como já funcionaram para muitas centenas de milhares de pessoas.

Anime-se com aqueles que foram à luta antes de você, como esta caçadora de emprego determinada, que me escreveu uma carta cheia de sentimento, com a qual fecho esta parte do livro:

"Antes de ler este livro, estava deprimida e perdida às voltas com uma inútil caça ao emprego, utilizando apenas anúncios de jornais. Não recebi sequer um telefonema, depois de responder a inúmeros anúncios, por quatro meses. Eu me sentia como se fosse a maior inútil da face da terra. Sou mulher, com uma filha de dois anos e meio, ex-professora na China, sem absolutamente nenhuma experiência de trabalho nos EUA. Viemos para cá há sete meses, porque meu marido recebeu uma proposta para trabalhar aqui.

Então, no dia 10 de junho deste ano (1996), vi o seu livro numa livraria do bairro. A seguir, passei três semanas, dez horas por dia — à exceção do domingo —, lendo cada palavra dele e preenchendo todas as pétalas do Mapa Para Acelerar a Caça ao Emprego. Depois de ter conseguido me conhecer muito melhor, senti que estava pronta para tentar de novo. Utilizei o Pára-quedas *cuidadosamente como meu guia de ação, desde o início até o fim, quer dizer, até a negociação salarial.*

Em duas semanas, recebi (acho que você já tinha adivinhado) duas ofertas de emprego, uma das quais aceitei, já que era uma colocação excelente, com salário muito bom. É (adivinhou de novo, não foi?) numa pequena companhia, com mais ou menos vinte empregados. Isso significa também uma mudança de profissão: eu trabalhava como professora de inglês e agora sou controladora de produção!

Estou felicíssima por ter seguido seus conselhos. Há empregos por aí e há também dois tipos de patrões. É a pura verdade!

Espero que você fique contente de conhecer minha história."

I. Pára-quedas: Manual de Exercícios

Mapa Para Acelerar a Caça ao Emprego para Caçadores de Emprego e Pessoas que Querem Mudar de Profissão Que Disponham de Tempo e Paciência

Como Visualizar
Seu Emprego Ideal
ou Sua Próxima Profissão

Introdução

PARA SAIR À PROCURA DO SEU EMPREGO IDEAL, ou algo próximo disso, você deve ter em mente alguma idéia do que se trata — uma espécie de imagem, desse emprego. Quanto mais clara for, mais fácil será tentar torná-la realidade. O objetivo deste manual é orientá-lo na tarefa de delinear essa imagem.

Escolhemos uma "Flor" como modelo para essa imagem. Enquanto expressões tais como "estar ligado" ou "ativado" e outras do gênero visualizam você (implicitamente) como uma máquina, na verdade, você se parece mais com uma Flor do que com uma engenhoca qualquer. Quer dizer, você desabrocha em alguns ambientes de trabalho, e murcha, em outros. Portanto, o propósito de montar essa imagem como uma Flor é ajudá-lo a identificar que espécie de ambiente de trabalho o fará desabrochar, e onde, por conseqüência, você renderá o máximo de sua capacidade. Seus dois objetivos devem ser alcançar o maior contentamento com o que faz e, ao mesmo tempo, tornar-se o mais eficiente possível.

A ilustração da nossa Flor, na página seguinte, já pode lhe dar uma visão geral da coisa. Acontece que essa ilustração não é grande o bastante — nem suas pétalas são suficientemente detalhadas — para de fato funcionarem como área de trabalho.

Você vai precisar trabalhar com uma pétala de cada vez — e, por isso, elas estão dispostas em partes especialmente destinadas para isso ao longo deste Manual. Você vai lidar com as pétalas numa ordem lógica, começando por preencher as mais fáceis, seguindo depois para as mais difíceis.

A ordem em que você vai trabalhar com as oito pétalas é a seguinte:

1. Ambiente Físico
2. Condições Espirituais e Emocionais
3. Habilidades Transferíveis — o que mais gosto de fazer com *Coisas*, *Pessoas* e/ou *Informações*
4. Os Tipos de **Pessoas** Com Quem Mais Gosto de Utilizar Minhas Habilidades
5. Os Tipos de **Informações** Com Que Mais Gosto de Utilizar Minhas Habilidades
6. Os Tipos de **Coisas** Com Que Mais Gosto de Utilizar Minhas Habilidades
7. Resultados: Imediatos e de Longo Prazo
8. Recompensas: Salário, Promoções e Outras

E, quando houver terminado, irá reunir todas as pétalas, de maneira a formar uma imagem completa da Flor que representa seu Emprego Ideal. Tudo certo? Então, pegue seu lápis ou sua caneta e *mãos à obra.*

A Imagem do Meu Emprego Ideal

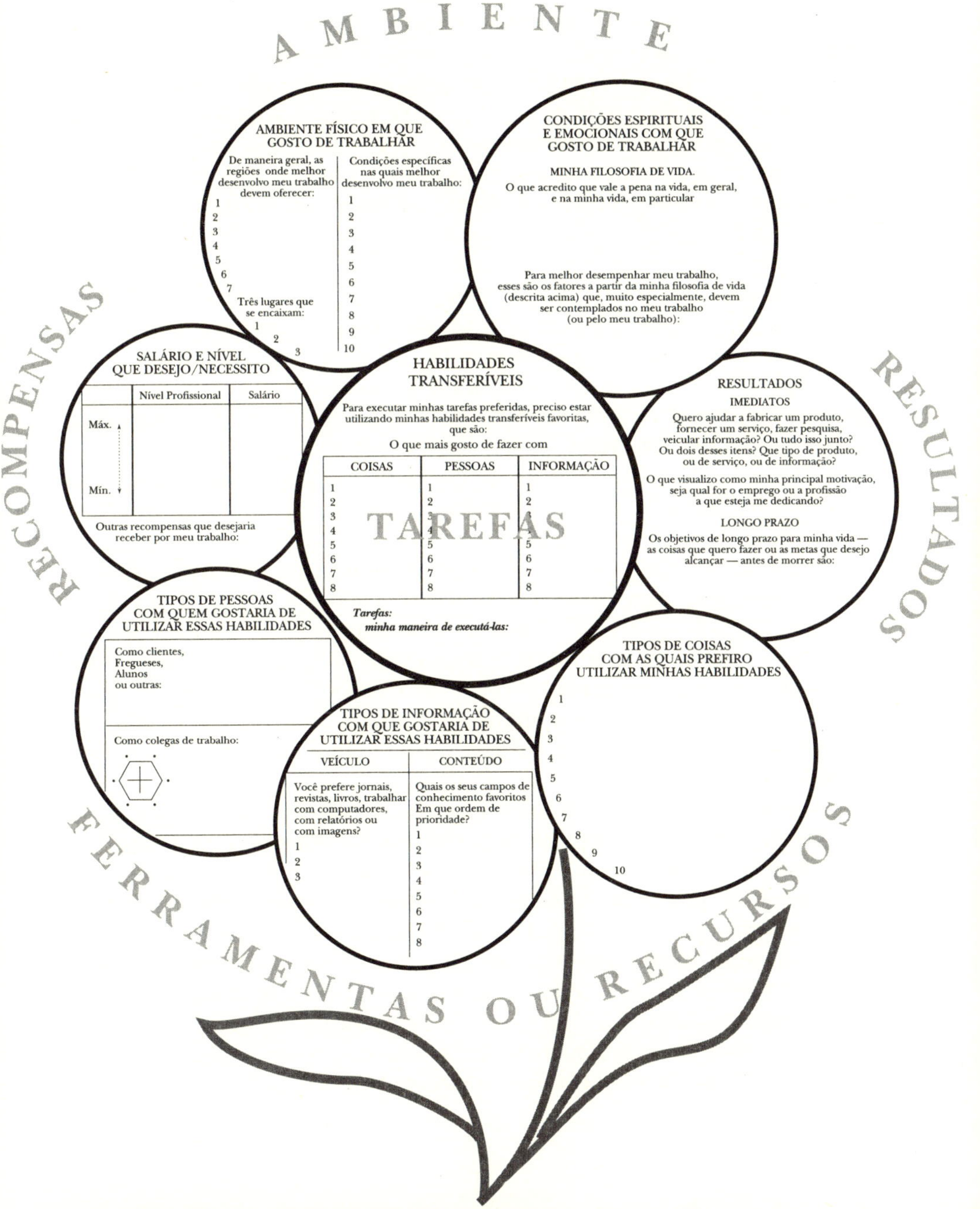

Primeiro Passo: Ambiente Físico

Para preencher a pétala que trata do *Ambiente Físico Em Que Gosto de Trabalhar* (páginas **212-213**), você vai precisar pensar em duas questões: sua Localização Geográfica Preferida e suas Condições de Trabalho ideais. Esses exercícios vão puxar pela sua memória. Quer dizer, se você consegue recordar todos os lugares em que já morou — e o que gostou e o que não gostou em cada um deles —, já pode responder qual sua localização geográfica preferida. Do mesmo modo, se é capaz de lembrar todos os locais em que já trabalhou — e o que gostou e o que não gostou neles —, também já pode responder quais são as suas condições de trabalho ideais. É fácil, não é?

Primeiro, a localização geográfica. Quais são os lugares em que você morou, o que gostou e o que não gostou neles? Nas páginas **210-211** há um gráfico que pode ajudá-lo a responder essas perguntas. A primeira coluna (obviamente) é para o nome das cidades.

A segunda coluna é para você listar o que o desagradou, e ainda desagrada, a respeito da tal cidade (ex: "faz muito calor por lá", "não existe nenhuma livraria na cidade toda" etc). Você não precisa anotar esses itens diretamente relacionados a uma cidade em particular. Coloque-os em qualquer lugar, na segunda coluna. Escreva com letra pequena! Sua lista pode ficar um bocado grande.

A terceira coluna serve para dois propósitos. A parte superior é para deixar registrado o que seria o **contrário** de cada um dos itens negativos anotados na coluna 2 (ex: "clima sempre temperado", "muitas opções culturais"). A parte inferior dessa mesma coluna é para listar coisas positivas que puder lembrar-se a respeito desses lugares onde morou (ex: "minha casa lá tinha um imenso jardim"). Mais uma vez, esses itens não precisam ser listados em relação direta com a cidade que você está considerando.

Na quarta coluna, peço que reproduza todos os fatores positivos listados na coluna 3 (na parte superior ou na inferior), na ordem de importância que achar adequada. Por exemplo, se calor em excesso for a coisa mais importante, vai se tornar o item nº1 — e assim por diante. Naturalmente, pode ser que ache difícil, em alguns casos, dizer quais são os fatores mais importantes. Se isso acontecer, peço encarecidamente que se utilize das Grades de Prioridades que vai encontrar mais à frente.

Na quinta coluna, você vai precisar da ajuda de alguns amigos. Leia para eles a lista de itens positivos, de acordo com a ordem que lhes deu na quarta coluna, e verifique quais cidades recordam que apresentem

essas características. Não fique empacado com dois fatores aparentemente inconciliáveis, tais como: "clima temperado" e "adorava ir à praia, por lá". Geralmente, há uma solução, do tipo: "Bem... Na Cidade Tal, que fica no meio da Serra Qual, o clima é ameno, mas, com uma hora de carro, você chega a uma lindíssima praia praticamente deserta, onde..." Enquanto seus amigos estiverem dando sugestões, anote a que mais o agradar e, a seguir, as demais — sempre em ordem de preferência —, e deixe-as registradas na parte inferior esquerda da pétala 1. Se não conhecer o bastante a respeito da localidade, recorra a um guia de viagens, em busca de informações, ou escreva para alguma instituição local.

As três últimas colunas somente devem ser usadas se tiver alguém com quem compartilhe sua vida — seu marido, por exemplo —, com quem deve dividir uma decisão que envolva mudança de cidade. Se for o caso, essa outra pessoa deve dispor de uma cópia de seu gráfico geográfico (antes que você o preencha, é claro), de forma a poder preencher as primeiras cinco colunas de acordo com seu próprio critério. Se as suas localizações geográficas se mostrarem as mesmas, então seu trabalho com o gráfico está terminado. Em caso contrário, vá para a coluna 6 e copie os itens positivos levantados pela outra pessoa em questão na coluna 4 dela.

Agora, na coluna 7, reúna os seus fatores positivos e os da outra pessoa, nas ordens de preferência dadas. Obviamente, seus fatores estarão enumerados 1, 2, 3, 4, etc. e, os da outra pessoa a, b, c, d, etc. Como você irá notar, a coluna 7 pede que, em primeiro lugar, coloque a prioridade nº 1 da outra pessoa, depois a sua, e assim por diante...

Quando isso estiver feito, vá para a coluna 8. O processo é o mesmo que usou na coluna 5. Mostre a coluna 7 a seus amigos e peça que indiquem cidades ou regiões, entre as que conheçam, que possam oferecer as vantagens mencionadas.

Pode acontecer de você olhar para esse gráfico e, desdenhosamente, dar de ombros, porque já sabe o lugar onde prefere trabalhar — e muito bem. Pode ser onde já esteja morando, ou algum lugar para onde você e seu companheiro ou companheira já estejam pensando em se mudar, ou quem sabe aquele lugar onde vocês vêm sonhando morar. Mesmo assim, tente preencher as colunas de 1 a 4. Saber quais características mais o agradam num lugar e sua ordem de prioridade sempre ajuda a tomada de decisões. Quando isso estiver terminado, preencha o lado esquerdo da pétala 1, por favor, e siga para as Condições de Trabalho.

(continua na página 214)

Minhas/Nossas Preferências

Seu Processo de Decisão			
Coluna 1 Nomes dos Lugares Onde Já Morei	*Coluna 2* Da Experiência Passada: Pontos Negativos	*Coluna 3* Transformando os Negativos em Positivos	*Coluna 4* Ordem de Importância dos Fatores Positivos
	Aspectos que me desagradaram e que ainda desagradam	Aspectos que me agradaram e que ainda agradam sobre aqueles lugares	1. 2. 3. 4. 5. 6. 7. 8. 9. 10. 11. 12. 13. 14. 15.

Geográficas

	Processo de Decisão Compartilhado		
Coluna 5 Lugares que Atendem a Essas Características	*Coluna 6* Ordem de Importância dos Fatores Positivos Dele/Dela	*Coluna 7* Combinando as Duas Listas (colunas 4 e 6)	*Coluna 8* Lugares que Atendem a Essas Características
	a.	a. 1.	
	b.	b. 2.	
	c.	c. 3.	
	d.	d. 4.	
	e.	e. 5.	
	f.	f. 6.	
	g.	g. 7.	
	h.	h. 8.	
	i.	i. 9.	
	j.	j. 10.	
	k.	k. 11.	
	l.	l. 12.	
	m.	m. 13.	
	n.	n. 14.	
	o.	o. 15.	

A Primeira Pétala

Ambiente Físico em que Gosto de Trabalhar

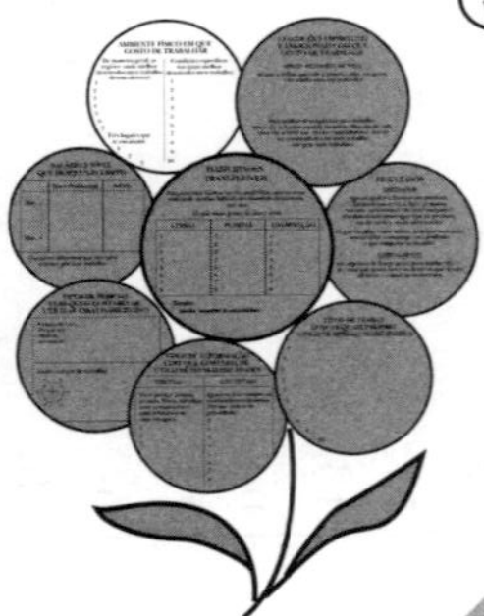

DE MANEIRA GERAL

Fatores Geográficos

A região que mais me agrada, e que portanto me ajudaria a desenvolver melhor meu trabalho deveria oferecer as seguintes características (ex: clima temperado, opções culturais, etc.):

1.

2.

3.

4.

CARACTERÍSTICAS ESPECÍFICAS

Condições de Trabalho

No meu local de trabalho, para me fazer feliz e de forma que eu possa melhor desenvolver meu trabalho, eu deveria dispor das seguintes condições (ex: trabalho externo ou interno, horário flexível, autonomia, ter minha própria sala ou escritório, etc.):

1.

2.

3.

5.

6.

7.

Os nomes dos três lugares que atendem a essas características são:

1.

2.

3.

4.

5.

6.

7.

8.

9.

10.

Como Estabelecer Prioridades
(Uma Digressão)

Vou apresentar um método que permite pegar, digamos, dez itens e descobrir qual é o mais importante para você, qual o segundo mais importante e assim por diante, arrumando cada um segundo sua ordem de prioridade.

• Coloque os itens a serem ordenados em uma seqüência qualquer na Seção A. Então, confronte dois itens de cada vez, fazendo um círculo em torno do número (na Seção B) daquele que for mais importante. A qual deles dá mais valor? Faça essa pergunta da maneira que quiser: no caso dos fatores geográficos, pode perguntar-se: "se me oferecessem dois empregos, um na área que disponha do fator 1 e outro na área que disponha do fator 2, tendo ambas as mesmas características restantes, qual deles aceitaria?" *Faça um círculo em torno* do número do seu preferido. A seguir, compare outro par, e assim por diante.

• Quando terminar, conte quantas vezes marcou cada número. Anote esses totais na linha NÚMERO DE MARCAS, na Seção C. Observe bem quantas vezes cada número recebeu a marca. Isso vai lhe dar o **escore** de cada item. Agora, anote os itens, em ordem decrescente, de acordo com o escore que recebeu, na linha ESCORE, na Seção C. Se dois itens obtiverem o mesmo escore, volte à Seção B e, caso tenha confrontado esses itens empatados, verifique a qual deles deu preferência. Para este, dê meio ponto extra. Agora, liste os itens na ordem em que ficaram, ao final, na Seção D.

Tire várias cópias dessa grade e use-as, em vez de preencher no original. Você vai precisar usar esse método muitas vezes no transcorrer do seu processo de definição de prioridades.

Condições de Trabalho

Agora que preencheu a parte das condições geográficas do Ambiente Físico, vamos para a outra metade da pétala: as Condições de Trabalho.

Você vai usar o mesmo método. De fato, você pode fazer seu próprio gráfico com as quatro primeiras colunas (somente estas) do gráfico de condições geográficas. A única diferença é mudar o título da coluna 1 para "Nomes de Lugares Onde Já Trabalhei", e então listar os nomes de todas as companhias por que passou ou de todos os empregos que já teve.

(continua na página 217)

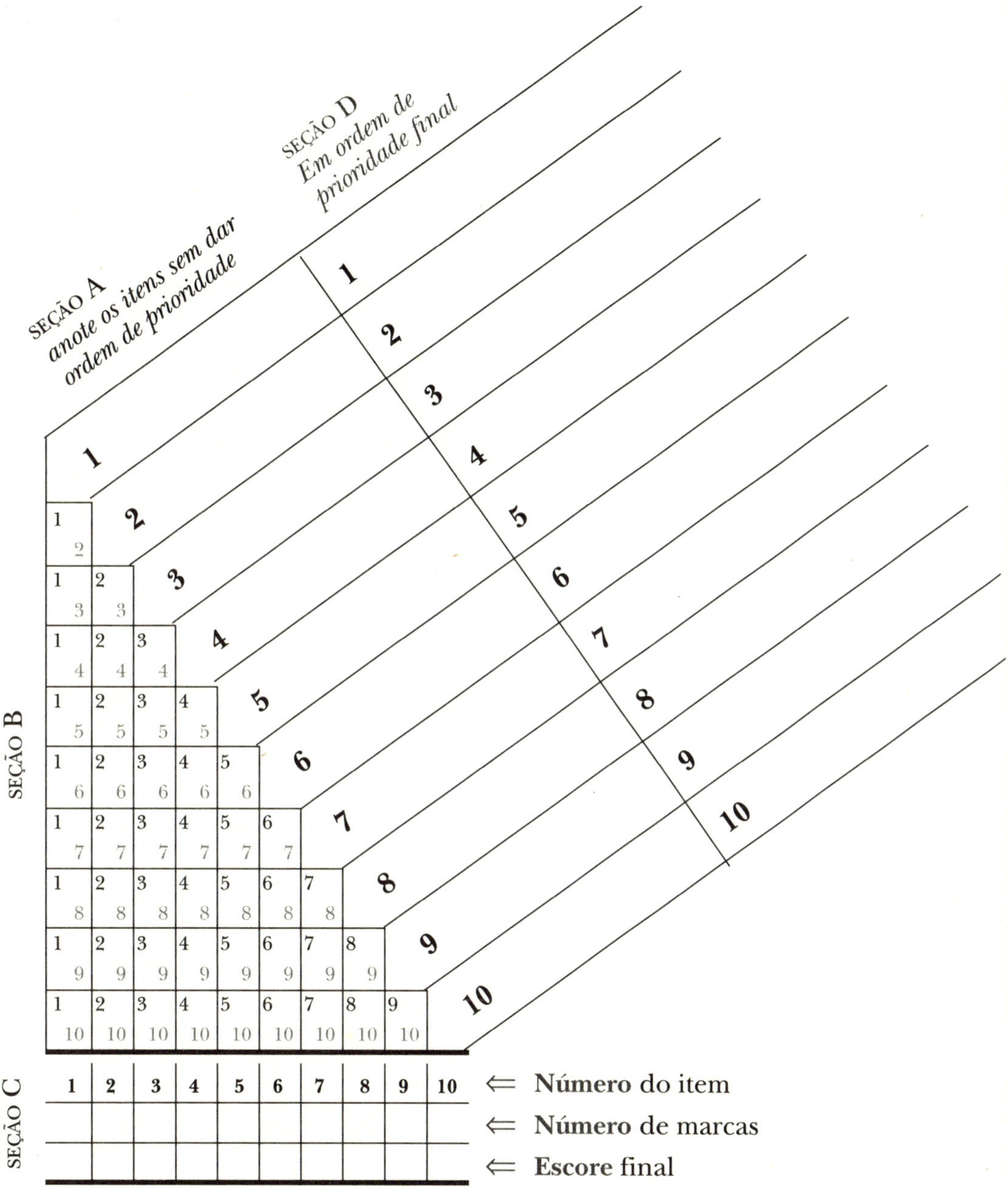

Grade para Colocar 10 Itens em Ordem de Prioridade

1 1 1 1 1 1 1 1 1 1 1 1 1 1 1 1 1 1 1 1 1 1 1
2 3 4 5 6 7 8 9 10 11 12 13 14 15 16 17 18 19 20 21 22 23 24

2 2 2 2 2 2 2 2 2 2 2 2 2 2 2 2 2 2 2 2 2 2
3 4 5 6 7 8 9 10 11 12 13 14 15 16 17 18 19 20 21 22 23 24

3 3 3 3 3 3 3 3 3 3 3 3 3 3 3 3 3 3 3 3 3
4 5 6 7 8 9 10 11 12 13 14 15 16 17 18 19 20 21 22 23 24

4 4 4 4 4 4 4 4 4 4 4 4 4 4 4 4 4 4 4 4
5 6 7 8 9 10 11 12 13 14 15 16 17 18 19 20 21 22 23 24

5 5 5 5 5 5 5 5 5 5 5 5 5 5 5 5 5 5 5
6 7 8 9 10 11 12 13 14 15 16 17 18 19 20 21 22 23 24

6 6 6 6 6 6 6 6 6 6 6 6 6 6 6 6 6 6
7 8 9 10 11 12 13 14 15 16 17 18 19 20 21 22 23 24

7 7 7 7 7 7 7 7 7 7 7 7 7 7 7 7 7
8 9 10 11 12 13 14 15 16 17 18 19 20 21 22 23 24

8 8 8 8 8 8 8 8 8 8 8 8 8 8 8 8
9 10 11 12 13 14 15 16 17 18 19 20 21 22 23 24

9 9 9 9 9 9 9 9 9 9 9 9 9 9 9
10 11 12 13 14 15 16 17 18 19 20 21 22 23 24

10 10 10 10 10 10 10 10 10 10 10 10 10 10
11 12 13 14 15 16 17 18 19 20 21 22 23 24

11 11 11 11 11 11 11 11 11 11 11 11 11
12 13 14 15 16 17 18 19 20 21 22 23 24

12 12 12 12 12 12 12 12 12 12 12 12
13 14 15 16 17 18 19 20 21 22 23 24

13 13 13 13 13 13 13 13 13 13 13
14 15 16 17 18 19 20 21 22 23 24

14 14 14 14 14 14 14 14 14 14
15 16 17 18 19 20 21 22 23 24

15 15 15 15 15 15 15 15 15
16 17 18 19 20 21 22 23 24

16 16 16 16 16 16 16 16
17 18 19 20 21 22 23 24

17 17 17 17 17 17 17
18 19 20 21 22 23 24

18 18 18 18 18 18
19 20 21 22 23 24

19 19 19 19 19
20 21 22 23 24

20 20 20 20
21 22 23 24

21 21 21
22 23 24

22 22
23 24

23
24

Total de Vezes que Cada Item Foi Marcado

1	2	3	4	5	6
7	8	9	10	11	12
13	14	15	16	17	18
19	20	21	22	23	24

Grade para Colocar 24 Itens em Ordem de Prioridade

Tire cópias dessa grade e use-as, em vez de preencher no original. Você vai precisar usar esse método muitas vezes, definindo várias ordens de prioridade nos exercícos que ainda fará neste livro.

Agora, vamos para a Coluna 2: "Aspectos que Me Desagradaram e que Ainda Desagradam a Respeito desse Trabalho". Por exemplo: "Não havia janelas no escritório", "O patrão vivia pegando no meu pé", "precisava chegar muito cedo" etc.

As colunas 3 e 4 serão preenchidas praticamente da mesma maneira anterior. Liste e depois dê ordem de prioridade aos aspectos positivos das condições de trabalho que destacou como mais importantes. Lembre que essas devem ser também as condições de trabalho que mais lhe favoreçam para desempenhar melhor seu trabalho. Quando terminar, arrume os itens no lado direito da pétala 1 na página **212-213**.

E *voilá*! Você completou a primeira pétala.

Segundo Passo: Condições Espirituais e Emocionais

Todo trabalho ou profissão caracteriza-se não apenas por fatores físicos, mas também por fatores espirituais e emocionais: aquela essência invisível da coisa. Por exemplo... Um homem certa vez me telefonou perguntando o que poderia fazer a respeito de um contrato desonesto que sua empresa havia firmado. Indaguei quem havia conduzido a operação e ele me respondeu: "Fui eu!". "E por que fez isso?", eu quis saber. Ele respondeu: "Meu patrão disse que ou eu fazia ou seria despedido."

Uma das coisas que faz parte do perfil do seu trabalho ideal — e sobre a qual precisa pensar bem a respeito — situa-se nessa região algo invisível: valores, princípios, ao que deseja dedicar-se ou o que pretende defender, o que tem ou não importância para você.

A maneira mais prática de fazer isso é pegar um pedaço de papel (ou dois) e escrever um pouco sobre o que seria a sua filosofia de vida, que geralmente inclui alguma coisa sobre por que acha que estamos neste mundo, o que acredita que devemos fazer na vida, o que realmente significa algo especial para você e o que é dispensável, quais os valores da nossa sociedade que o agradam e quais você não aceita. Como sugestão, pode escolher entre os elementos abaixo, sem a obrigação de percorrer todos eles:

- Comportamento: como acha que as pessoas devem se portar neste mundo.
- Crenças: quais são suas crenças mais fortes?
- Escolhas: quais deveriam ser a natureza e importância das opções que você faz.
- Comunidade: como nos relacionamos uns com os outros e qual responsabilidades temos, segundo o que você acredita, em relação ao próximo.
- Compaixão: qual a importância deste sentimento e como deveria se manifestar em nosso cotidiano.

(continua na página 220)

A Segunda Pétala

Condições Espirituais e Emocionais com que Gosto de Trabalhar

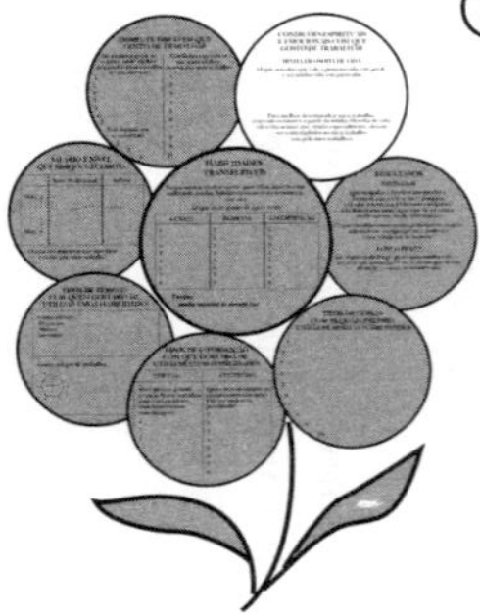

MINHA FILOSOFIA DE VIDA

O que acredito que seja importante na vida
em geral, e na minha, em particular:
(pontos centrais)

Para dar o melhor de mim no trabalho,
estes são os aspectos mais importantes tirados da minha filosofia de vida (acima),
tanto no local onde trabalho quanto nas tarefas que executo:

• Confusão ou Ambigüidade: o quanto você acha que deve aprender a conviver com isso.
• Morte: o que pensa a respeito e o que acredita que vem depois dela.
• Acontecimentos: o que acha que faz as coisas acontecerem e como explicamos as que acontecem para nós mesmos.
• Livre escolha: você acha que as coisas acontecem porque estão predeterminadas ou somos nós que as fazemos acontecer?
• Deus: veja *Ser Supremo.*
• Heróis e Heroínas: quais são os seus?
• Humanidade: o que acha que faz de alguém realmente "humano".
• Amor: o que acha da natureza do amor, da sua importância, o que está relacionado a palavras como: perdão, generosidade, etc.
• Propósito: por que acha que estamos neste mundo, quais são seus objetivos na vida?
• Realidade: que comentários faria a respeito do que é "realidade"?
• Sacrifício: pelo que na vida vale a pena sacrificar-se e que sacrifício estaria disposto a fazer?
• A Pessoa Em Si: quais limites colocaria para "pensar primeiramente em si mesmo", para questões relativas a egoísmo, vaidade, auto-suficiência.
• Vocação: o que acha que deveríamos fazer com os dons reservados para nós por Deus?
• Ser Supremo: se você acredita numa Força Maior, ou em Deus, como acha que seria esse Ser Supremo?
• Valores: quais deles são para você sagrados, mais prezados, mais importantes?

Para ajudá-lo nessa última questão, você poderia examinar sua consciência a respeito da importância da verdade (em que áreas a verdade é particularmente importante para você?), a importância da beleza (que espécies de beleza mais o atraem?), objetivos morais (quais o mobilizam mais: justiça, eliminar a fome, ajudar os sem-teto, prestar apoio às vítimas da AIDS, etc), e a importância do amor. Mas não se limite a escrever a respeito. Tome um tempo também para refletir! Anote as idéias-chaves que surgirem na parte de cima da pétala, nas páginas *218-219.*

Quando tiver registrado por escrito quais são seus valores filosóficos, a parte de baixo da pétala lhe pede que destaque quais desses valores são particularmente importantes como características do seu futuro emprego. Por exemplo, você pode registrar: "quero trabalhar num lugar onde nunca me peçam para fazer algo desonesto". Ou: "Quero trabalhar num local onde os colegas desenvolvam entre si uma relação de companheirismo, e não onde predominem as intrigas e rasteiras". Coloque tudo o que lhe ocorrer sobre esse item na parte de baixo da pétala, e... pronto. Mais uma pétala preenchida.

Terceiro Passo: Minhas Habilidades Transferíveis Favoritas

Muito bem, você sabe o que deve fazer aqui. Você vai verificar quais habilidades mais aprecia utilizar — no trabalho, em casa, com algum *hobby*, ou simplesmente por diversão. Não importa onde ou quando as tenha utilizado — você também pode se valer delas, agora, em um novo emprego ou profissão.

Há duas maneiras de identificar as habilidades transferíveis: a maneira "rápida e superficial" e a "lenta, mas meticulosa". Primeiro, vamos dar uma olhada na maneira "rápida, mas superficial".

O Exercício da Festa
Quais Habilidades Você Possui
e Prefere Utilizar

Como John Holland nos ensinou, habilidades podem ser divididas em seis séries ou famílias. Para descobrir quais o *atraem*, experimente este exercício.

Na próxima página, você vai encontrar uma visão geral de um lugar onde uma festa está acontecendo há dois dias (!). Nessa festa, por uma razão qualquer, as pessoas se agruparam de acordo com seus interesses em cada um dos cantos do salão.

(1) Para qual dos cantos do salão você, intuitivamnete, seria atraído, considerando que lá estaria o grupo com quem mais apreciaria passar seu tempo? (deixe de lado aspectos tais como timidez, ou sobre o que conversariam). Escreva abaixo a letra do canto escolhido.

(2) Depois de 15 minutos, todo mundo do canto que escolheu vai para outra festa, do lado oposto da cidade, menos você. Considerando os grupos restantes, para qual canto se dirigiria, agora? Escreva abaixo a letra correspondente.

(3) Mais 15 minutos, e também esse grupo vai para outra festa — você fica no salão. Dos remanescentes, a qual grupo se reuniria, agora? Escreva abaixo a letra do canto escolhido.

Agora, vamos à maneira "lenta, mas meticulosa".

Para levantar essa informação, será necessário que escreva sete histórias sobre experiências agradáveis ou realizações que tenham lhe ocorrido na vida. Quais histórias vai escolher? Ah, aí está uma boa pergunta. Não necessariamente serão as primeiras que vierem à sua mente. Você vai precisar de um pouco de reflexão.

Para assegurar que não vá escolher impulsivamente histórias que não digam muito sobre as suas habilidades, ajuda sempre construir primeiro uma espécie de esboço do que tem sido a sua vida. Uma das maneiras de fazer isso é através de uma Rede de Lembranças.

A Rede de Lembranças

O gráfico da Rede de Lembranças está nas próximas duas páginas. Você deve reservar pelo menos três horas (com muita reflexão e um bocado de anotações) para preenchê-lo.

Na primeira coluna, ficam os anos de sua vida, divididos em períodos de cinco anos. Algumas pessoas são capazes de pensar o que estiveram fazendo durante esses anos somente vendo as datas. Para estes, basta registrar suas lembranças a partir dessa coluna, preenchendo o restante da Rede.

A segunda coluna é para aqueles que não se lembram das coisas pela data, mas associando tudo ao emprego em que estavam, ao colégio que estavam cursando, às organizações com as quais estavam envolvidos, às pessoas que tinham papel importante naquela altura de suas vidas, etc. Seja qual for o título que você queira dar a essa coluna, use-a para registrar suas lembranças — preencha-a e depois preencha o restante da Rede.

A terceira coluna é para aqueles que não conseguem puxar suas lembranças nem pelas datas, nem pelos empregos etc., mas pelo lugar onde moravam, em cada momento de suas vidas. Registre suas lembranças a partir desta coluna, preenchendo o restante da Rede.

Uma vez que tenha liquidado as três primeiras colunas, é provável que prefira preencher primeiro as três colunas de Atividades (4, 6 e 8), e só então voltar para as colunas de Realizações (5, 7 e 9). Isso quer dizer que, quando você recordar o que tiver feito (atividades) seja por lazer, estudo ou trabalho, vai achar mais fácil localizar as suas realizações. Por enquanto, registre suas lembranças como um tópico ou com pouquíssimas palavras, de forma a apenas fixar sua memória, sem tentar fazer uma descrição mais detalhada de sua realização neste momento.

*(continua na página **226**)*

Rede de

Coluna 1	*Coluna 2*	*Coluna 3*	*Coluna 4*	*Coluna 5*
Fixando Suas Lembranças			**Lazer**	
Em períodos de 5 anos	Através dos seus empregos	Através dos lugares onde morou	Atividades	Realizações
p.ex.: 1993–1997				
1988–1992				
1983–1987				
1978–1982				
1973–1977				
1968–1972				
1963–1967				
1958–1962				
1953–1957				
1948–1952				
1943–1947				
1938–1942				
1933–1937				

Lembranças

Coluna 6	*Coluna 7*	*Coluna 8*	*Coluna 9*
Estudo		**Trabalho**	
Atividades	Realizações	Atividades	Realizações

Quando tiver preenchido toda a Rede, estará pronto para selecionar itens em torno dos quais irá escrever suas histórias. Você vai precisar de pelo menos sete folhas de papel. Em cada uma, irá escrever uma história em separado, tirada da Rede de Lembranças. A seguir, irá analisar cada história, uma de cada vez, para verificar quais habilidades utilizou em cada uma delas.

Por enquanto, escreva **apenas uma** dessas histórias. Dê uma olhada em sua Rede de Lembranças, especialmente nas colunas 5, 7 e 9. Observe as suas realizações. Não importa se tenham ocorrido há algum tempo, ou mais recentemente, ou se estão relacionadas a trabalho, estudo ou lazer.

Assegure-se apenas que envolvam TAREFAS, FERRAMENTAS OU RECURSOS, e DECORRÊNCIAS OU RESULTADOS. Veja o exemplo seguinte:

1. UMA TAREFA. Alguma coisa que você desejava fazer, porque seria divertida ou lhe proporcionaria uma aventura ou realização. Pode ter sido um problema que precisou resolver, um desafio que teve que superar, alguma coisa que necessitava aprender, produzir ou criar.

2. FERRAMENTAS OU RECURSOS. Você utilizou alguma coisa para auxiliá-lo a cumprir a tarefa, resolver o problema, superar o desafio. Pode ser que dispusesse de *Coisas* de que precisou se valer — objetos, materiais, ferramentas ou equipamento —, ou de *Pessoas* para ajudá-lo, ou teve que conseguir alguma *Informação* vital. Conte-nos que ferramentas ou recursos utilizou e como os utilizou.

3. UMA DECORRÊNCIA OU RESULTADO. Você foi capaz de cumprir a tarefa, de resolver o problema, de superar o desafio, de dominar a execução de um processo, ou de produzir ou criar alguma coisa. Você se orgulha do que fez, mesmo que ninguém mais saiba dessa sua realização.

Tendo selecionado sua primeira história, descreva-a agora detalhadamente — sem se alongar, por favor: dois ou três parágrafos, no máximo. Assegure-se de estar contando uma *história* — ou seja, de que o relato prossegue passo a passo. Pode ajudar se fizer de conta que está contando o caso para uma criança pequena e exigente, que fica o tempo todo perguntando: "E aí? E então? Daí, o quê?".

Quando terminar, dê à folha o número "1".

ESSA NÃO SERVE.
CURTA DEMAIS.

EXEMPLO:

"Ganhei um prêmio, num baile de carnaval, com minha fantasia de cavalo."

ESSA SERVE.

EXEMPLO

"O prêmio que ganhei com minha fantasia de cavalo aos sete anos de idade. Detalhes:

Quando eu tinha sete anos, decidi que iria a um baile de carnaval fantasiado de cavalo. Na verdade, queria ser a metade da frente do cavalo, e chamei um amigo para ser a parte de trás. Na última hora, ele desistiu e não ia dar tempo de conseguir outro parceiro. Foi aí que comecei a tentar bolar uma maneira de usar a fantasia sozinho. Peguei uma cesta de frutas e atei uma corda a suas alças, de maneira que pude prendê-la às minhas costas. Com esse volume extra, eu já podia vestir sozinho a fantasia. Por dentro, peguei outra corda e amarrei-a à cauda, de forma que podia balançá-la, movendo os braços. Daí, no baile de carnaval, fiz o maior sucesso e ganhei até mesmo um prêmio com a minha fantasia."

Identificando as Suas Habilidades

Agora, pegue sua primeira história e vamos identificar as habilidades que você usou. Use as habilidades listadas nas páginas ***230-235***. O gráfico de habilidades assemelha-se a um teclado de máquina de escrever. Percorra cada coluna verticalmente. Pare em cada tecla e pergunte-se: "Eu usei esta habilidade em **minha história**?" Se for o caso, faça uma marca colorida no quadrinho abaixo com o número correspondente à história que está considerando. Sugiro que use uma caneta ou um lápis **colorido**. Continue seguindo cada coluna, uma por vez, ao longo das seis páginas seguintes.

Quando tiver passado por todas as teclas referentes a Coisas, Pessoas e Informação, então seu trabalho com a história 1 estará terminado. Agora, já sabe que habilidades utilizou para alcançar essa realização tão prazerosa.

Entretanto, "uma andorinha só não faz o verão". O fato de haver utilizado determinadas habilidades em uma das suas realizações não significa tanto assim. Estamos procurando por padrões, isto é, quais habilidades você utiliza sempre — em todas as histórias. É com esse padrão que irá escolher seu futuro emprego ou profissão.

Chegou a hora, portanto, de pegar uma segunda folha de papel, a de número 2, e percorrer outra vez a Rede de Lembranças, para escolher uma realização que renda a segunda história. Quando a houver selecionado, escrevendo-a com detalhes, volte às Teclas de Habilidades e, mais uma vez, pergunte-se, diante de cada uma delas: "Utilizei esta habilidade **nessa história**?" Novamente, se for o caso, faça uma marca colorida no quadrinho abaixo com o número correspondente à história (2) em questão. Proceda exatamente da mesma maneira que da vez anterior e, quando terminar de trabalhar com a história 7, verifique quais habilidades foram fixadas, ou seja, quais as que tiveram mais quadrinhos com a marca colorida.

Escolhendo Suas Preferidas Entre Todas as Suas Habilidades Transferíveis

Agora, deve escolher suas habilidades preferidas entre as que se destacarem. Como vai escolher depende inteiramente de você. Aqui vão dois diferentes métodos que sugiro para executar a tarefa:

a) **As Dez Mais**. Observe com atenção as Páginas de Habilidades que acabou de preencher e coloque uma marca maior nas suas preferidas, no total de dez. Não importa se dizem respeito a Coisas, Pessoas ou Informação. Pode acontecer, por exemplo, que oito de suas habilidades preferidas tenham a ver com Coisas, uma com Pessoas e uma com Informação. Numa folha de papel, relacione todas e, depois, lhes dê uma ordem de importância de acordo com o que sentir ou pensar a respeito. Pode ser que você as ordene segundo um palpite, segundo sua inspiração ou então utilizando a grade de prioridades com que já trabalhou lá atrás. Da maneira que for, você precisa formular uma ordem de prioridades, com a habilidade mais importante em primeiro lugar, a seguir a que vem em segundo e assim por diante.

b) Método Alternativo: **Oito, Oito e Oito**. Observe as páginas de habilidades e escolha suas oito preferidas de cada diagrama: suas oito preferidas com Coisas, suas oito preferidas com Pessoas e, finalmente, com Informação. Ponha cada série de oito *em ordem de prioridade* com o critério que queira utilizar. Assim, você vai ficar com três listas.

Opcional: Renomeando as Habilidades Com Suas Próprias Palavras

Agora *e somente agora* que você tiver sua — ou suas — lista de habilidades preferidas, pode querer rebatizá-las com suas próprias palavras, de maneira bastante pessoal.

Desenvolvendo Suas Definições

Para ser *completa*, a definição de suas habilidades transferíveis, ao final, deve ter três partes: um verbo, um objeto e um qualificativo (adjetivo ou advérbio). Agora que você, na sua própria maneira de dizer, encontrou o *verbo*, pode querer desenvolver cada uma das definições que identificam sua habilidade favorita, dando também a elas um *objeto* e um *qualificativo*. Por exemplo: 'organizar' pode ser desenvolvido para "organizar idéias em seqüência lógica".

*(continua na página **236**)*

Minhas habilidades transferíveis preferidas lidando com

COISAS

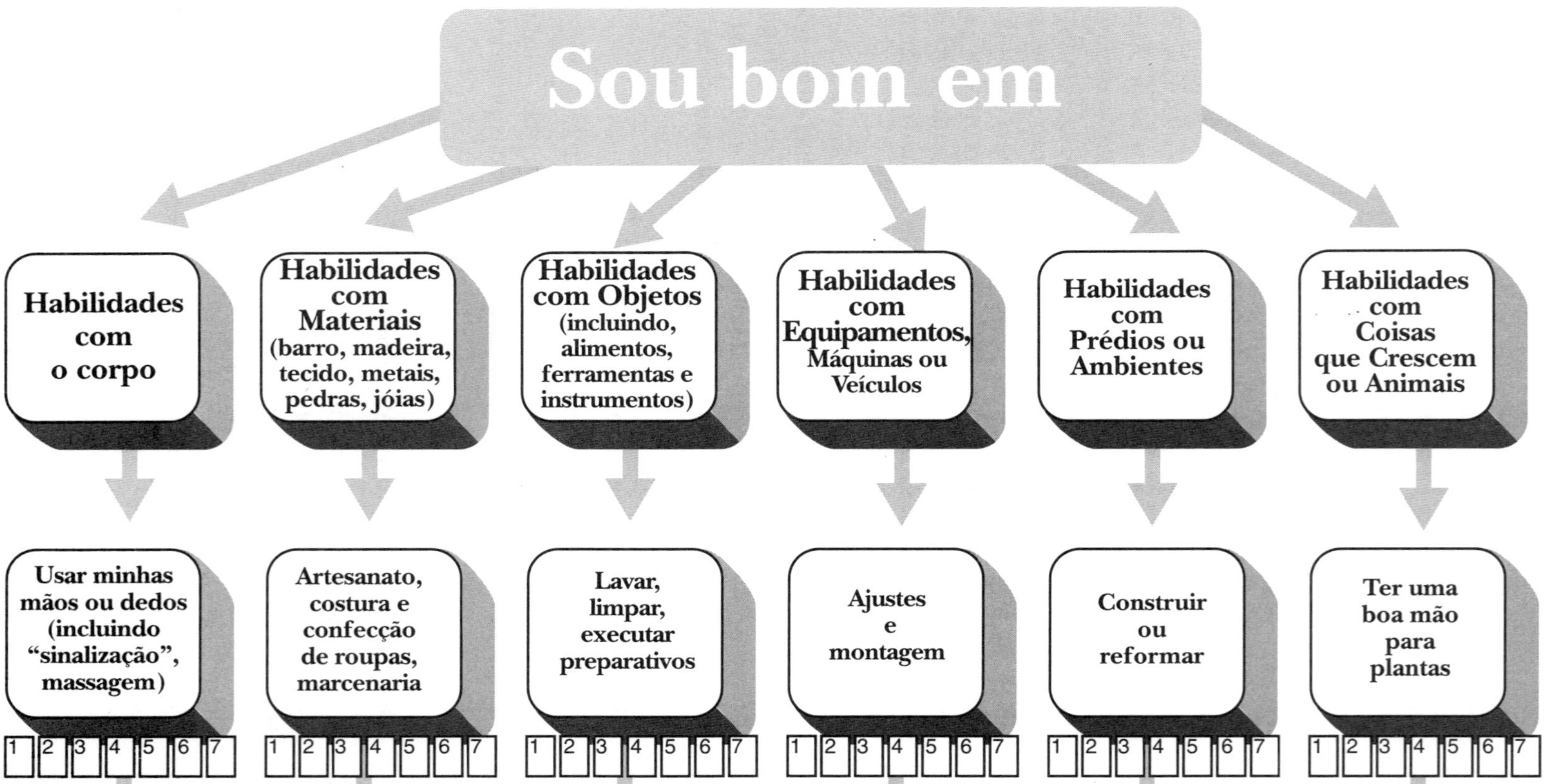

Ter muita agilidade nos dedos (ex.: com teclados) 1 2 3 4 5 6 7	Entalhe e escultura 1 2 3 4 5 6 7	Manuseio e expedição 1 2 3 4 5 6 7	Operar controlar, dirigir 1 2 3 4 5 6 7	Decorar ou redecorar 1 2 3 4 5 6 7	Ter jeito para lidar com animais 1 2 3 4 5 6 7
Usar meus olhos e mãos de forma coordenada 1 2 3 4 5 6 7	Moda e modelagem 1 2 3 4 5 6 7	Manufaturar, produzir, montar, cozinhar 1 2 3 4 5 6 7	Fazer funcionar, controlar, alimentar ou remover (suprimentos) 1 2 3 4 5 6 7		
Coordenação física e motora do meu corpo inteiro 1 2 3 4 5 6 7	Acabamento, pintura, restauração 1 2 3 4 5 6 7	Manutenção, preservação, consertos 1 2 3 4 5 6 7	Manutenção, limpeza, consertos 1 2 3 4 5 6 7		
Possuir agilidade, velocidade, força, energia 1 2 3 4 5 6 7	Trabalhos de precisão com as mãos 1 2 3 4 5 6 7	Trabalhos de precisão com ferramentas e instrumentos 1 2 3 4 5 6 7	Fazer desmontagens ou serviços de recuperação 1 2 3 4 5 6 7		

Minhas habilidades transferíveis preferidas lidando com

PESSOAS

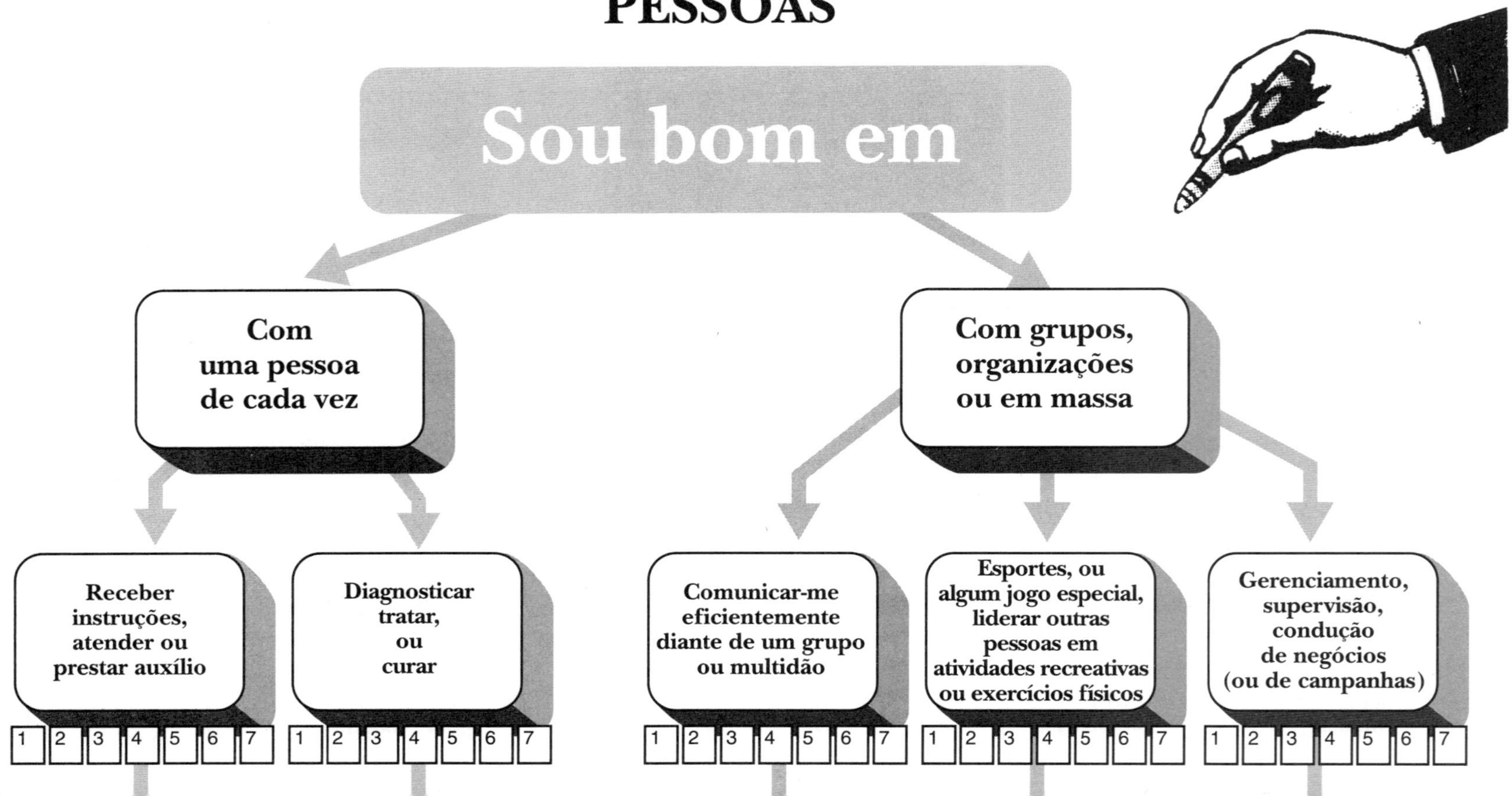

Conversar com alguém pessoalmente, ou ao telefone

1 2 3 4 5 6 7

Comunicar-me bem por escrito (você escreve ótimas cartas)

1 2 3 4 5 6 7

Dar instruções, ensinar, orientar, treinar pessoal

1 2 3 4 5 6 7

Aconselhar, prestar consultoria, treinar, assessorar, estimular, reforçar

1 2 3 4 5 6 7

Fornecer referências para orientar alguém ou ajudar duas pessoas a unir esforços

1 2 3 4 5 6 7

Recrutar, avaliar e selecionar pessoas

1 2 3 4 5 6 7

Persuadir, motivar, recrutar, ou vender para clientes individuais

1 2 3 4 5 6 7

Representar outras pessoas, interpretar suas idéias ou linguagens

1 2 3 4 5 6 7

Comunicar-se de forma expressiva, falando ou por escrito

1 2 3 4 5 6 7

Fazer apresentações pessoalmente, em vídeo ou tv

1 2 3 4 5 6 7

Representar (teatro, cinema, tv), entreter, divertir, inspirar

1 2 3 4 5 6 7

Mímica, teatro, canto, tocar um instrumento

1 2 3 4 5 6 7

Ensinar, treinar, planejar eventos educativos

1 2 3 4 5 6 7

Guiar um grupo de discussão, aquecer um debate

1 2 3 4 5 6 7

Persuadir um grupo, debater, motivar, vender

1 2 3 4 5 6 7

Prestar consultoria, orientar grupos em sua área de especialização

1 2 3 4 5 6 7

Fazer acompanhamento, realizar tarefas, tomar providências

1 2 3 4 5 6 7

Assumir a liderança, ser pioneiro

1 2 3 4 5 6 7

Inovar, iniciar, fundar, estabelecer

1 2 3 4 5 6 7

Negociar entre partes, resolver conflitos

1 2 3 4 5 6 7

Minhas habilidades transferíveis preferidas lidando com

INFORMAÇÃO, DADOS, IDÉIAS

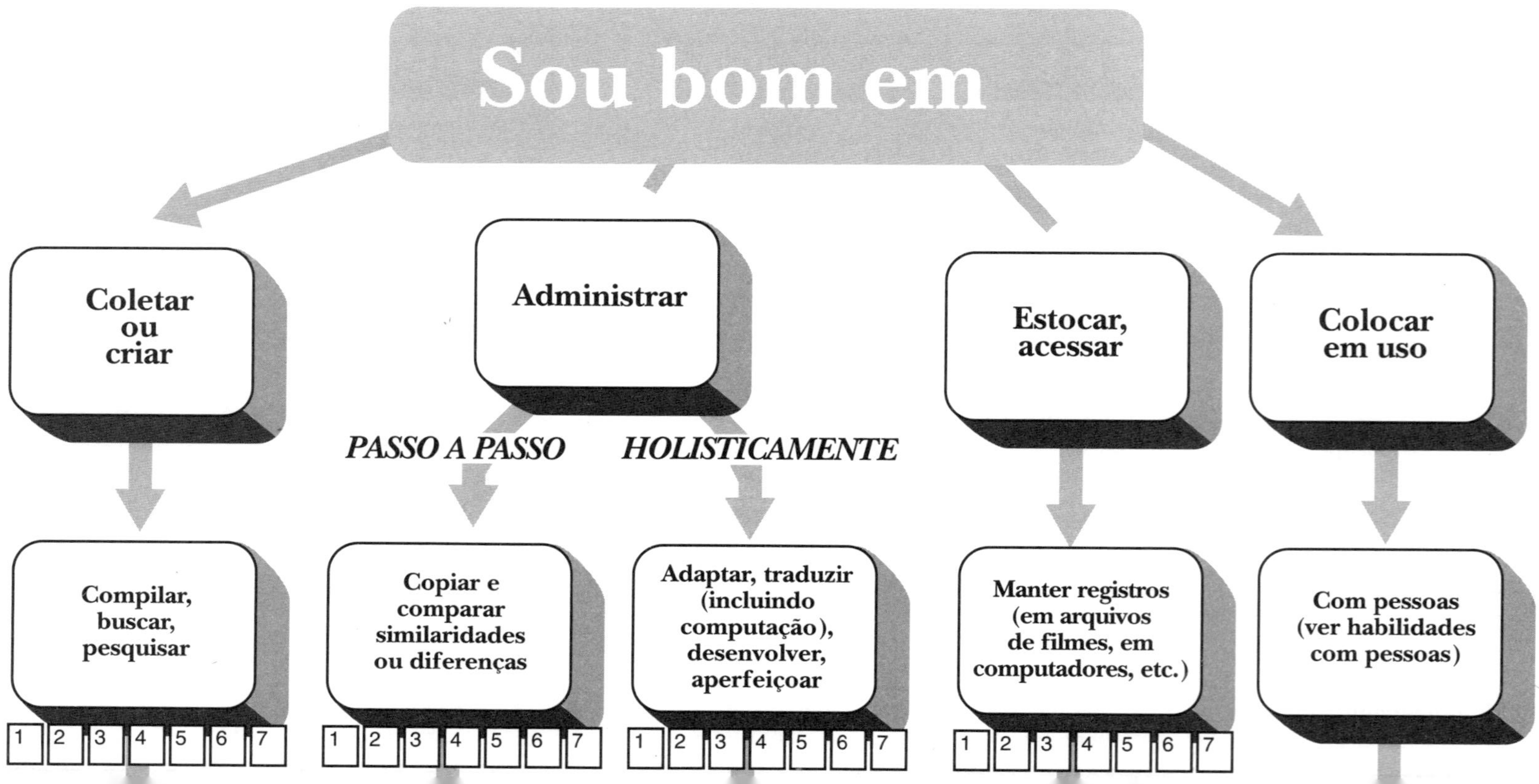

Coletar informações em entrevistas ou observando pessoas 1 2 3 4 5 6 7	Computar, trabalhar com números, contabilizar 1 2 3 4 5 6 7	Visualizar, desenhar, pintar, representar (teatro, etc.), criar vídeos ou *softwares* 1 2 3 4 5 6 7	Organizar ou preencher (arquivos de fichas, microfilme, vídeo, áudio ou computador) 1 2 3 4 5 6 7	Com coisas (ver habilidades com coisas)
Coletar informações estudando ou observando coisas 1 2 3 4 5 6 7	Analisar, dividindo em partes 1 2 3 4 5 6 7	Sintetizar, combinar as partes em um todo 1 2 3 4 5 6 7	Acessar informações, idéias, dados 1 2 3 4 5 6 7	
Ter um acurado sentido de audição, olfato, paladar ou visão 1 2 3 4 5 6 7	Organizar, classificar, sistematizar, priorizar 1 2 3 4 5 6 7	Resolver problemas ou identificar padrões em meio a uma massa de dados 1 2 3 4 5 6 7	Possibilitar a outras pessoas achar ou acessar informação 1 2 3 4 5 6 7	
Imaginar, inventar, criar, esboçar novas idéias 1 2 3 4 5 6 7	Planejar, definindo um processo passo a passo para atingir uma meta 1 2 3 4 5 6 7	Decidir, avaliar, estimar, fazer recomendações 1 2 3 4 5 6 7	Ter uma memória excepcional, gravar detalhes 1 2 3 4 5 6 7	

Copiando as Definições no Diagrama de Habilidades

Quando tiver a lista de suas habilidades preferidas, escritas de um jeito que o satisfaça, deve copiá-la em um (ou em ambos) desses diagramas:

A Pétala de Tarefas/Habilidades, nas páginas ***238-239***, lhe permite listar suas *Oito, Oito e Oito.* (Se você somente trabalhou com as Oito, Oito e Oito e agora quer tirar daí uma lista das dez mais, pode fazer isso facilmente, pegando essas vinte e quatro habilidades e selecionando dez por ordem de importância; a seguir, liste as dez mais, por ordem de prioridades, no Diagrama de Blocos, na página seguinte. Se precisar, utilize a Grade de Prioridades.

Seu *Estilo* de Trabalhar

Na parte de baixo da *Pétala de Tarefas/Habilidades,* existe espaço para você listar o **estilo**, ou seja, o seu jeito especial de utilizar suas habilidades. Freqüentemente, é esse estilo que o faz se destacar das outras dezenove pessoas que podem executar as mesmas tarefas que você. Portanto, *não deve deixar de fazer essa parte do exercício.* Abaixo, vai encontrar uma lista de estilos (que são muitas vezes chamados de **características pessoais** ou de **maneira própria de lidar com habilidades**; você perceberá que muitos desses itens servem de **qualificativo**, quando for desenvolver os verbos-habilidades). Faça uma marca adiante de cada palavra (ou frase) que considere aplicável ao seu jeito de trabalhar. Se algo mais lhe ocorrer, e não estiver nessa lista, é só colocar também. Quando terminar, escolha as dez que achar **mais** importantes e copie na parte de baixo da *Pétala de Tarefas/Habilidades na ordem que julgar mais adequada.* Normalmente, essa ordem de importância vai variar de acordo com o grau de satisfação e/ou orgulho que você sente por possuir aquela habilidade. Dessa forma, a primeira será aquela da qual mais se orgulhar, e assim por diante. Se precisar, use a Grade de Prioridades.

*(continua na página **240**)*

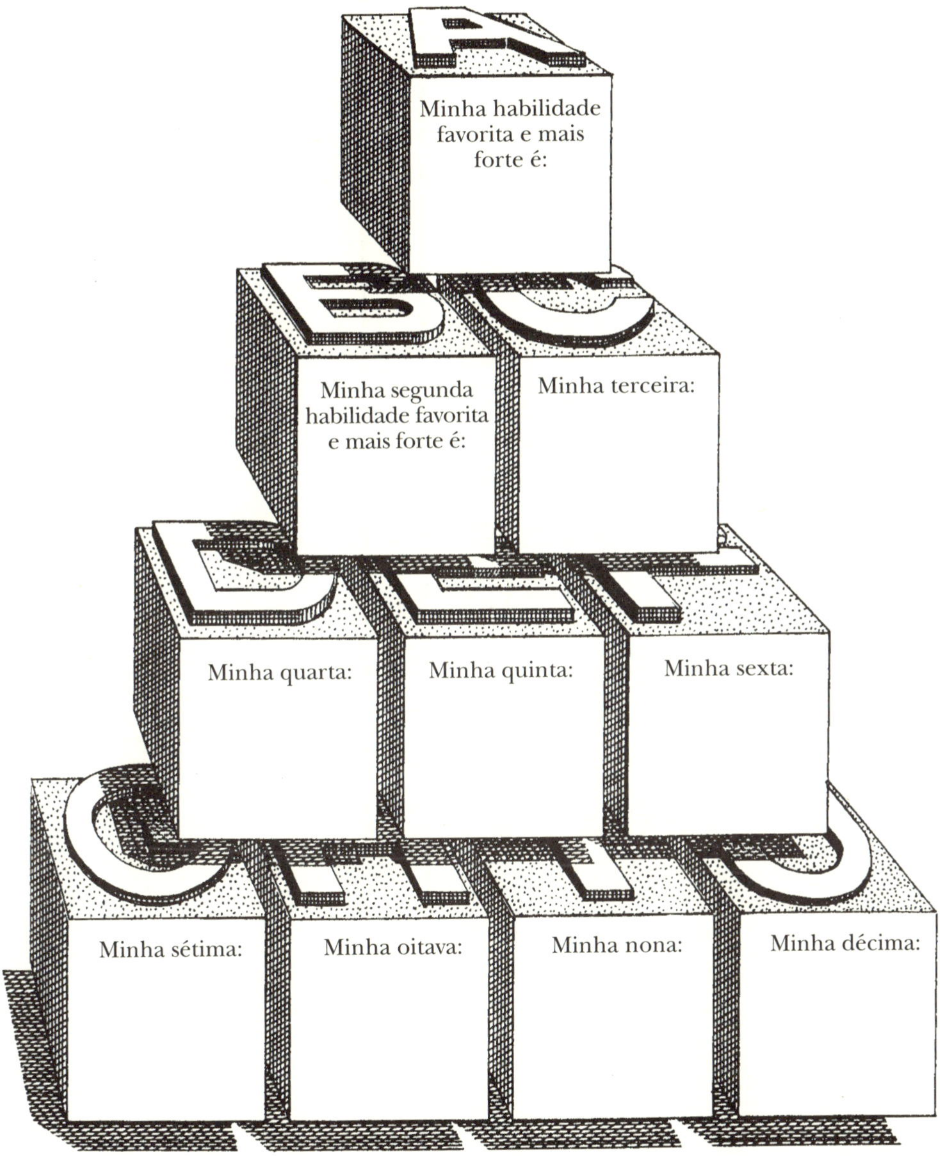
Minha habilidade favorita e mais forte é:
Minha segunda habilidade favorita e mais forte é:
Minha terceira:
Minha quarta:
Minha quinta:
Minha sexta:
Minha sétima:
Minha oitava:
Minha nona:
Minha décima:

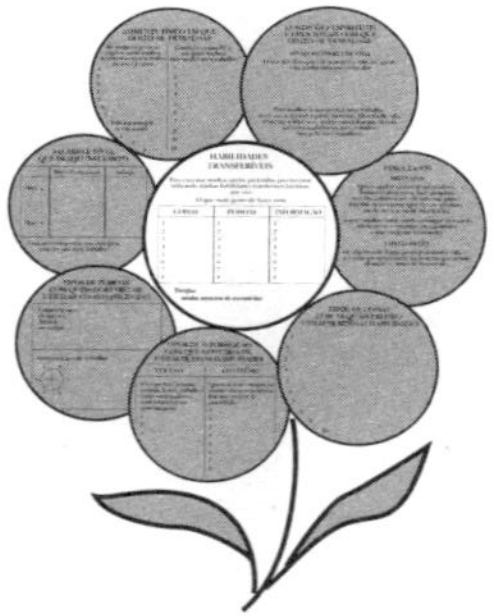

A Terceira Pétala

Tarefas

Para executar as Tarefas que mais gosto, preciso estar usando minhas habilidades transferíveis preferidas, que são:

O Que Gosto de Fazer Com

COISAS	PESSOAS	INFORMAÇÃO
1.	1.	1.
2.	2.	2.
3.	3.	3.
4.	4.	4.

5.	5.	5.
6.	6.	6.
7.	7.	7.
8.	8.	8.

Meu estilo de lidar com essas habilidades:

(ex.: rapidamente, meticulosamente, etc.)

Meu Estilo de Utilizar Essas Habilidades:

• Sou MUITO:

- ❑ Adepto a ter prazer com o que faço
- ❑ adepto de idéias pioneiras
- ❑ afirmativo
- ❑ apegado às metas do que faço
- ❑ arrojado
- ❑ astuto
- ❑ atento
- ❑ automotivado
- ❑ autoconfiante
- ❑ cabeça-aberta
- ❑ calmo
- ❑ capaz de correr riscos
- ❑ capaz de entusiasmar os outros
- ❑ capaz de me adaptar a novas situações
- ❑ capaz de oferecer apoio
- ❑ capaz para assumir a guarda (de valores, pessoas)
- ❑ carismático
- ❑ cauteloso
- ❑ competente
- ❑ compreensivo
- ❑ confiável
- ❑ consciencioso
- ❑ consistente
- ❑ cooperativo
- ❑ corajoso
- ❑ criativo
- ❑ dado a conferir passo a passo da execução da tarefa
- ❑ dado a ir fundo nas coisas
- ❑ dado a refletir sobre minhas ações
- ❑ diligente
- ❑ dinâmico
- ❑ diplomático
- ❑ discreto
- ❑ dotado de tato para lidar com coisas, pessoas
- ❑ eficiente
- ❑ empenhado
- ❑ enérgico
- ❑ entusiasmado
- ❑ especial
- ❑ especializado
- ❑ exigente
- ❑ experiente
- ❑ extremamente econômico
- ❑ firme
- ❑ flexível
- ❑ forte
- ❑ hábil em racionalizar tarefas
- ❑ impulsivo
- ❑ incomum
- ❑ independente
- ❑ inovador
- ❑ instruído
- ❑ leal
- ❑ meticuloso
- ❑ metódico
- ❑ objetivo
- ❑ paciente
- ❑ perceptivo
- ❑ peremptório
- ❑ perseverante
- ❑ persistente
- ❑ perspicaz
- ❑ pontual
- ❑ pragmático
- ❑ prático
- ❑ preocupado com o aspecto humano
- ❑ profissional
- ❑ protetor
- ❑ rápido em executar o trabalho
- ❑ realista
- ❑ receptivo
- ❑ resoluto
- ❑ responsável
- ❑ safo
- ❑ seguro
- ❑ sensível
- ❑ sofisticado, bastante sofisticado
- ❑ único
- ❑ versátil
- ❑ vigoroso

• Sou uma pessoa que:

A respeito da execução de uma tarefa e ao cumprimento de metas

- ❑ toma a iniciativa
- ❑ é capaz de lidar com um variado número de tarefas e de responsabilidades simultaneamente e com eficiência
- ❑ assume riscos
- ❑ avalia cuidadosamente os riscos a serem assumidos
- ❑ é especializado em fazer as coisas acontecerem

A respeito do cumprimento de prazos e de metas

- ❑ freqüentemente dá conta das tarefas antes do prazo acertado
- ❑ é bom em encontrar meios de executar as tarefas mais rapidamente
- ❑ produz mais em menos tempo
- ❑ faz logo o que tem que ser feito
- ❑ respeita os prazos
- ❑ leva a cabo os projetos no prazo devido e dentro do orçamento previsto

A respeito das condições de trabalho

- ❑ mantém o lugar de trabalho limpo e em ordem
- ❑ atenta a detalhes
- ❑ tem muita capacidade de lidar com tarefas repetitivas e com rotinas
- ❑ gosta de planejar e de supervisionar uma atividade inteira
- ❑ demonstra domínio no que faz
- ❑ promove mudanças
- ❑ trabalha bem sobre pressão e ainda sabe improvisar
- ❑ adora desafios
- ❑ adora trabalhos externos
- ❑ gosta de viajar
- ❑ tem um domínio excepcional sobre...
- ❑ é bom em responder a situações de emergência
- ❑ assume com coragem suas convicções

Quando terminar este exercício, copie os resultados na parte de baixo da pétala Tarefas/Habilidades. Agora, vamos em frente. Mas, primeiro, algumas palavras sobre o trabalho que você vai estar fazendo nas próximas três pétalas.

As Coisas Com as Quais Você Gosta de Trabalhar

As três próximas pétalas são chamadas "**Ferramentas ou Recursos**". Habilidades *sempre* requerem algum tipo de ferramenta ou de recurso, ou seja, alguma coisa que lhe dê satisfação em **lidar**, ou alguma coisa que adore **utilizar**, ou alguma coisa **com que goste de trabalhar**, ou **estar mexendo**. Pode ser *pessoas,* ou *informação,* ou alguma *coisa.*

Por exemplo, se gosta de marcenaria, você precisa, digamos, de um martelo e alguma coisa para martelar — um prego, que seja. O martelo e o prego são ferramentas ou recursos que lhe permitem usar sua habilidade — marcenaria. Nesse caso, são *coisas.* Claro que precisa também de conhecimentos sobre *marcenaria* — isso quer dizer que algum tipo de *informação* também é utilizada aqui como ferramenta ou recurso.

Nas próximas três pétalas e nos três passos correspondentes, vamos tratar primeiro de Pessoas, depois de Informação e, finalmente, de Coisas, para levantar seus itens favoritos.

Quarto Passo: O Tipo de Pessoa com quem Gosto de Trabalhar

Se marcou alguma das habilidades com Pessoas como preferidas no Terceiro Passo, é importante agora especificar com que *espécie* de Pessoas prefere trabalhar. Por exemplo, digamos que colocou uma marca em "ensinar". A pergunta agora é: para *qual* tipo de pessoas você gosta de ensinar? Pessoas com algum tipo de problema em particular? Pessoas que estejam buscando determinados objetivos para suas vidas? Se for o caso, *quais*?

A seguir, encontrará uma lista com tipos de pessoas. Ponha uma marca em cada descrição que couber ao tipo de pessoa com quem lhe agrada trabalhar em especial (ou que acha que lhe agrada) — seja como clientes, fregueses, alunos, qualquer coisa relacionada ao trabalho. Se tiver preferência por algum tipo de pessoa que não esteja descrito na lista, acrescente o ítem com suas próprias palavras. Então, quando tiver colocado as marcas, escolha as dez que achar **mais** importantes e copie-as, *na ordem da sua preferência,* na Pétala 4 — *Ferramentas ou Recursos: Um.* Se precisar, recorra à Grade de Prioridades.

Tipos de Pessoas que Prefiro Atender ou Tentar Ajudar:

- ❑ Homens
- ❑ Mulheres
- ❑ Indivíduos
- ❑ Grupos de até oito pessoas
- ❑ Grupos maiores
- ❑ Bebês
- ❑ Crianças em idade escolar
- ❑ Adolescentes
- ❑ Estudantes universitários
- ❑ Jovens adultos
- ❑ Pessoas na faixa dos 30 anos
- ❑ Na meia-idade
- ❑ Na terceira idade
- ❑ Aposentados
- ❑ Pessoas, independente de faixa etária
- ❑ Heterossexuais
- ❑ Homossexuais
- ❑ Pessoas, independente do sexo
- ❑ Pessoas com uma determinada formação cultural
- ❑ Com um determinado nível econômico
- ❑ Com um determinado nível social
- ❑ Com um determinado nível de instrução
- ❑ Com uma filosofia de vida ou crença religiosa em particular
- ❑ Certos tipos de profissionais (trabalhadores mais modestos, executivos, etc)
- ❑ Os pobres
- ❑ Os deficientes
- ❑ Pessoas poderosas
- ❑ Os ricos
- ❑ Pessoas de fácil convivência profissional
- ❑ Pessoas de difícil convivência profissional
- ❑ Pessoas em um determinado posto ou lugar (forças armadas, presídios, etc)

Tipos de Problemas que Gostaria de Ajudar as Pessoas a Lidar:

- ❑ Deficiências físicas
- ❑ Excesso de peso
- ❑ Deficiência mental
- ❑ Dores
- ❑ Enfermidades em geral
- ❑ Hipertensão
- ❑ Alergias
- ❑ Cura espiritual
- ❑ Doenças terminais
- ❑ Fisioterapia
- ❑ Pessoas em tratamento holístico
- ❑ Planejamento de vida, de trabalho ou de readaptação
- ❑ Procura de emprego, mudança de profissão, desemprego, demissão
- ❑ Analfabetismo, necessidades de aprendizado
- ❑ Treinamento para negócios domésticos
- ❑ Problemas de desempenho, avaliação de capacidade
- ❑ Baixa energia
- ❑ Problemas nutricionais
- ❑ Condicionamento físico
- ❑ Satisfação no trabalho
- ❑ Problemas de disciplina, autodisciplina

- ❑ Stress
- ❑ Distúrbios do sono
- ❑ Relacionamentos
- ❑ Autoconhecimento, terapia
- ❑ Solidão
- ❑ Tédio
- ❑ Insatisfação, pessimismo
- ❑ Raiva
- ❑ Ansiedade
- ❑ Medo
- ❑ Timidez
- ❑ Conhecer pessoas, começar amizades
- ❑ Comunicação, idéias, sentimentos
- ❑ Amor
- ❑ Auto-aceitação e aceitação dos outros
- ❑ Aprender a amar
- ❑ Casamentos
- ❑ Competição no casal
- ❑ Educação sexual e problemas sexuais
- ❑ Disfunções sexuais
- ❑ Gravidez e parto
- ❑ Problemas familiares
- ❑ Abuso sexual
- ❑ Estupro
- ❑ Divórcio
- ❑ Morte e luto
- ❑ Dependências
- ❑ Drogas
- ❑ Alcoolismo
- ❑ Tabagismo
- ❑ Doenças mentais
- ❑ Depressão
- ❑ Pessoas internadas para tratamento psiquiátrico
- ❑ Economia pessoal
- ❑ Planejamento financeiro
- ❑ Bens
- ❑ Orçamentos
- ❑ Falências
- ❑ Valores
- ❑ Ética
- ❑ Filosofia ou religião
- ❑ Trabalho religioso
- ❑ Vocação
- ❑ Vida após a morte
- ❑ Fenômenos psíquicos

Enquanto você percorre esta lista, pode acontecer de encontrar o exato tipo de colega de trabalho que prefere ter. Nesse caso, copie a descrição dele na parte de baixo da pétala 4. (Você também pode encontrar algumas pistas de quais são os tipos de colegas de trabalho que prefere na lista de estilos em que trabalhou anteriormente). A lista a seguir também pode lhe dar uma ajuda. Cheque as descrições que se aplicam, ou acrescente outras que lhe ocorram.

Meus Colegas de Trabalho Preferidos

Com que tipos de colega de trabalho, patrão ou subordinado prefiro trabalhar?

- ❑ ambos os sexos
- ❑ homens, de preferência
- ❑ mulheres, de preferência
- ❑ pessoas de todas as idades
- ❑ crianças ou adolescentes

- ❑ estudantes universitários
- ❑ jovens adultos
- ❑ pessoas na faixa dos 30 anos
- ❑ pessoas na meia-idade
- ❑ pessoas na terceira idade
- ❑ aposentados
- ❑ Qualquer pessoa, independente de opção sexual
- ❑ Homossexuais
- ❑ Heterossexuais
- ❑ Qualquer pessoa, independente de sua formação
- ❑ Pessoas com um determinado nível
- ❑ Cultural
- ❑ Econômico
- ❑ Social
- ❑ De instrução
- ❑ Com uma filosofia de vida ou crença religiosa em particular
- ❑ Com determinado nível profissional (executivos, trabalhadores mais modestos, etc.)
- ❑ Pessoas em determinado posto ou lugar (forças armadas, presídios etc)
- ❑ Pessoas de fácil convivência profissional
- ❑ Pessoas de difícil convivência profissional

Na parte de baixo da pétala 4, você vai ver um hexágono que representa o Exercício da Festa que fez mais atrás. Está ali para lembrar que você pode colocar nesse lugar as descrições dos seus cantos favoritos do hexágono, que servem de caracterização dos seus colegas de trabalho (certo, os cantos escolhidos deveriam descrever a você próprio, mas, para efeito de identificar com que tipo de pessoas gostaria de trabalhar, a verdade é que cada um tem a tendência a procurar sua turma — por exemplo, pessoas com gostos artísticos preferem se comunicar com quem tenha também interesse em arte e assim por diante). Dentro do hexágono, você vai ver a figura de uma cruz, que está ali para lembrar-lhe (você é justamente o centro desta figura) de pensar um pouco sobre que tipo de pessoa deseja acima de você, como patrão (o topo da figura), ao seu lado, como colega de trabalho (no meio à esquerda), antes de você, como cliente, freguês, aluno, etc (no meio à direita) e abaixo de você, como subordinado.

Quando terminar esse exercício, terá completado o preenchimento da quarta pétala (faltam outras quatro). Já deve estar surgindo uma visão mais clara de qual é o seu trabalho ideal. Da mesma forma, você deve estar começando a enxergar que fatia do mercado de trabalho deve explorar, de maneira a ter diante de si um território viável de ser coberto. Vamos adiante.

*(continua na página **248**)*

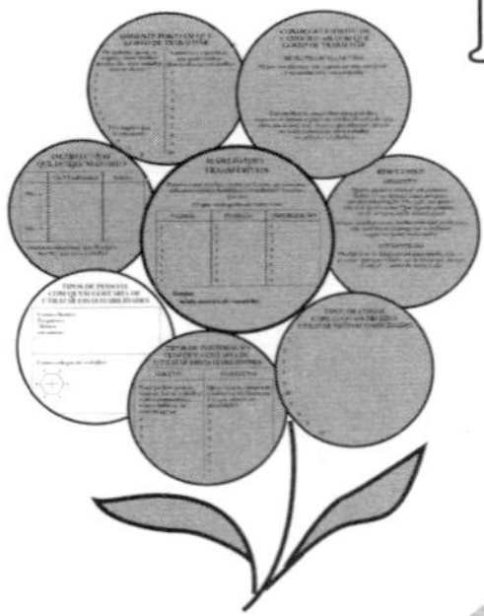

A Quarta Pétala

Ferramentas ou Recursos: 1

Tipos de PESSOAS com Quem Gostaria de Usar Minhas Habilidades

Como Clientes,
Fregueses
Alunos,
etc.:

Como Colegas de Trabalho:

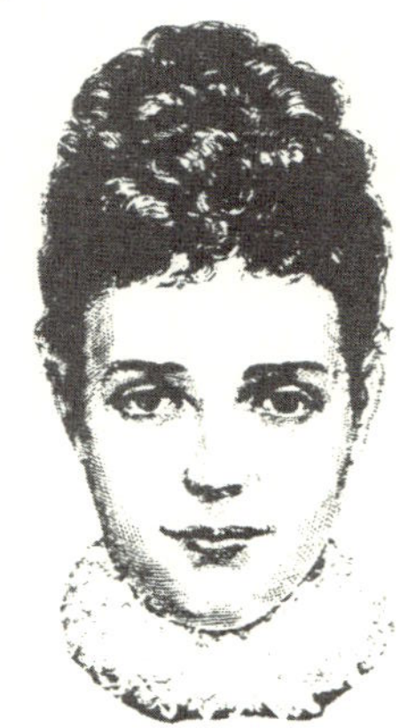

Quinto Passo: Os Tipos de Informação Com Que Prefiro Trabalhar

Se colocou uma marca em alguma habilidade que lide com Informação no Passo Três, elegendo-a como uma de suas preferidas, é importante agora especificar com que tipo de informação prefere trabalhar. Isso vai levar a considerar os aspectos de **Forma** e **Conteúdo**.

Forma quer dizer: você prefere lidar com informação em jornais, revistas, livros, recursos de computador, relatórios, imagens, ou o quê?

A seguir, há uma lista mais ampliada. Marque a palavra ou a frase que define a forma da informação com que prefere (ou acha que prefere) trabalhar. Como anteriormente, complete a lista com suas preferências que estiverem faltando, e depois selecione as dez **mais** importantes, copiando-as a seguir no lado direito da pétala 5, chamada Ferramentas e Recursos: Dois.

Formas de Informação com que Prefiro Trabalhar ou que Gostaria de Produzir

- ❑ Livros
- ❑ Revistas
- ❑ Jornais
- ❑ Catálogos
- ❑ Compêndios
- ❑ Registros, fichas
- ❑ Literatura comercial ou profissional
- ❑ Videotapes
- ❑ Fitas de áudio
- ❑ Listagens de computador
- ❑ Seminários, treinamento
- ❑ Cursos ministrados por professores
- ❑ Palavras
- ❑ Números ou estatísticas
- ❑ Especificações
- ❑ Instruções para precisão de uso
- ❑ Análises estatísticas
- ❑ Informes financeiros
- ❑ Custos
- ❑ Contabilidade
- ❑ Símbolos
- ❑ *Design*
- ❑ Cartazes
- ❑ Cronogramas
- ❑ Gráficos
- ❑ História
- ❑ Idéias
- ❑ Conceitos
- ❑ Investigações
- ❑ Pesquisas de opinião
- ❑ Pontos de vistas
- ❑ Pesquisas
- ❑ Projetos de pesquisa, pesquisa e desenvolvimento de projetos, relatórios de projetos
- ❑ Procedimentos
- ❑ Guias de referência
- ❑ Manuais

Gosto de Coletar ou Lidar com Informações Sobre o Seguinte:

- ❑ Conceitos
- ❑ Conceitos físicos
- ❑ Conceitos espirituais
- ❑ Valores
- ❑ Padrões
- ❑ Repetitivos
- ❑ Variáveis
- ❑ Modelos
- ❑ Organizacionais
- ❑ Condições de operação
- ❑ Parâmetros
- ❑ Sistemas
- ❑ Programas
- ❑ Operações
- ❑ Seqüências
- ❑ Métodos
- ❑ Técnicas
- ❑ Procedimentos
- ❑ Procedimentos especializados
- ❑ Análises
- ❑ Análises de dados
- ❑ Análises esquemáticas
- ❑ Intuições

Gosto de Ajudar Pessoas a Utilizar Informações Para os Seguintes Fins Práticos:

- ❑ Princípios aplicativos
- ❑ Recomendações
- ❑ Recomendação sobre políticas a adotar
- ❑ Metas
- ❑ Metas projetadas
- ❑ Objetivos
- ❑ Soluções
- ❑ Novas abordagens
- ❑ Planos
- ❑ Necessidades táticas
- ❑ Características de desempenho
- ❑ Capacidades
- ❑ Deficiências
- ❑ Confecção e circulação de relatórios
- ❑ Sistemas de controle

Se esta lista parecer não levantar coisas relevantes em sua vida, não se preocupe. Ela ajuda a alguns (a muitos, de fato), a outros deixa indiferentes. De qualquer forma, quando terminar de colocar suas marcas e tiver copiado seus itens preferidos no lado esquerdo da pétala, é hora de ir para a questão do Conteúdo, que está no lado direito da pétala.

*(continua na página **252**)*

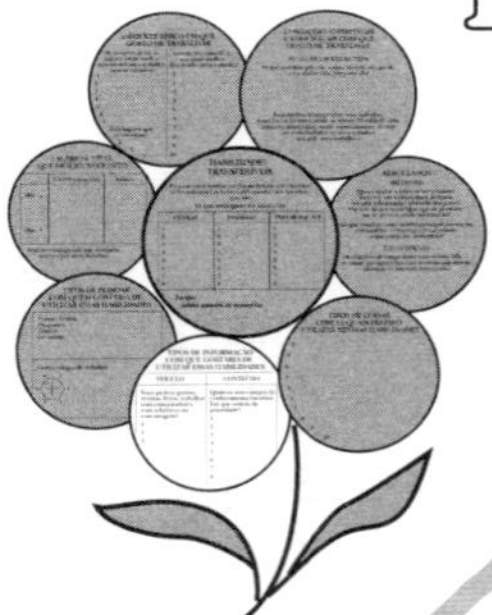

A Quinta Pétala

Ferramentas ou Recursos: 2

Tipos de INFORMAÇÃO com as Quais Gosto de Usar Minhas Habilidades

FORMA	CONTEÚDO
ex.: Você prefere lidar com informação sob a forma de jornais, revistas, livros, computador, relatórios, imagens?	Considerando as noções que você tem sobre determinados campos de conhecimento, quais são os seus preferidos? Coloque-os em ordem de prioridade.
1.	1.
2.	2.
3.	3.

4.	4.
5.	5.
6.	6.
7.	7.
8.	8.
	9.
	10.

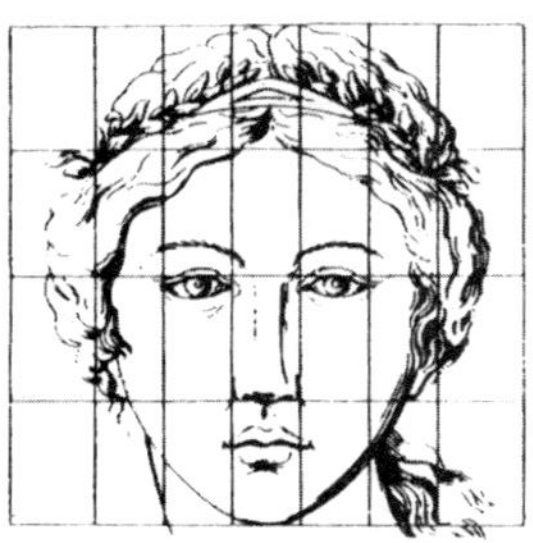

Para preencher a parte do **Conteúdo**, você precisa identificar quais são os seus campos de conhecimentos preferidos, a partir do que sabe ou aprendeu sobre cada um deles. Você adora o que diz respeito a computadores, a meio-ambiente, antiguidades, jardinagem, esqui, pintura, psicologia, a Bíblia... Ou o quê?

Um campo de conhecimento sempre corresponde a um *tema*, a uma *graduação* (universitária), ou a '*Princípios de...*', '*Regras da...*', '*Segredos do...*', ou '*Como ...*', etc.

Falando de maneira geral, você elege esses campos de conhecimentos de, pelo menos, quatro jeitos diferentes. Esses quatro métodos formam um gráfico que irá lembrá-lo sempre com quais campos de conhecimento você tem a ver.

Você deve, então, listar ***todos*** esses campos, **goste** deles ou não. Mais tarde, pode voltar e marcar os seus preferidos, ou riscar aqueles que odeia.

Aqui estão alguns *exemplos* de como você pode preencher esse gráfico:

Campos de Conhecimento sobre os quais Você Aprendeu na Escola ou na Universidade

ex.: espanhol
psicologia
biologia
geometria
contabilidade
música
datilografia
sociologia

Campos de Conhecimentos sobre os quais Você Aprendeu no Trabalho ou na Prática (em Casa ou no Emprego)

ex: Como mexer num computador
Como funciona uma organização de trabalho voluntário
Princípios de gerenciamento e planejamento

Campos de Conhecimento sobre os quais Você Aprendeu em Cursos e Oficinas

ex: Como o cérebro funciona
Conceitos de arte
Leitura dinâmica
Desenho

Campos de Conhecimento Sobre os quais Você Aprendeu

Na escola, universidade (em casa ou no trabalho)	No trabalho ou na prática (em casa ou no emprego)	Em cursos ou oficinas	Através do contato com pessoas ou de leituras

Campos de Conhecimento Sobre os quais Você Aprendeu Através do Contato com Pessoas ou de Leituras

ex.: *Corte e costura*
Dirigir automóveis
Como funciona um computador
Tomada de preços
Antiguidades
Sobrevivência ao ar livre

Neste ponto, você pode dar uma olhada lá atrás na Rede de Memória, que vai auxiliá-lo a preencher esse gráfico. Como ajuda extra, talvez esteja interessado em percorrer a lista de outras possibilidades de campos de conhecimento que segue abaixo. Coloque uma marca em cada palavra ou frase que descrever um possível campo de conhecimento que lhe for familiar e com o qual gostaria de ter uma chance de trabalhar em seu emprego ideal. Se mais alguma coisa que não estiver nessa lista lhe ocorrer, complemente-a.

UM EXEMPLO DE CAMPOS DE CONHECIMENTO SOBRE OS QUAIS VOCÊ PODE SABER ALGO

Centrado em Pessoas

- ❑ Sociologia
- ❑ Como desenvolver o relacionamento entre clientes e serviços
- ❑ Princípios de dinâmica de grupo
- ❑ Princípios de modificação comportamental
- ❑ Princípios e técnicas de treinamento
- ❑ Planejamento de uma empresa ou organização
- ❑ Análise e planejamento de desenvolvimento de pessoal
- ❑ Administração de pessoal
- ❑ Recrutamento e seleção
- ❑ Especificações de desempenho no trabalho

Centrado em Coisas

- ❑ Física
- ❑ Astronomia
- ❑ Química
- ❑ Programação de computadores
- ❑ Conhecimento de um determinado programa de computador e de suas aplicações
- ❑ Desenho técnico
- ❑ Decoração de interiores
- ❑ Como operar uma determinada máquina
- ❑ Horticultura
- ❑ Mecânica de automóveis
- ❑ Limpeza e manutenção
- ❑ Contratos com o governo
- ❑ Aplicações industriais
- ❑ Gerenciamento e planejamento financeiro
- ❑ Registros comerciais

- ❑ Análise fiscal, controle, planejamento e redução de custos
- ❑ Contabilidade
- ❑ Impostos
- ❑ Otimização no trabalho: programas e projetos de gerenciamento
- ❑ Merchandising
- ❑ Análise de sistemas
- ❑ Distribuição de produtos no mercado
- ❑ Marketing/vendas

Outros Campos (mais difíceis de caracterizar)

- ❑ Artes
- ❑ Cinema
- ❑ Gravação de programas
- ❑ Conhecimento sobre países estrangeiros (quais?)
- ❑ Música
- ❑ Artes gráficas
- ❑ Fotografia
- ❑ Redes de rádio e tevê
- ❑ Como fazer vídeos
- ❑ Lingüística ou linguagens
- ❑ Espanhol, inglês etc
- ❑ Desenvolvimento de políticas
- ❑ Religião

É claro que você vai querer saber se pode adicionar algum campo de conhecimento com o qual não teve contato ainda, mas que, segundo acredita, adoraria investigar e poder utilizá-lo em seu almejado emprego. Certo, pode sim, caso esteja cem por cento seguro de que planeja aprender alguma coisa a respeito no futuro próximo. Pode também acontecer de ter em vista conseguir um estágio nesse novo campo de conhecimento — em tal caso, também é válido relacioná-lo. Mas, de preferência, vamos considerar os conhecimentos que já possui. (Ou seja, não complique, por enquanto!).

Quando já tiver selecionado os campos de conhecimento sobre os quais tem algumas noções, volte atrás na lista e indique os seus preferidos — e descarte logo aqueles que detesta. Dos seus preferidos, escolha aqueles que de fato têm importância, a ponto de querer, mais do que todos os outros, utilizá-los em seu futuro trabalho (selecione esses tanto do gráfico quanto da lista). A seguir, copie os dez mais no lado direito da pétala Ferramentas ou Recursos: Dois, na ordem de prioridade que julgar adequada.

Sexto Passo: Tipos de Coisas com as quais Gosto de Trabalhar

Se destacou alguma habilidade com Coisas como preferidas no Terceiro Passo, é importante agora definir melhor *com que tipo* de Coisas prefere trabalhar.

A seguir, existe uma lista de Coisas. Marque as que preferir (ou as que acha que prefere) utilizar, produzir, ou aquelas com as quais gostaria de trabalhar. Adicione outras, que não estiverem na lista, e que despertarem seu interesse. Depois, selecione as dez **mais** importantes e copie-as, em ordem de prioridade, na pétala 6.

Coisas com as quais Mais Gosto de Trabalhar

Matérias-Primas
- ❑ Papel
- ❑ Cerâmica
- ❑ Ligas de estanho ou de chumbo
- ❑ Parafina
- ❑ Papier-mâché
- ❑ Madeira
- ❑ Outros materiais de artesanato
- ❑ Bronze
- ❑ Latão
- ❑ Ferro
- ❑ Aço
- ❑ Alumínio
- ❑ Borracha
- ❑ Compensados
- ❑ Tijolos
- ❑ Cimento
- ❑ Concreto
- ❑ Plásticos
- ❑ Têxteis
- ❑ Tecidos
- ❑ Feltro
- ❑ Couro curtido
- ❑ Sintéticos
- ❑ Materiais elásticos
- ❑ Produtos agrícolas
- ❑ Plantas
- ❑ Árvores

Material Manufaturado
- ❑ Máquinas
- ❑ Ferramentas
- ❑ Brinquedos
- ❑ Equipamentos
- ❑ Medidores
- ❑ Produtos

Casa, Lazer
- ❑ Barracas
- ❑ Trailers
- ❑ Apartamentos
- ❑ Casas
- ❑ Lareiras e chaminés
- ❑ Colunas
- ❑ Telhados
- ❑ Ferramentas de Carpintaria
- ❑ Tinta
- ❑ Papel de parede
- ❑ Aquecedores, boilers
- ❑ Carpetes
- ❑ Extintores de incêndio, alarmes de incêndio e contra roubo
- ❑ Itens domésticos
- ❑ Mobília
- ❑ Camas
- ❑ Lençóis, cobertores

- ❑ Material de lavanderia
- ❑ Lavadoras, secadoras
- ❑ Produtos de limpeza
- ❑ Equipamentos de cozinha: fornos e fogões, microondas, refrigeradores, *freezers*, lava-louças
- ❑ Utensílios de cozinha
- ❑ Louça, talheres
- ❑ Panelas e vasilhames
- ❑ Abridores de latas
- ❑ Banheiras
- ❑ Sabões e sabonetes
- ❑ Cosméticos
- ❑ Artigos de toalete
- ❑ Produtos químicos
- ❑ Toalhas
- ❑ Ferramentas

Equipamentos Variados

- ❑ Relógios
- ❑ Telescópios
- ❑ Microscópios

Alimentos e Equipamentos Para Processamento de Alimentos

- ❑ Poços e cisternas
- ❑ Carnes
- ❑ Pães e bolos
- ❑ Alimentos dietéticos
- ❑ Vitaminas
- ❑ Equipamento para fabricação de laticínios
- ❑ Equipamento para fabricação de vinhos

Vestuário

- ❑ Roupas
- ❑ Capas de chuva e guarda-chuvas
- ❑ Equipamento de fiação, tecelagem
- ❑ Máquinas de costura
- ❑ Moldes, botões, fechos e zíperes
- ❑ Tinturas e corantes
- ❑ Sapatos

Material Elétrico e Eletrônico
- ❑ Rádios
- ❑ Gravadores
- ❑ Equipamentos de som
- ❑ Câmeras
- ❑ Câmeras de televisão
- ❑ Aparelhos de televisão
- ❑ Videocassetes
- ❑ Câmeras de cinema, material de filmagem
- ❑ Dispositivos eletrônicos, montagem de aparelhos
- ❑ Jogos eletrônicos
- ❑ Detentores de mentira
- ❑ Radares

Entretenimento
- ❑ Jogos
- ❑ Baralhos
- ❑ Jogos de tabuleiro: damas, xadrez, monopólio
- ❑ Brinquedos infantis
- ❑ Equipamentos para jogos de apostas

Instrumentos Musicais
- ❑ Especificar

Operações Financeiras
- ❑ Calculadoras
- ❑ Registradoras
- ❑ Dinheiro

Equipamento de Escritório
- ❑ Mesas de telefonia
- ❑ Escrivaninhas e mesas
- ❑ Material de escritório
- ❑ Canetas, tinta, marcadores, etc.
- ❑ Lápis
- ❑ Máquinas de escrever
- ❑ Computadores
- ❑ Fotocopiadoras
- ❑ Impressoras, mimeógrafos

Comunicação
- ❑ Telefones e secretárias eletrônicas
- ❑ Telefones celulares
- ❑ Telégrafos
- ❑ Fax, telex
- ❑ Caixa-postal de voz
- ❑ *Pagers*
- ❑ Radiocomunicadores, *walkman*

Material de Impressão
- ❑ Impressoras, tinta, tipologias

Materiais Para Trabalho Artístico
- ❑ Facas e lâminas para entalhes em madeira, gravação, material de litografia
- ❑ Material de pintura, desenho, *silk-screen*

Materiais Relacionados à Leitura
- ❑ Livros, livros em braile
- ❑ Jornais
- ❑ Revistas

Material Educacional
- ❑ Transparências

Suprimentos de Armazém ou de Manutenção
- ❑ Plataformas, carrinhos de mão
- ❑ Contêineres
- ❑ Garrafas
- ❑ Latas
- ❑ Caixas
- ❑ Máquinas automáticas
- ❑ Válvulas, botões, interruptores
- ❑ Manivelas, roldanas, engrenagens, alavancas
- ❑ Guindastes, gruas

Material de Iluminação
- ❑ Fósforos
- ❑ Velas
- ❑ Lanternas, lampiões
- ❑ Lâmpadas
- ❑ Material de iluminação laser

Energia
- ❑ Combustíveis
- ❑ Baterias
- ❑ Transformadores, motores elétricos, dínamos
- ❑ Maquinário
- ❑ Máquinas de propulsão a vento
- ❑ Rodas e turbinas hidráulicas
- ❑ Turbinas a combustível, a vapor
- ❑ Equipamentos de propulsão a vapor
- ❑ Dinamite
- ❑ Reatores nucleares

Transporte
- ❑ Terrestre
- ❑ Estradas
- ❑ Bicicletas
- ❑ Motocicletas
- ❑ Motonetas
- ❑ Automóveis
- ❑ Paquímetros
- ❑ Sinais luminosos
- ❑ Trens
- ❑ Metrôs
- ❑ Aérea
- ❑ Planadores
- ❑ Balões
- ❑ Pára-quedas
- ❑ Marítima
- ❑ Rios
- ❑ Lagos
- ❑ Corredeiras
- ❑ Canais
- ❑ Oceano
- ❑ Barcos
- ❑ Barcos a vapor
- ❑ Outros Veículos

Material e Equipamento Médico
- ❑ Remédios
- ❑ Vacinas
- ❑ Anestésicos
- ❑ Termômetros
- ❑ Aparelhos de surdez
- ❑ Equipamento odontológico
- ❑ Máquinas de raio-x
- ❑ Próteses
- ❑ Binóculos, óculos, lentes de contato

Equipamento de Ginástica

Equipamento Esportivo
- ❑ Material de pesca, iscas etc...
- ❑ Material de caça, armadilhas e armas

Jardinagem e Material Agrícola
- ❑ Ferramentas de jardinagem
- ❑ Pás
- ❑ Picaretas
- ❑ Ancinhos
- ❑ Cortadores de grama
- ❑ Arados
- ❑ Máquinas recolhedoras, ceifadoras, colheitadeiras
- ❑ Fertilizantes
- ❑ Pesticidas
- ❑ Herbicidas

A Sexta Pétala

Ferramentas ou Recursos: 3

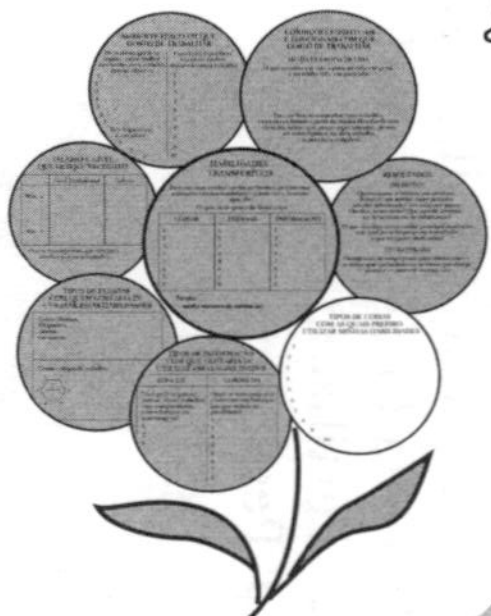

Tipos de COISAS com as Quais Prefiro Utilizar Minhas Habilidades

1.

2.

3.

4

5.

6.

7.

8.

9.

10.

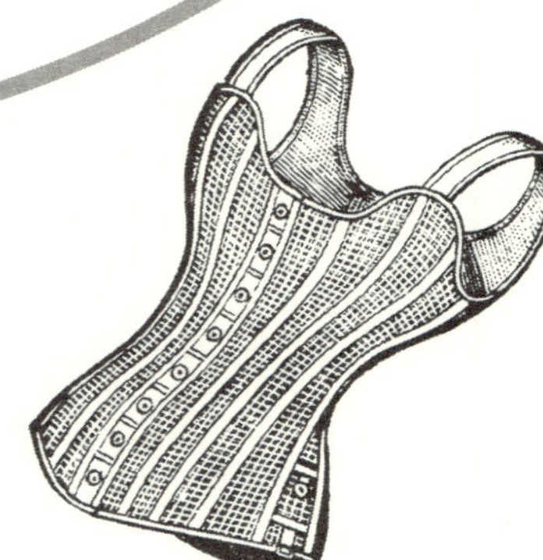

Sétimo Passo: Os Resultados que Quero Alcançar, Os Imediatos e Os de Longo Prazo

Agora que já sabe:

- quais são suas habilidades favoritas, e
- com que tipo de **coisas**, **pessoas** e **informação** prefere utilizá-las, assim como
- qual o **ambiente físico** e as **condições espirituais** que o tornam mais eficiente no trabalho,

vamos nos voltar para a questão dos **resultados**.

No mundo do trabalho, não é suficiente manter-se ocupado. As pessoas precisam manter-se ocupadas com algum propósito. É aqui que entra a questão dos **resultados** ou **para onde essa coisa toda vai me levar**?

Ou seja, suas metas. Lembro que, alguns anos atrás, encarreguei alguns membros da minha equipe de coletar determinado material de que necessitava. Depois de quatro horas de buscas infrutíferas, um virou para o outro e disse: "Vamos voltar. Pelo menos, tentamos." E o outro respondeu: "Infelizmente, no mundo do trabalho ninguém é pago para tentar, mas para obter". Assim, eles persistiram na pesquisa, até que finalmente encontraram o que estavam procurando. A historinha ilustra bem a questão de que estamos tratando. Falando de maneira geral, quando você se propõe a utilizar suas habilidades em algum trabalho, precisa ter algum **resultado** em vista — um **propósito**, uma meta, definida ou por você ou pela organização (de preferência, por ambos).

Assim, dê uma olhada em nossa próxima pétala. Ali, vai encontrar duas colunas para os resultados: os **imediatos** e os de **longo prazo**.

Resultados Imediatos em Seu Trabalho

Neste caso, resultados imediatos quer dizer: "Neste trabalho que adoro executar, que resultados tenho como meta?" Quero fabricar ou fazer um **produto**, ou ajudar a oferecer um **serviço**, ou quero prestar assistência a pessoas que coletam, manuseiam ou divulgam algum tipo de **informação** para outras pessoas? Ou dois desses objetivos? Ou três deles? E em que ordem de prioridade? Acredito de fato que o mundo esteja precisando de mim para fazer o tal produto (ou coisas do tipo alimentos, roupas), ou para aprimorar o tal serviço, ou para dispor da tal informação?"

Uma vez que houver respondido a essa pergunta, a próxima questão a se colocar, naturalmente, é: **que** produto, serviço ou informação?

É relativamente fácil responder o *que* (relativamente). Se você assume que o resultado é algum **produto** que ajudará a produzir ou a vender, provavelmente já o terá identificado na pétala de suas *Coisas Preferidas.* Se o caso for algum **serviço**, deve estar registrado na sua pétala de *Tipos de Pessoas Preferidos.* Se optar por estar lidando com alguma **informação**, lá está a pétala correspondente.

Uma outra maneira de encarar a questão dos Resultados Imediatos é estudar suas sete histórias com o objetivo de levantar que espécie de motivação parece sempre lhe tocar, ou seja, que meta, aparentemente, você está sempre perseguindo — mais do que qualquer outra. Aqui está como pode descobrir isso:

(continua na página 266)

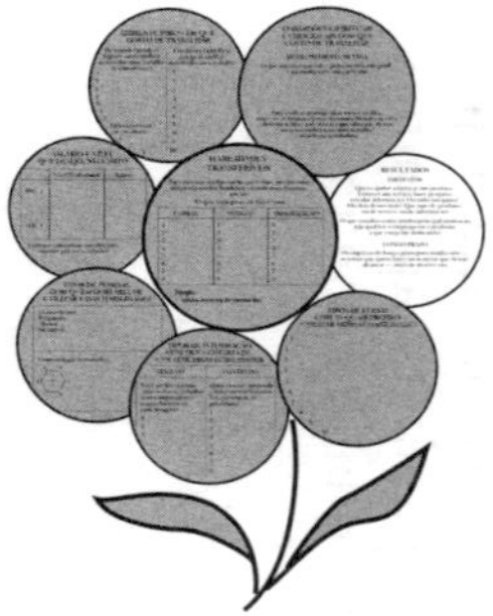

A Sétima Pétala

Resultados

Imediatos

No trabalho que mais gosto de executar, quero ajudar a fabricar ou a fazer um **produto**, a oferecer algum **serviço**, a coletar, manusear ou divulgar **informação**? Ou dois desses objetivos? Ou três? E que espécie de produto, serviço ou informação?

O que enxergo como minha principal motivação em qualquer emprego por que passo e em qualquer profissão a que me dedico?

Longo Prazo

Meus objetivos de longo prazo na vida — as coisas que quero fazer, ou as metas que quero cumprir — antes de morrer, são:

Resultados: Minha Principal Motivação

Percorra suas sete histórias e sublinhe em vermelho todos os verbos que empregou. Depois, verifique quais dos verbos abaixo são insistentemente repetidos. Essa operação vai lhe revelar aquele resultado que você está sempre perseguindo, que realmente significa recompensa para seu esforço e dedicação em tudo o que faz. Claro que você não deve ficar limitado a um único objetivo — então, pode escolher três ou quatro, contanto que dê a eles uma ordem de prioridade.

Adquirir / Possuir (*dinheiro, status, pessoas*) Você quer o seu próprio... bebê, brinquedos, bens, casas, família. Principal recompensa: "Isso aqui é meu!"

Ser Responsável / Estar no Comando (*outras pessoas, coisas, organizações*) Você quer estar no topo, estar por cima, ter a autoridade nas mãos — estar no centro das decisões. Principal Recompensa: "Eu decido!"

Lutar / Prevalecer (*adversários, o mal, filosofias contrárias*) Você quer lutar contra os bandidos, enfrentar o sistema, as coisas estabelecidas, velhas tecnologias. Principal recompensa: "Eu venci!"

Desenvolver / Construir (*estruturas, tecnologias*) Você quer criar alguma coisa do nada. Principal recompensa: "Eu criei isso!"

Superar / Ser o Melhor (*contra os outros, os preceitos convencionais*) Você quer ser o mais rápido, o primeiro, o mais persistente, o que chega mais cedo, o mais sofisticado, o melhor de todos, enfim. Principal recompensa: "Eu me destaquei!"

Explorar / Concretizar o Potencial (*de situações, mercados, coisas, pessoas*) Você procura enxergar longe, perceber quando está diante de um grande talento, de um produto que irá fazer sucesso, de um mercado promissor. Principal recompensa: "Eu tive a visão do que poderia fazer e, graças a mim, ela tornou-se realidade!"

Obter Respostas / Influenciar Comportamentos (*de e através de pessoas*) Você quer que tanto cachorros e gatos quanto indivíduos e grupos reajam à sua intervenção. Principal recompensa: "Tive uma forte resposta!"

Obter Reconhecimento / Atenção (*dos seus iguais, das autoridades*) Você quer acenar para a multidão que o saúda, aparecer nos jornais, ser conhecido, ter um holofote iluminando seus passos. Principal recompensa: "Sou famoso!"

Aprimorar / Fazer Melhor (*para você, para os outros, no trabalho*) Tornar o que é fraco em bom, tornar o bom melhor ainda, mais lucrativo, mais eficiente. Principal recompensa: "Eu melhorei isso!"

Fazer parte do Time / Oficializar-se (*diante dos outros, dos regulamentos, do sistema*) Você quer ser escalado, ganhar seu diploma, entrar para o clube, para uma associação profissional, para a sala de refeições dos executivos na empresa, etc. Principal recompensa: "Eu consegui!"

Corresponder a Necessidades / Expectativas (que sejam colocadas pelo momento, inerentes, essenciais) Você se esforça para atender a especificações, cumprir cronogramas, atender bem ao cliente, a necessidades do patrão. Principal recompensa: "Eles estão impressionados comigo!"

Fazer Funcionar / Fazer Funcionar Direito (*coisas, sistemas, operações*) Consertar o que está quebrado, trocar o que está com validade vencida, redesenhar o que foi mal concebido. Principal recompensa: "Agora, essa coisa funciona!"

Ensinar / Aperfeiçoar (*algum tema, habilidade, equipamento, objetos*) Perseguir recordes, o domínio completo de determinada técnica, o controle total de variáveis. Principal recompensa: "Eu dominei isso!"

Organizar / Operar (*negócios, equipes, linhas de produtos*) Você quer ser o inovador, o iniciador de um negócio. Principal recompensa: "Fui eu que dei início a essa coisa!"

Ultrapassar / Perseverar (*obstáculos, dificuldades, imprevistos*) Você quer ser do tipo que vai atrás do tigre com uma espingarda de chumbo, que remove montanhas. Principal recompensa: "Eles diziam que ninguém seria capaz de fazer isso!"

Ser Pioneiro / Descobrir (*tecnologias, bens culturais, idéias*) Você quer pressionar o sistema, superar o conhecimento, demolir barreiras. Principal recompensa: "Para ir até onde ninguém jamais foi."

Atender / Ajudar (*pessoas, organizações, grandes causas*) Você quer matar a fome dos pobres, ajudá-los a encontrar emprego, auxiliar os enfermos. Principal recompensa: "Fazer desse mundo um lugar melhor!"

Marcar / Influenciar (*coisas materiais, pessoas, política*) Você quer deixar sua marca, provocar mudanças e causar impacto. Principal recompensa: "Nunca vão me esquecer!"

Adaptado por Richard N. Bolles de MILLER, Arthur F. e MATTSON, Ralph T. The truth about you: discover what you should be doing with your life. *1ª ed., 1977, pp 68-69. Não deve ser reproduzido sem a permissão por escrito de Arthur Miller, People Management Inc., P.O. Box 33608, Seattle, WA 98133.*

Preencha o topo da pétala 7 — *Resultados* — com o que achar adequado da lista acima, ou com suas próprias palavras. Além disso, acredito que deva tomar algum tempo para refletir sobre essas questões — e não copiá-las correndo, com pressa de terminar.

A seguir, na parte de baixo da pétala, você vai encontrar:

Resultados de Longo Prazo para Seu Trabalho

Como resultado de todo o trabalho que realiza aqui na Terra, que resultados ou recompensas gostaria de obter antes de morrer? Que metas quer atingir, quais as coisas que deseja fazer? Sua resposta deve ser escrita com todo cuidado e reflexão numa folha de papel (*nunca mais de uma folha, por favor*). Então, o resumo do que for mais importante deve ser copiado na parte de baixo da pétala 7. É bom que, nesse meio tempo, você dê uma olhada lá atrás no que escreveu em sua filosofia de vida.

Pode ser que, enquanto esteja escrevendo sobre este ítem, se depare com algumas metas de longo prazo que nada têm a ver com seu trabalho, propriamente falando, mas que se relacionam com o todo da sua vida. Por exemplo: "Antes de morrer, quero viajar pelo mundo todo". Tudo bem, tome nota assim mesmo. Quem sabe um dia vão lhe oferecer um emprego que lhe permita atingir uma de suas metas de vida — e não apenas seus objetivos profissionais.

E agora, o último passo para formar uma imagem do seu emprego ideal.

Oitavo Passo: As Recompensas que Quero Obter por Meu Trabalho

Chegamos à pétala 8, que se chama Recompensas. Todos queremos obter alguma coisa como recompensa por nosso trabalho, o que é diferente de conseguir resultados. Ou seja, além de fazer ou fabricar determinado produto, prestar um serviço ou fornecer informação, queremos pôr pão em nossa mesa, roupas em nosso corpo e um telhado sobre nossas cabeças — no mínimo.

Esta pétala trata de **Nível** e de **Salário**. Pede a você que defina qual o menor salário que precisa ganhar em seu próximo emprego ou profissão e qual é o máximo, ou seja, o seu salário ideal.

Lidar com a questão de salário implica pensar em nível profissional. Ou seja, se pretende receber um salário de três mil reais mas, como aspiração profissional , está tentando a profissão de contínuo, há algo errado aí. Nível profissional corresponde a salário, quer dizer, um contínuo não ganha três mil reais por mês.

Nesta pétala, é relativamente fácil definir um salário. O *mínimo* é aquilo que precisa ganhar para não morrer de fome. Você vai precisar levantar quais são as suas despesas mensais para chegar a esse valor. O *máximo* é o quanto quer ganhar, e definir isso requer apenas avaliar o quanto custam seus sonhos.

Já o *Nível Profissional* é mais difícil de definir. De certa forma, é o que você irá descobrir quando estiver conduzindo sua Entrevista para Coleta de Informações, depois de completar o trabalho com este Manual. Por exemplo, vamos dizer que seu Diagrama em Forma de Flor sugira que seu emprego ideal envolva pesquisas sobre como prolongar a vida humana. À medida que visita diversos lugares especializados nessa pesquisa, você descobre que o salário de um pesquisador iniciante quase cobre o seu mínimo. Um membro da equipe com dez anos de experiência ganha por mês, digamos, 2.500 reais — 800 reais a mais do que o seu mínimo. E um pesquisador no topo da carreira, chefiando o departamento, ganha o que você avaliou como seu salário ideal — o máximo. Nesse momento — e só agora — você pode preencher o item Nível Salarial com a opção pesquisador iniciante.

Mas, existem alguns pontos sobre *nível profissional* — vamos chamá-los de "palpites preliminares" — que você já poderia deixar registrados desde agora. Por exemplo, em seu emprego ideal você quer trabalhar:

- ❑ sozinho e por conta própria;
- ❑ sozinho, mas empregado de alguém ou de alguma empresa;
- ❑ ligado a outra pessoa;
- ❑ como membro de uma equipe, todos de igual nível;
- ❑ como parte de uma hierarquia, na qual você cumpre determinadas funções;
- ❑ como parte de uma hierarquia na qual você é o chefe, supervisor ou o dono;
- ❑ ou o quê?

Anote na pétala todas as idéias ou palpites que lhe ocorrerem neste momento. É sempre possível trocá-los, mais adiante (como, de fato, você pode trocar qualquer coisa em *qualquer* das pétalas), depois de haver realizado sua própria pesquisa, ou sua entrevista, para checar a imagem do emprego ou da profissão que a flor lhe indicar.

Na parte de baixo desta pétala, verá que foi deixado algum espaço para você adicionar qualquer outra recompensa que gostaria de obter em seu trabalho ideal. O que isso significa? Bem, muitas pessoas esperam que seu trabalho lhes dê mais do que dinheiro. *Por exemplo* (marque os ítens que se apliquem a você):

- ❑ Contatos sociais
- ❑ A oportunidade de ajudar outras pessoas
- ❑ A oportunidade de trazer outras pessoas para perto de Deus
- ❑ Estímulo intelectual
- ❑ A oportunidade de utilizar meu talento
- ❑ A oportunidade de tomar decisões
- ❑ A oportunidade de ser criativo
- ❑ A oportunidade de exercitar minha capacidade de liderança
- ❑ A oportunidade de me tornar popular

- ❑ Respeito
- ❑ Aventura
- ❑ Desafio
- ❑ Influência
- ❑ Segurança
- ❑ Independência
- ❑ Poder
- ❑ Fama
- ❑ Riqueza

Acrescente qualquer outra recompensa que deseje obter. Quando terminar, coloque-as em ordem de prioridade, e depois copie na parte de baixo da pétala.

A Oitava Pétala

Recompensas

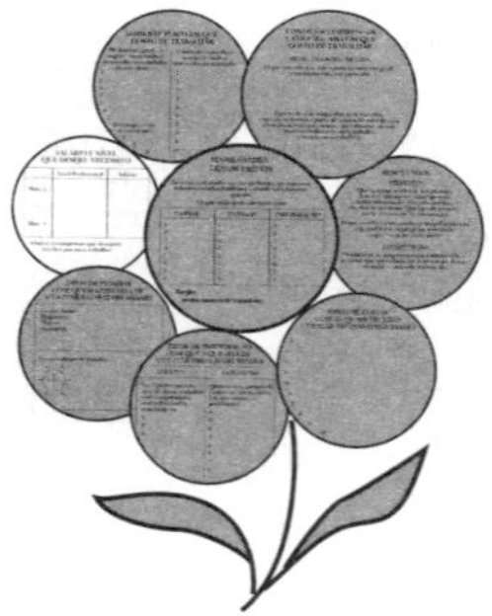

Salário e Nível Profissional que Quero/Preciso

	NÍVEL	SALÁRIO
MÁX. ↑		

MÍN.		

Outras recompensas que gostaria de obter deste emprego:

Conclusão: Juntando Tudo

Agora que preencheu todas as pétalas, é hora de reuni-las numa grande folha de papel. Por que deve reunir todas as pétalas? Porque a imagem do seu emprego ideal não vai aparecer espalhada por oito folhas separadas. É uma coisa só, única, inteira, e só vai surgir se for arrumada dessa forma. É dessa maneira que você deve retê-la na mente ou num caderno quando procurar um emprego.

Portanto, não deixe as pétalas que preencheu com tanto trabalho separadas umas das outras. Recorte os círculos de cada pétala e cole-os numa única folha de papel.

É claro que vai precisar de uma folha bem grande para fazer isso. Se for mais fácil, prenda as folhas umas às outras com fita adesiva como mostrado abaixo. Ou, então, use uma cartolina.

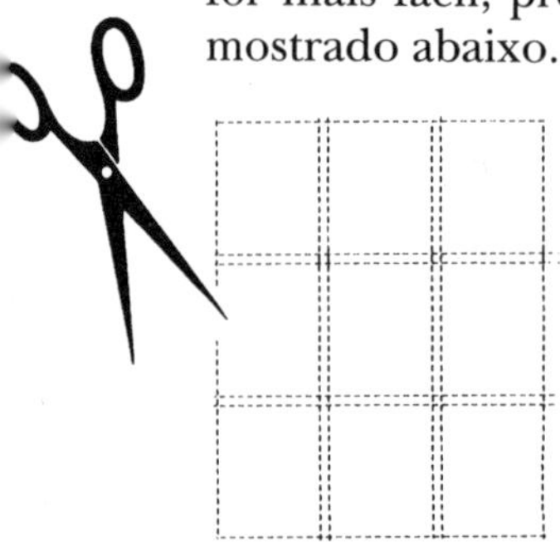

Quando você terminar de juntar todas as pétalas, seu Diagrama em Forma de Flor deve ficar igual à ilustração a seguir. Para que sua mudança de profissão ou caça ao emprego tenha sucesso, você **tem que saber** as respostas para todas estas questões. É fundamental, imprescindível, absolutamente necessário que você diminua ou limite o território que irá explorar.

Se quiser uma espécie de descrição de sua profissão por extenso para reunir tudo o que levantou nos exercícios anteriores, aqui vai uma sugestão: ***Quero uma colocação como __________ OU o desafio de ocupar a posição/o cargo de __________ na minha própria organização/empresa OU dentro de uma (instituição, empresa) líder no ramo de __________, na qual seja requerido o conhecimento de __________ OU a experiência em __________ OU na qual comprovadas habilidades em __________ e em __________ possam ser utilizadas ao máximo e onde a familiaridade com/interesse por __________ também possam ser empregados.***

E, agora, você está no ponto para entrar de cabeça nos passos práticos indicado nos Capítulos 6 e 7.

II. Opções

A Terra do Trabalho
Iniciando Seu Próprio Negócio

AS DIVERSAS TRILHAS DA TERRA DO TRABALHO
MESMA PROFISSÃO, NOVO EMPREGO
PERMANECENDO NA EMPRESA EM QUE TRABALHA ATUALMENTE
PERMANECENDO NA SUA PROFISSÃO ATUAL
INICIANDO UMA NOVA PROFISSÃO
TERRA DO TRABALHO
PERMANECENDO ONDE VOCÊ MORA
MUDANDO PARA OUTRO LUGAR

RABALHO DE
IO EXPEDIENTE
TRABALHO DE HORÁRIO INTEGRAL
TRABALHANDO EM DIVERSAS OCUPAÇÕES EM EXPEDIENTE PARCIAL (2, 3 OU MAIS EMPREGOS)
UMA ÚNICA OCUPAÇÃO
TRABALHANDO COMO EMPREGADO
TRABALHANDO POR CONTA PRÓPRIA
TRABALHANDO EM CASA
PRESTANDO SERVIÇO VOLUNTÁRIO OU FAZENDO ESTÁGIO
VOLTANDO AOS ESTUDOS OU ADQUIRINDO TREINAMENTO/ESPECIALIZAÇÃO
STEVEN M. JOHNSON

Quando Você Quer Começar Seu Próprio Negócio

Emprego por Conta Própria
Trabalhando em Casa
Tornando-se um Inventor
Tornando-se um *Free Lancer*
Tocando uma Franquia

Claro que você já pensou nisso. Um milhão de vezes. E quem não pensou? Toda vez que você empaca no trânsito, a caminho do trabalho, volta à sua cabeça aquela bela idéia de não precisar mais ir para o escritório, ou para nenhum outro local de trabalho, mas, em vez disso, ter seu próprio negócio, ficar com todo o lucro para si próprio, ser seu próprio patrão, fazer seu produto, vender seu serviço, talvez instalado em sua própria casa.

Sim, belíssima idéia! Mas, até agora, nada de pô-la em prática. Até agora... Porque, de repente, você está sem emprego e cheio de tudo o que tem feito profissionalmente na vida. E, nesse momento, pode estar pensando: "É agora ou nunca! Eu preciso conseguir!"

QUE ESPÉCIE DE NEGÓCIO VOCÊ QUER COMEÇAR?

Obviamente, a primeira coisa é decidir que espécie de negócio você quer ter. Pode ser que não possua a menor idéia a respeito.

Ou, talvez, saiba exatamente o que é. Pode estar pensando na coisa há anos. E pode estar fazendo a tal coisa há anos, também — como empregado de alguém. Só que agora pretende fazer essa coisa maravilhosa por conta própria: prestar um serviço, ou consultoria, fazer consertos, algum tipo de artesanato ou produto, ensinar, oferecer serviços de utilidade do lar, tais como tomar conta de crianças ou oferecer transporte para a escola.

A próxima questão que precisa resolver é onde exatamente vai executar seu trabalho. Alguns empreendimentos por conta própria precisam de instalações fora de casa — um lugar apropriado, caso seu sonho seja, por exemplo, criar cavalos, dedicar-se à plantação de especiarias, à produção de comestíveis finos, montar uma pousada, e outras coisas do gênero.

Já outras ocupações não dependem de instalações. Pode-se montar um negócio hoje em dia com telefone, fax, computador, Internet — algo que você pode tocar lá do quarto desocupado em seu apartamento ou de um sítio, ou até mesmo de fora do país. Tudo isso hoje é possível.

A única regra é: tome a precaução de conversar com pessoas que montaram o mesmo tipo de negócio que você tem em mente, ou algo próximo. Recolha do cérebro deles quaisquer idéias e experiências que lhe possam ser úteis, para que você não tenha que passar pelas mesmas dificuldades pelas quais eles já passaram.

TRABALHANDO EM CASA

A maioria das pessoas, pensando em abrir seus próprios negócios, prefere começar instalando-se nos lugares onde moram, se isso for possível. Claro, é uma maneira de poupar um aluguel e inúmeras outras despesas.

Trezentos anos atrás, quase todo mundo trabalhava nesses moldes. Trabalhavam em suas casas ou em suas fazendas. Somente com o advento da revolução industrial tornou-se regra trabalhar fora de casa.

Recentemente, entretanto, a idéia de trabalhar em casa ganhou novo ímpeto por causa do congestionamento do trânsito e do desenvolvimento de novas tecnologias. Assim, se você pode comprar um fax, um computador com um *modem*, pagar uma assinatura num provedor de Internet (que não é cara), que lhe dá direito a usar *e-mail* e outros serviços *on line*, tudo favorece para que se torne um empresário com sede em casa para oferecer serviços ou produtos, seja como *free lancer*, seja através de sua microempresa.[1]

Mesmo antes de começar, no entanto, você precisa estar ciente dos problemas que vai enfrentar, pois assim já terá uma noção de como vai lidar com eles.

---

[1] Se você decidir que deseja tornar-se um *free lancer*, vá conversar com algumas pessoas que trabalham dessa maneira, de forma a levantar todos os obstáculos e armadilhas envolvidos. Onde você encontra *free lancers*? Bem, eles estão por toda a parte. Roteiristas para tevê e cinema, copidesques e revisores, artistas, compositores, fotógrafos, ilustradores, decoradores, pessoal ligado a vídeo, cinema, consultores — e esses são apenas exemplos de pessoas que, pela natureza da própria ocupação, precisam trabalhar como *free lancers*. Converse com eles, ainda que não estejam trabalhando no mesmo ramo que você. Você precisa colocar-se a par dos imprevistos de não ter emprego fixo e de correr atrás do trabalho o tempo todo, além de outros.

OS TRÊS MAIORES PROBLEMAS PARA QUEM TRABALHA EM CASA

1) O principal problema para quem trabalha em casa, segundo especialistas, é que essas pessoas, tomando por padrão os trabalhadores americanos, faturam apenas 70% do que ganhariam se trabalhassem em escritórios. Assim, pense com cuidado se você pode sobreviver nesse esquema — sem falar em querer *melhorar de vida.*

2) A segunda dificuldade é manter um equilíbrio entre as atividades profissionais e a vida em família. Em alguns casos, o tempo dedicado à *família* reduz-se drasticamente. Em outros, principalmente quando há crianças pequenas envolvidas, o horário de *trabalho* pode ser interrompido com tanta freqüência que se torna impraticável. Assim, verifique, de acordo com sua própria situação familiar e doméstica, se pode adaptar-se a trabalhar em casa.

3) Por último, esse tipo de negócio coloca você numa perpétua caça ao emprego. Ah, sim, a sua idéia era começar seu próprio negócio e assim evitar a caça ao emprego. Bem, tecnicamente falando, pode ser que tenha suas razões de pensar assim, mas, de fato, você estará sempre precisando caçar trabalho, caçar novos clientes, caçar o pagamento pelos serviços prestados, caçar e caçar... E quem esperava livrar-se de patrões deve lembrar que quem paga pelos seus serviços ou produtos não deixa de ser, de certa maneira, um empregador. Ou seja, trabalhar em casa vai fazer de você um *eterno* caçador de emprego.

É claro que o seu sonho, e o de qualquer pessoa que pensa em trabalhar por conta própria, é se tornar tão conhecido e requisitado que os clientes vão estar constantemente batendo à sua porta para contratar seus serviços, e você será finalmente capaz de se livrar desta interminável caça ao emprego. A realidade, no entanto, é que isso só ocorre com uma minoria, e você precisa ter consciência disso desde já.

O mais provável é que você esteja sempre à procura de novos clientes. Pode ser que, com o tempo, você ganhe experiência e tenha mais facilidade com isso, mas pode ser também que, se as condições econômicas piorarem e encontrar muitas portas fechadas, você tenha ainda mais dificuldades. Talvez este seja o aspecto de sua nova opção profissional que você sempre achará desagradável, e é bom pensar bastante sobre isso.

Se achar que a tarefa de sair atrás de novos clientes é uma espécie de tortura, seu glamouroso negócio por conta própria vai tornar-se sinônimo de morrer de fome. Sei de muita gente, trabalhando por conta própria, com quem aconteceu exatamente isso — e precisamente por essa razão: não tinham estômago para, dia após dia, sair em perseguição a clientes.

Se você tem essa limitação, quem sabe deve contratar alguém, ou associar-se a alguém, que possa encarregar-se disso? Alguém que tire de letra. Tem muita gente assim por aí. Você terá que encontrar um parceiro entre eles.

QUANDO VOCÊ NÃO SABE QUE ESPÉCIE DE NEGÓCIO QUER INICIAR

Pode ser que você adore a idéia de ter seu próprio negócio, mas não tenha a menor noção de qual poderia ser esse negócio, propriamente dito. Bem, não chega a ser um grande problema.

Existe uma série de passos que você pode dar para descobrir.

Primeiro, leia bastante. Há montanhas de livros e de publicações repletas de idéias de pequenos negócios. Considere, por exemplo, as seguintes sugestões: transporte de crianças para o colégio; transporte de pessoas para *shows*, espetáculos, programas noturnos, passeios e excursões; consertos domésticos, em prédios ou condomínios; reparo de aparelhos eletrônicos; serviços de computador, tais como digitação, editoração eletrônica; prestação de consultorias; organização de festas, bufês, animação de festas infantis, gravação em vídeo de acontecimentos, solenidades, comemorações; fabricação de fraldas descartáveis; coleta de lixo...

Segundo, levante as necessidades da sua vizinhança e da sua comunidade. Pergunte por aí — e a você mesmo — que tipos de serviços e de produtos as pessoas andam precisando. Ou que tipo de produto ou serviço, já oferecido, poderia ser aprimorado. Pode surgir alguma coisa que desperte seu interesse.

A matéria principal de 90% das possibilidades de negócio que estão em aberto, nos dias de hoje, diz respeito a coisas que poupam o tempo das pessoas. É isso o que pais separados ou casais em que ambos trabalham fora, ou pessoas solteiras com a vida cheia de solicitações, mais sonham obter ou adquirir.

Terceiro, considere a possibilidade de abrir um negócio de entregas pelo correio. Se não encontrar nada que possa oferecer à sua comunidade mais próxima, talvez queira ampliar sua procura. Pergunte, então, o que está sendo demandado no seu país, ou mesmo no mundo. Afinal de contas, negócios de encomendas pelo correio podem iniciar pequenos: coisas feitas em casa, com catálogos sendo mandados para todos os lugares. Pesquise um pouco a respeito desse assunto. E também, pelo amor de Deus, vá conversar antes com pessoas que trabalham dessa maneira (para levantar seus nomes, ou o nome das firmas, basta abrir alguns desses catálogos que você mesmo recebe).

Quarto, sonhe. Para avaliar devidamente qualquer idéia que lhe ocorra, a primeira coisa é dar uma boa olhada em seus sonhos. O que sempre sonhou fazer? Desde criança? Desde a semana passada? Está na hora de tirar a poeira dos seus velhos sonhos e de realizá-los.

E, por favor, neste momento, não vá ficar pensando se o seu sonho significa um passo à frente em sua vida ou não. E daí? O sonho é seu. É o que sempre quis fazer. Então, quem sabe vale a pena ganhar um pouco menos para tê-lo nas mãos? Não leve seus sonhos a julgamento e não deixe que ninguém o faça.

QUANDO VOCÊ INVENTOU ALGUMA COISA

Se você trabalha como inventor, ou consertando coisas, pode começar aprimorando alguma idéia que já exista. Pegue alguma coisa de que goste — bicicletas, por exemplo. Tente criar uma, digamos, bicicleta dobrável. Ou, se gosta de ir à praia, experimente fabricar e vender à beira-mar toalhas com pesos nas pontas, para impedir que sejam carregadas pelo vento.

Se já inventou alguma coisa, e os projetos estão guardados em sua gaveta, é hora de tentar fabricar um protótipo, ou mesmo começar a produção em série. Pense em tudo cuidadosamente: o produto deve ser fabricado, anunciado, vendido, etc.

É extremamente recomendável fazer alguma pesquisa sobre como é o negócio de invenções. Localize alguns inventores e pergunte a eles como conseguiram fazer de seus inventos um sucesso. Levante o máximo de informações que puder, principalmente, sobre as questões envolvendo registro de patentes, *copyright*, etc.

FRANQUIAS

Se nada mais o atrair, pense um pouco sobre franquias. Franquias existem por causa das pessoas que querem iniciar seu negócio próprio mas que não querem passar pela agonia de iniciar alguma coisa do nada. Essas pessoas querem comprar o direito de explorar um negócio já estabelecido, têm suficiente dinheiro guardado para tanto (ou podem levantar empréstimos) e não se importam de trabalhar fora de casa, como é o caso da maioria das franquias.

Há inúmeros exemplos de franquias. Algumas são caríssimas — principalmente as mais conhecidas. Algumas compensam o que cobram veiculando anúncios na mídia. Outras, prometem fazer isso e não cumprem. Algumas são mais bem-sucedidas. Outras, verdadeiras armadilhas.

Existe bastante material (revistas, livros, artigos de jornais) para lhe dar informações. Quase todas as publicações o aconselham a ir conversar com diversas pessoas que adquiriram a franquia em vista, para perguntar como andam os negócios, antes de decidir. E quando eu digo diversas, não estou me referindo a duas ou três, mas muitas mais. Alguns especialistas recomendam que vá conversar com empresas de franquias diferentes daquelas que está considerando, só para cobrir a possibilidade de que alguma coisa boa surja daí — algo em que não havia pensado.

Agora, se está pensando em entrar numa franquia porque está com pressa e não quer ter todo o trabalho preliminar, nem tanta dor de cabeça levantando informações, então merece o que vai conseguir. Coisas como essa é que levam à loucura.

SEU PRÓPRIO NEGÓCIO OU FRANQUIA: QUAIS AS CHANCES DE FAZÊ-LO DECOLAR

Quando você investiga a verdade dos fatos a respeito do negócio que tem em vista — seja trabalhando em casa ou fora, seja sua própria empresa ou uma franquia —, a primeira coisa com que se depara são estatísticas algo amedrontadoras. Escondidas por trás delas estão não apenas más notícias, mas também boas notícias.

A MENOS *B* É IGUAL A *C*

Só para introduzir essa questão, devo dizer que, nos últimos 25 anos, fiquei *estarrecido* de descobrir quantas pessoas iniciam um negócio sem sequer ir conversar com outras que estejam no mesmo ramo.

Uma caçadora de empregos, certa vez, me contou que iniciou um negócio de fabricação de velas em casa, sem ter tido contato algum com qualquer um que tivesse tentado o mesmo empreendimento. A empresa foi fechada em um ano e meio e ela concluiu que ninguém deveria tentar qualquer negócio do tipo. Minha conclusão foi diferente: ela já começou errado.

Para evitar tão triste destino, aqui vão algumas tarefas que precisa executar antes de iniciar seu negócio — seja o que for. Por favor, *decore* essas regras:

A – B = C

1. Escreva em algum lugar a descrição exata do negócio que pretende iniciar.

2. Selecione bairros ou cidades a pelo menos 40 quilômetros de onde mora, e dê um jeito de ter em mãos suas listas telefônicas.

3. Usando essas listas telefônicas, levante o número de pelo menos três negócios, nessas cidades, que sejam idênticos ou similares ao que tem em vista. Então, vá à tal cidade, ou ao tal bairro, e converse com as pessoas que abriram o negócio ou com seus atuais proprietários.

4. Pergunte a eles que imprevistos ou obstáculos tiveram que enfrentar. Pergunte como os superaram. Pergunte de que habilidades ou conhecimentos precisaram dispor ou acham necessários para levar o negócio em frente. Mais tarde, liste cada um dos itens levantados. Quando terminar de conversar com cada um dos proprietários, destaque as habilidades e conhecimentos que tenham levantado em comum. Você chamará essa lista de A.

5. De volta a sua casa, faça um inventário de suas próprias habilidades e conhecimentos, podendo utilizar os Capítulos 5 e 6 para isso. Você chamará essa lista de B.

6. Finalmente, subtraia B de A e terá, como resultado, uma lista que chamará de C. Ou seja, a lista das habilidades e dos conhecimentos que não possui, mas precisa adquirir, seja freqüentando cursos, seja arrumando parceiros ou empregando pessoas que possuam aquelas habilidades.

Por que os 40 quilômetros? Bem, na verdade, isso é o mínimo. Se esses negócios estivessem estabelecidos *na sua cidade ou bairro*, seriam seus concorrentes. Ora, concorrentes não contam segredos uns para os outros. Não vão lhe dar o treinamento necessário para você tomar os clientes deles, não é?

Já quando se trata de um sujeito que mora em outra cidade — quanto mais longe melhor —, ninguém vai olhá-lo como um concorrente, e podem, de boa-vontade, lhe fornecer boas indicações, a partir de suas experiências, principalmente a respeito de onde estão escondidas as armadilhas.

Sem dúvida, você está querendo um exemplo prático. Certo. Nossa caçadora de empregos em questão é uma mulher que sempre esteve empregada fabricando harpas. Agora, está pensando em trabalhar por conta própria, não apenas fabricando harpas, mas desenhando-as com o auxílio de um computador. Depois de entrevistar diversos fabricantes de harpas estabelecidos, seu gráfico do **A – B = C** ficou do jeito que vocês podem ver mais adiante.

Se ela decidir que vai tentar mesmo o negócio de fabricação de harpas, já sabe que terá que cobrir as seguintes lacunas: *programação em computador, princípios de eletrônica e contabilidade* (Coluna C). OU matricular-se em cursos para ganhar esses conhecimentos, OU arranjar um colaborador, talvez um amigo que queira ajudá-la de graça, OU empregar pessoas por meio expediente, que possam cuidar dessas tarefas.

Esses são os passos essenciais para iniciar bem seu novo empreendimento.

COMO POSSO FAZER MEU A – B = C SE NINGUÉM JAMAIS OUVIU FALAR DO NEGÓCIO OU DA PROFISSÃO QUE TENHO EM MENTE

Mesmo que você seja um sujeito extremamente inventivo, vai ser difícil aparecer com uma idéia na qual ninguém jamais ouviu falar. O que pode acontecer é você surgir com algo que a maioria das pessoas desconheça. Mas é bastante provável que alguém, em algum lugar deste mundo, no qual a criatividade abunda, já tenha tentado o que você tem em mente. Sua tarefa é encontrar essa pessoa, entrevistá-la com todo zelo e, então, já sabe: **A – B = C**.

A – B = C

Habilidades e conhecimentos necessários para conduzir esse tipo de negócio com sucesso	**Habilidades e conhecimentos que possuo**	**Habilidades e conhecimentos necessários que não possuo e para os quais terei que encontrar alguém voluntário ou contratado para fazer**
Saber trabalhar com precisão com ferramentas e instrumentos	Saber trabalhar com precisão com ferramentas e instrumentos	
Planejar e dirigir todo um projeto	Planejar e dirigir todo um projeto	
Programar computadores, inventando programas que possam resolver problemas		Programar computadores, inventando programas que possam resolver problemas
Resolver problemas: saber detectar por que alguma coisa não está funcionando	Resolver problemas: saber detectar por que alguma coisa não está funcionando	
Ser capaz de auto-estimular-se, ser acessível, paciente, perseverante, meticuloso, metódico e zeloso	Ser capaz de auto-estimular-se, ser acessível, paciente, perseverante, meticuloso, metódico e zeloso	
Ter conhecimentos sobre: Princípios de eletrônica	*Ter conhecimentos sobre:*	*Ter conhecimentos sobre:* Princípios de eletrônica
Física das cordas	Física das cordas	
Princípios da vibração	Princípios da vibração	
Propriedades da madeira	Propriedades da madeira	
Programação de computadores		Programação de computadores
Contabilidade		Contabilidade

Se não houver alguém fazendo *exatamente* o que você sonha fazer, deve haver alguém que tenha tentado pelo menos *algo semelhante.* Aqui está uma dica sobre como encontrá-lo:

QUANDO NINGUÉM JAMAIS FEZ O QUE EU QUERO FAZER

É sempre possível encontrar alguém que já tenha feito algo no mínimo *aproximado* daquilo que você tem em mente. Para isso, as regras são:

1. Divida seu projeto de um novo negócio em diversas partes.
2. Trabalhe com duas dessas partes de cada vez. Veja que tipos de pessoas são descritos ou podem estar relacionados a estas atividades.
3. Descubra os nomes dessas pessoas — de preferência, dois nomes ou mais.
4. Vá visitá-las, telefone, escreva para elas. Com isso, vai aprender coisas muito importantes sobre o sonho que tem.
5. Alguma dessas pessoas pode lhe dar uma indicação sobre alguém que tenha um negócio ainda mais parecido com o que você tem em vista. Se for o caso, vá entrevistar essa pessoa, peça novas indicações e assim por diante.

Por exemplo, vamos supor que seu sonho seja — vamos pegar um caso bem ridículo — utilizar computadores para monitorar o crescimento das plantas no Pólo Sul. E vamos supor que você não encontre ninguém que já tenha feito algo do gênero. A maneira de vencer esse aparentemente imensurável problema é dividir o projeto do negócio em questão em partes, que são, neste caso, computadores, plantas, Pólo Sul.

A seguir, tente combinar qualquer par para definir o tipo de pessoa com quem precisa conversar. Nesse caso, ainda, isso pode envolver alguém que *esteja utilizando computadores para acompanhar o crescimento de plantas no Brasil,* ou alguém que *esteja usando computadores no Pólo Sul,* ou alguém que *esteja cuidando de plantas no Pólo Sul.*

Indo conversar com essas pessoas, você afortunadamente descobre que alguém está utilizando computadores para monitorar o crescimento de plantas no Pólo Sul. Mais uma vez, o que tem a fazer é ir atrás dessa pessoa. No mínimo, estará aprendendo mais sobre as armadilhas que estão à sua espera, escutando o relato da experiência de alguém que tentou algo *próximo* do que você quer.

Portanto, é *sempre* possível — com algum sangue, suor e imaginação — matar a charada do seu A – B = C relativo ao negócio que tem em mente.

NOVAS MANEIRAS DE TRABALHAR

Bem, acabamos de falar sobre novas maneiras de trabalhar. Se você está num daqueles momentos de virada de vida, deveria levá-las em consideração. É claro que nenhuma das estratégias abordadas nesta seção são exatamente novas, ou melhor, talvez sejam *novas*, mas *para você*. E é claro também que, no atual estágio da economia, dá uns tremores pensar em algo que seja novo. Entretanto, vai se tornar mais fácil se mantiver três coisas em mente:

1. Há sempre algum risco quando se tenta algo novo. Seu trabalho não é evitar os riscos — não há como fazer isso —, mas garantir, com antecedência, *que pode lidar com eles.*

2. Você deve descobrir se pode ou não lidar com estes riscos antes de iniciar seu novo negócio, primeiro conversando com outras pessoas que já entraram no mesmo empreendimento e, depois, avaliando se deseja de fato prosseguir.

3. Tenha sempre um plano de reserva já esboçado *antes de começar*, para você saber o que vai fazer se as coisas não andarem do jeito que quer, qual será seu próximo passo, etc. Não espere estar com o *pescoço no laço*. Formule hoje mesmo seu plano de reserva: *"Se isso não der certo, vou tentar* ______________________ ."

Essas regras servem em qualquer situação que esteja passando na vida: já empregado, desempregado, na meia-idade, recuperando-se de uma crise ou de um acidente, aposentado, seja o que for. Leve cada uma delas bastante a sério.

Se tem família ou divide sua vida com alguém, converse a respeito com todos os envolvidos. Pergunte o que vai acarretar para eles sua tentativa de algo novo na vida. Vocês vão precisar sacar dinheiro da poupança? Será que eles estão dispostos a fazer esses sacrifícios? E daí por diante.

Se você está empregado, precisa avaliar a conveniência de deixar seu emprego no intuito de iniciar seu próprio negócio. O que dizem os especialistas? Em poucas palavras, dizem: "Não faça isso!" O melhor é sempre mover-se gradualmente para a nova posição, nem que precise trabalhar de madrugada em seu negócio próprio, enquanto se mantém no emprego. Dessa maneira, pode ir testando seu empreendimento, assim como testaria o assoalho de uma casa em ruínas, com passos cuidadosos, sem peso, até sentir que ele pode sustentá-lo.

Se a sua investigação revelar que é necessário dispor de muita prática em contabilidade para tirar lucro do seu negócio, e você não sabe coisa alguma sobre contabilidade, contrate alguém que saiba, mesmo que seja como *free lancer*, ou peça a um amigo que entenda do assunto que lhe dê uma ajuda por algum tempo.

Depende só de você fazer seu levantamento de informações da forma mais cautelosa, pesando riscos, contabilizando custos, conseguindo bons conselhos das pessoas mais próximas, e só então, se decidir que deve ir em frente, ponha todo o seu coração na coisa — não importa o que o coro de pessimistas diga a respeito.

Você tem apenas uma curta vida aqui na Terra e depende inteiramente de você (e de Deus) dizer como vai ou não usá-la.

III. Ferramentas da Caça ao Emprego

Como Procurar Emprego Enquanto Ainda Empregado
Currículos, Agências de Empregos e Anúncios

Como Procurar Emprego Enquanto Estou Empregado?

Nos últimos 25 anos, andei entrevistando pessoas que, ainda empregadas, saíam em busca de novas colocações. Meu objetivo era descobrir como faziam isso. Eis o resumo do que coletei de experiências bem-sucedidas.

• Utilize suas noites para fazer o inventário sobre você mesmo, levantando suas habilidades e o que realmente quer do seu próximo emprego ou profissão. Mais tarde, quando sair à rua para sua caça ao emprego, use as noites também para escrever seus bilhetes de agradecimento, suas cartas e tudo o mais.

• Utilize sua hora de almoço para visitar os empregadores, caso estejam na cidade onde você trabalha atualmente. Os horários variam muito de pessoa para pessoa. Assim, enquanto você está na sua hora de almoço, alguém que precisa ver pode estar no escritório. Se houver certa flexibilidade em seu emprego, você pode mover sua hora de almoço de acordo com suas conveniências. Experimente fazer uma refeição rápida, que lhe deixe tempo para atender a um compromisso, particularmente no caso daquelas entrevistas que não devem durar mais do que vinte minutos.

• Utilize o fim da tarde. Muitas das pessoas com quem precisa se encontrar são gerentes e executivos, que não costumam sair do escritório às 5h em ponto. Avalie quanto tempo leva para você atravessar o trânsito até onde trabalham, e marque sua visita.

• Utilize os feriados. Há dois tipos de feriados. Aqueles que valem para todo mundo, tais como Natal, Ano Novo, Semana Santa, e outros, específicos de certas categorias. No caso de você estar de folga num dia em que outros estejam trabalhando, é uma boa oportunidade para fazer suas visitas.

• Utilize os sábados. Há algumas empresas ou locais de trabalho que funcionam aos sábados. Se for o caso, você também pode marcar compromissos para esse dia.

• Utilize suas férias. Se está levando a sério sua procura ao emprego ou sua mudança de profissão, não vai achar tanto sacrifício assim dedicar as férias de um determinado ano ao objetivo que tem em vista. E isso vai se mostrar especialmente útil, caso esteja procurando emprego em outra cidade, ou em bairros distantes de onde você trabalha. Aliás, se a idéia é mudar de cidade e se tem dinheiro disponível, poderia programar suas férias para essa localidade que está considerando, agendando com antecedência os compromissos que teria que cumprir por lá.

Se você está com uma lista muito grande de pessoas e lugares que precisa visitar, e não pode esperar até as férias, pense em pedir ao seu empregador uma *licença sem vencimentos.* Isso é possível, se não for um período muito grande e se não prejudicar seu trabalho atual. Como justificativa, pode usar a mais pura verdade: problemas pessoais.

Para quem está empregado, a caça ao emprego pode demorar um pouco mais. Você deve estar preparado para isso e determinado a manter a coisa andando até sua conclusão. Não desperdice sequer um minuto livre. Você pode conseguir, e com muito sucesso.

Você deve se sentir culpado por estar procurando outra colocação, ainda empregado? Não no mundo de hoje. Lembre-se de algumas verdades simples:

Seu empregador tem determinados direitos, inclusive o de demiti-lo, a qualquer momento, por exemplo, em função de reestruturações na empresa, enxugamento de folha de pagamento, etc. E seu empregador tem o direito de preparar-se para fazer isso com antecedência, transferindo parte de suas obrigações para seus colegas, ou tomando outras providências do gênero.

Você, o empregado, tem os mesmos direitos, inclusive o de se demitir, a qualquer momento. Você também tem o direito de se preparar com antecedência para isso, candidatando-se a entrevistas e tudo o mais que favorecer sua procura de uma nova colocação.

Currículos, Agências de Empregos, Anúncios
(em Caso de Necessidade)

Recebi recentemente um comentário a respeito de currículos que me impressionou muito. Veio de um estudante universitário: *"Vou começar agradecendo sinceramente por ter escrito esse livro. Vou me formar este ano e já tenho um emprego garantido, numa empresa que escolhi, num ramo que adoro (aviação), enquanto meus colegas e amigos estão perdidos por aí, enviando currículos. Até hoje, nunca escrevi nem me utilizei desse recurso inútil. Estou pensando em ir atrás de meus amigos e poupá-los de mais decepções, aconselhando-os a deixar de lado os currículos. Para cada um deles, vou comprar um exemplar do seu livro!"*

Por que esses estudantes estão tendo tanta dificuldade para arranjar emprego? Bem, acontece que em cada 1.470 empregos oferecidos no mercado de trabalho, apenas um é decidido através de currículos.

Por que será que os currículos funcionam tão mal? Por que será que os empregadores depositam tão pouca fé neles?

Bem, vamos começar com uma palavra: "mentira".

Uma pesquisa realizada em 1992 descobriu que um número escandalosamente alto de pessoas entre 15 e 30 anos acreditava ser aceitável mentir no trabalho e na escola. Um terço delas declarou que estaria disposto a mentir em um currículo.

Esse índice não é válido apenas no caso dos mais jovens. Pessoas em altos cargos — executivos, diretores de escolas, etc. — também foram pegas falsificando currículos, citando diplomas de graduação que, de fato, não possuíam.

Portanto, os especialistas estimam que um terço de todos os caçadores de emprego mente em seus currículos.

Mentem, superestimando seus títulos, sua experiência, os resultados que obtiveram em outros empregos, omitindo terem sido demitidos nas colocações nas quais tiveram péssimo desempenho, e valendo-se de mais uma enormidade de subterfúgios.

Considerando que entre um terço e metade das pessoas só colocam mentiras em seus currículos, se você fosse um empregador, conseguiria acreditar num pedaço de papel como esse?

> Currículo: Um recurso engenhoso que torna o ser humano num objeto (um pequeno maço de folhas de papéis, ou seu resumo, numa única folha A4). Esse híbrido é freqüentemente usado para tentar convencer pessoas às quais nunca se viu ou conheceu a investir milhões de dólares em alguém, contratando-o para um emprego com o qual o indivíduo em questão não tem maior afinidade.
>
> *Michael Byrant*

Se mesmo assim você está decidido a usar um currículo, vamos dar uma olhada em algumas coisas que precisa ter em mente sobre eles, bem como sobre agências e anúncios de emprego.

Um Resumo Sobre o que Sabemos Sobre Currículos

Curriculum vitae (curriculum vite) [Lat. "carreira de vida".] Conjunto de dados concernentes ao estado civil, ao preparo profissional e às atividades anteriores de quem se candidata a um emprego. [Tb. se diz simplesmente, e em port., *currículo.*]
Novo Dicionário Aurélio

Enviar currículos é uma coisa que apresenta poucos resultados. Alguns anos atrás, um estudo feito por empregadores revelou que, para cada 1.470 currículos recebidos, apenas um emprego utilizava-os como critério de avaliação de candidatos e era efetivamente preenchido dessa maneira. Bem, como já dissemos, ninguém tomaria um avião sabendo que apenas um entre 1.470 passageiros chegaria ao seu destino.

Aqueles poucos para quem funcionou enviar currículos falam um bocado sobre o assunto. E a grande maioria, que não conseguiu nada através desse método, geralmente não fala a respeito. É isso que deixa a impressão de que a coisa dá resultados para quase todo mundo.

Se acreditar que enviar currículos dá certo e, por conta disso, você mandar uma porção deles, mas, no final, ficar de mãos abanando, vai acabar pensando que há alguma coisa errada com você. Daí para perder a auto-estima, entrar em depressão, sofrer de uma paralisia emocional, e coisa pior, é apenas um passo. Isso já aconteceu com dezenas de milhares de caçadores de emprego. Aconteceu até mesmo comigo. Mas não deixe acontecer com você. Leia de novo o início do primeiro parágrafo: enviar currículos é uma coisa que apresenta poucos resultados. Se não obtiver nenhuma resposta, isso não significa que o errado é você. Significa que há alguma coisa fantasticamente errada com os currículos como técnica de caça ao emprego.

Há empregadores que gostam de utilizar currículos porque, de forma geral, permitem que descartem o candidato de imediato, sem "perda de tempo" com entrevistas. A maioria dos empregadores e de seus subordinados são capazes de "avaliar" um currículo em, aproximadamente, trinta segundos — principalmente se o seu currículo é um, numa pilha de cinqüenta, sobre suas mesas. Já se o seu currículo estiver ali junto com outros cem, os empregadores podem fazer a *seleção* de maneira ainda mais apressada — temos registros a respeito! —, despendendo nada mais do que oito segundos para dar uma olhada em cada currículo. Assim, num relance de oito a trinta segundos, você estará eliminado, bem como todas as suas chances de emprego naquela empresa.

A despeito desse fato, quase todo mundo — incluindo muitos livros sobre caça ao emprego — vai aconselhá-lo a enviar currículos, ou resumos de seu currículo para dúzias de empregadores, ou em resposta a anúncios de oferta de emprego nos jornais. E muita gente ama os currículos, apesar de serem ineficazes. Nunca o amor foi tão cego quanto neste caso. Lembre-se: apenas um em 1.470...

Muitos empregadores *odeiam* currículos. Ponto! Muitos outros os usam, embora desconfiem deles, já que tantos caçadores de emprego mentem a respeito de suas qualificações — e são desmascarados!

Muitas empresas sequer dão respostas aos currículos que recebem. Aí, você precisa adivinhar se chegaram a olhar seu currículo, ou o jogaram no lixo, sem ao menos abrir o envelope.

Mesmo assim, caçadores de emprego são apaixonados por currículos — tanto quanto odeiam ser rejeitados. Através dos currículos, seu nome ganha o mundo e, embora normalmente isso não adiante nada no que toca a conseguir uma colocação, pelo menos evita que você se veja cara a cara com o empregador, olhando direto em seus olhos, enquanto o escuta dizendo que não o quer. Mas, se são os currículos a ser rejeitados, então tudo bem. Parece que a coisa não é tão... *pessoal.* Currículos são uma boa maneira de nos enganarmos, de parecer que estamos de fato empenhados em conseguir emprego, mesmo que — em relação ao que realmente interessa — não estejamos fazendo quase nada.

Agências de Empregos

Agências de empregos operam com empregos de longo prazo e com empregos temporários. Estas são chamadas "agências de emprego temporário".

Algumas agências trabalham com todos os tipos de emprego. Outras são especializadas. Algumas especialidades, tanto em relação a empregos de longo prazo quanto aos temporários: serviços de contabilidade; de escritório; processamento de dados; assessoria legal para diversas questões comerciais e consultorias; organização de feiras, *marketing* e vendas; motoristas e mecânicos; reformas, obras e construções; gerenciamento, assessoria executiva, financeira; babás e enfermeiras; programas de saúde... e muitos outros. É possível encontrar anúncios oferecendo os serviços dessas agências em jornais e publicações especializadas e, dependendo do lugar, nas *Páginas Amarelas.*

Se for o caso de estar pagando à agência do seu próprio bolso (às vezes, o empregador contrata uma agência para proceder à seleção de candidatos a uma vaga), deve saber que o formulário de inscrição que estará preenchendo é também, em geral, um contrato, com valor legal. Se esse contrato ceder à firma *exclusividade,* e se acontecer de você encontrar um emprego sem a ajuda deles, pode, assim mesmo, estar obrigado a lhes pagar uma taxa. Cuidado! Essas taxas variam muito de uma agência para outra, e a conta pode ficar bastante cara no final.

Os especialistas dizem que o índice de resultados alcançados pelas agências de emprego situa-se em torno dos 5%, ou seja, para 95 pessoas em cada 100 que recorrem aos seus serviços, a agência não encontra colocação... A propósito, é bom saber que algumas agências costumam brincar um pouco com os números que retratam seu desempenho. Daí, alardeiam: "95% dos nossos clientes saem daqui empregados!" O truque está em *quem* consideram seus clientes. Não estão se referindo a todos os que cruzam suas portas — nada disso! A estatística pega apenas algumas dessas pessoas. Adivinhe quem... Os caçadores de emprego que as agências consideram mais fáceis de serem colocados no mercado. Abracadabra! Aqui estão os 95% *deles*.

Muitas vezes a taxa pelos serviços da agência é paga pelos empregadores. Assegure-se de informar-se com exatidão a esse respeito. É claro que vai preferir as agências que não cobram nada dos caçadores de emprego.

Ocorre que, apesar de as agências proclamarem que representam em igual medida empregadores e caçadores de emprego, no frigir dos ovos (por exemplo, quando você não se encaixa na lista de oferta de empregos com que estão trabalhando), a lealdade delas, é claro, fica com quem paga a conta (na maioria dos casos, os empregadores), ou com quem está constantemente fazendo negócios com elas (novamente, os empregadores). Isso significa que algumas agências vão tentar fazê-lo pegar um emprego que não combina com você, de forma a conseguirem atender ao pedido de seus clientes (e receber o pagamento por isso).

Para pessoas que querem mudar de profissão, agências de emprego têm pouca utilidade. Essas firmas faturam pelo volume de contratações conseguidas, pela colocação rápida, e não podem despender muito tempo com apenas um caçador de emprego. Costumam se concentrar nos casos mais "vendáveis". Pessoas que querem mudar de profissão — sem experiência no trabalho que têm em vista — representam um problema para as agências de emprego e, na maioria das vezes, elas não se dispõem a investir tempo em tais casos.

Agências Contratadas Pelos Empregadores

Uma coisa que caçadores de emprego devem compreender é que o Método Neandertal Para Contratações é adotado tanto pelos que procuram trabalho quanto pelos empregadores. Estes **não sabem como encontrar empregados adequados ao que necessitam**, tanto quanto a maioria dos caçadores de emprego **não sabe como encontrar empregadores apropriados**. Portanto, alguns empregadores são clientes constantes de certas agências, que, certamente, fazem de tudo para preencher as vagas oferecidas — afinal, ganham para isso.

Em alguns casos (principalmente em cargos mais elevados), essas agências que trabalham localizando a pessoa para determinado emprego são chamadas *headhunters* (*caçadores de cabeças*). Ou, ainda, *empresas de recolocação de executivos, consultores de pessoal, recrutadores de recursos humanos*, etc. Atualmente, algumas trabalham também com outros níveis de emprego, não apenas os mais altos.

É uma especialização muito vaga. Muitas agências de emprego preferem adotar esse tipo de denominação, atualmente. Isso porque são pagas, no final das contas, para encontrar a pessoa exata, com o histórico e a experiência requisitados, mais nada.

A tarefa confiada a essas firmas pelos empregadores é tirar alguém já empregado em uma firma e colocá-lo em outra, pessoas com uma carreira em ascensão — executivos, pessoal de vendas, técnicos, processadores de dados, seja o que for. Não se trata aqui de arranjar colocações para desempregados.

Portanto, não servem de nada para a maioria dos caçadores de emprego. Mas, se procurar bem, você pode acabar encontrando alguma agência que trabalhe, prioritariamente, com colocações na sua área ou especialização. Então, por desencargo de consciência, vale a pena mandar um currículo para essa firma, em particular. Mas não fique contando que saia muita coisa daí.

Anúncios de Ofertas de Empregos em Jornais

Outra das táticas empregadas pelo nosso método de caça ao emprego da idade da pedra são os anúncios de oferta de emprego.

Anúncios de oferta de emprego são encontrados nos classificados de praticamente todos os jornais do país. Para cargos em nível de gerência ou em função executiva, anuncia-se também em jornais especializados em economia, negócios e finanças.

Alguns anúncios são especialmente obscuros a respeito do emprego que oferecem, mas recheados de frases para atrair sua atenção. Cuidado! Veja alguns exemplos:

"Queremos pessoas com muita energia e iniciativa" (=você não vai ganhar um salário, seu rendimento vai ser à base de comissão).
"Procuramos alguém com habilidade em organização de informações" (=você vai ser enfiado num arquivo o dia inteiro).
"Faça um investimento no seu futuro" (= trata-se de uma franquia ou de um daqueles esquemas *furados* do tipo *pirâmide*).
"Contatos com clientes" (=você vai ficar pendurado no telefone, fazendo chamadas *no escuro* para tentar arranjar compradores).
"Planejamento e coordenação" (= querem alguém para fazer arranjos de viagem para o chefe).
"A oportunidade de sua vida" (= em nenhum outro lugar você vai trabalhar tanto e ganhar tão pouco).
"Treinamento para gerentes" ou "Sua chance de fazer viagens interessantes" (= querem tornar você um vendedor num território a ser desbravado).

De 48 a 96 horas depois que um anúncio é veiculado (geralmente, o pico ocorre no terceiro dia), um empregador já terá recebido de vinte a mil currículos e, de cada cem, vai eliminar de 95 a 98 deles.

Muitos anúncios classificados incluem o número do telefone do empregador para lhes dar a possibilidade de *fazer a seleção inicial* já por telefone, sem precisar encontrar-se com o candidato pessoalmente. Isso significa uma enorme desvantagem e, por essa razão, muitos especialistas recomendam não conversar nada ao telefone — a não ser o que for necessário para marcar um encontro. Uma boa maneira de evitar ser descartado já pelo telefone é dizer: "Sinto muito, não posso conversar agora. Estou trabalhando."

Um estudo realizado em duas cidades típicas — uma grande, outra menor — revelou (eu endosso a constatação) que entre 85% e 75% dos empregadores não tentaram contratar ninguém através de anúncios. Ou seja, caso ainda esteja mantendo alguma esperança em relação a anúncios, saiba que eles o deixam de fora de algo em torno de três quartos dos empregos possíveis na sua cidade.

Para piorar um pouco as coisas, alguns dos anúncios que saem publicados são falsos.

Certo tipo de empregadores colocam anúncios para testar a fidelidade de seus empregados (para contatos, colocam apenas uma caixa postal, ou pedem que se enviem as cartas para o próprio jornal, fazendo constar do envelope um número de referência).

Também agências de empregos costumam veicular anúncios falsos, normalmente oferecendo empregos que já preencheram, de forma a servir de isca para que você os procure.

Se você quiser mesmo responder a anúncios de oferta de emprego, aqui vão algumas regras básicas:

• Fale ou escreva pouco. Você não está tentando convencer o empregador a lhe dar a colocação. Essa é a função da entrevista de seleção. Tudo o que você quer é conseguir marcar essa entrevista.

• Ao responder o anúncio, não forneça mais informações do que as que já foram pedidas. Nada mais. Não dê ao empregador, espontaneamente, dados que podem ajudá-lo a decidir que não vale a pena entrevistar você.

• Liste suas qualificações como uma série de pontos, cada um precedido de uma marca. Sempre muito resumidas.

• Se o anúncio mencionar alguma qualificação que não possua, como, por exemplo, *prática em lidar com barcos a motor*, refira-se a isso vagamente, dizendo-se *interessado em barcos a motor.* Claro que é melhor estar falando a verdade.

• Se pedirem sua pretensão salarial, os especialistas geralmente recomendam que você ignore esse item, já que muitos empregadores utilizarão isso como primeiro item para descartar candidatos sem precisar chamá-los para uma entrevista. Pode sempre acontecer que, tendo omitido a resposta a essa questão, o empregador pense que você simplesmente esqueceu de respondê-la e o chame para a entrevista, mesmo assim. Alguns especialistas, entretanto, recomendam que você responda propondo uma faixa salarial bastante larga (*Quero ganhar entre três e cinco mil reais por mês, dependendo da responsabilidade com que vou arcar*).

• Se quiser dar alguma resposta ao item salário, mas sem apresentar um valor ou uma faixa salarial, os especialistas recomendam que faça um breve histórico da sua vida profissional, aproximadamente nos seguintes termos: *Minha profissão já me propiciou muita coisa. Tenho sido periodicamente promovido, por mérito e desempenho, subido sempre nos escalões das empresas onde trabalhei e isso, conseqüentemente, me permitiu aumentar progressivamente meus rendimentos.*

• Assegure-se de não cometer erros de português na sua resposta por escrito. Uma coisa *quase sem erros* não serve. Tem que ser perfeita. Mostre a carta a pelo menos dois amigos, sendo um deles, de preferência, um profissional (um revisor que trabalhe em jornal ou editora). Se encontrarem algum erro gramatical, datilografe a carta inteira outra vez.

• Assegure-se de que a última frase em sua carta coloque o controle da situação em suas mãos. Errado: *Aguardo sua resposta.* Certo: *Aguardo sua resposta e entrarei em contato com você, na próxima semana, para me certificar de que tenha recebido esta carta.*

• Verifique se incluiu seu número de telefone, número do fax, e-mail, ou qualquer outra referência de contato para que o empregador não tenha dificuldade em achá-lo, quando for convidá-lo para a entrevista.

• Aconselho a você que não escreva apelos idiotas no envelope, tais como: *Pessoal, Confidencial*, etc., como se fosse uma carta do presidente da República. Alguns empregadores estão fartos de receber cartas com essas mensagens extras e as deixam de lado, só por causa desse detalhe.

• Coloque-a logo no correio. Não perca tempo. Lembre que, de fato, em cada cem pessoas que respondem anúncios de emprego, apenas uma ou duas são chamadas para entrevistas.

• Pelo sim, pelo não, aqui está uma estratégia de reserva. Se está disposto a tentar os mesmos anúncios mais de uma vez, cheque os jornais diariamente e dê atenção particular aos que gostaria de responder, embora não tenha a qualificação pedida. Por exemplo, digamos que pedem alguém com algum tipo de especialização, formalizada em diploma, que você não possui. Se encontrar um anúncio assim, recorte-o e guarde. Se achar conveniente, responda. Provavelmente, vão ignorar sua carta. Caso o empregador encontre a pessoa que procurava, o anúncio não aparecerá novamente no jornal. No entanto, *se aparecer de novo*, é sinal de que o empregador não encontrou ninguém com as qualificações que pretendia. Então, é a sua chance de escrever de novo — e dessa vez, quem sabe, barganhar um pouco!

• Veja como uma caçadora de empregos descreveu uma tentativa bem-sucedida desse tipo:

"O anúncio pedia um diploma de especialização que eu não possuía. Mesmo assim, respondi a ele, uma primeira vez. Afinal, tinha mais de dez anos de experiência comprovada naquele ramo em particular. Um mês mais tarde, quando o anúncio foi publicado novamente, enviei uma carta dizendo que eles, obviamente, não haviam encontrado a pessoa certa, usando o diploma como critério, então, o que achariam de me dar uma oportunidade? Já tinham meu currículo em mãos, não é mesmo? Bem, funcionou. Fui chamada para a entrevista. Apresentei uma proposta de salário inferior à que estariam oferecendo a uma pessoa diplomada na área, que mesmo assim representava um aumento de rendimentos para mim. Consegui o emprego e ambas as partes ficaram muito contentes com o desfecho da história. Recomendei este mesmo procedimento a três amigos meus e dois deles conseguiram emprego assim."

IV. Caça ao Emprego Para Grupos Específicos

Estudantes de Segundo Grau, incluindo Empregos de Férias

Estudantes Universitários

Mulheres

Executivos

TERRA DO
EMPREGO

Caça ao Emprego Para Grupos Específicos

O corpo principal do *Pára-quedas* dá conta de 98% daquilo que você precisa saber para conduzir com sucesso sua caça ao emprego. No entanto, para aqueles que estão num dos grupos listados abaixo, tenho alguns comentários e conselhos extras.

Estudantes de Segundo Grau

e a Caça ao Emprego

Se você é um estudante de segundo grau ou acabou de sair do colégio e está procurando trabalho, já deve estar avisado de que existem algumas dificuldades especiais que irá enfrentar. Mas, sabendo melhor que dificuldades são essas, você poderá superá-las.

Considerando a questão das *habilidades*, 90% dos empregadores acreditam que estudantes secundaristas "não sabem resolver problemas mais complicados". Assim, ainda no colégio, tente *desenvolver habilidades* — coisas como facilidade de leitura, boa expressão escrita, matemática, digitação (familiaridade com computadores)... Habitue-se a assumir a atitude de resolver problemas. Aprenda o que significa ser um bom profissional. Vá conversar com gerentes de lanchonetes *fast-food* e pergunte: "O que caracteriza um bom empregado, aqui? O que caracteriza um mau empregado?" Faça uma lista do que lhe responderem a respeito das características do bom empregado e siga essa lista como se fossem mandamentos, seja qual for o emprego que você pretender.

Se não tiver terminado seus estudos secundários e precisar trabalhar, pense seriamente na possibilidade de freqüentar uma escola noturna, visando sempre adquirir aquelas habilidades listadas acima.

Caso esteja enfrentando dificuldades em encontrar trabalho, então precisa ler, sublinhar, aprender e digerir os capítulos do *Pára-quedas* destinados às pessoas que têm tempo e paciência em relação ao mercado de trabalho. Precisa também *percorrer* cuidadosamente o *Mapa Para Acelerar a Caça ao Emprego*, que consta deste *Manual*.

Na verdade, as regras do que precisa aprender para procurar por um emprego são bastante simples, já que são as mesmas para todo mundo: *descubra quais são suas habilidades, descubra que espécie de trabalho quer fazer, converse com pessoas que estejam colocadas nesse tipo de emprego, pergunte o que gostam em seus trabalhos e como encontraram seus empregos. Pesquise na área geográfica de sua preferência, visite as empresas que lhe interessarem, para levantar o que fazem e que tipo de problemas têm. A seguir, identifique ou localize a pessoa que tem o poder de contratá-lo para o emprego que você deseja e use seus contatos para conseguir se encontrar com essa pessoa. Mostre a ela como pode ajudá-la a resolver problemas da empresa e como pode se tornar um empregado realmente especial para ela.* Acima de tudo: não pule etapas nem tome atalhos.

Lembre-se de que os empregadores estão divididos em dois grupos: aqueles que (independente de como se apresentar a eles e do que puder lhes demonstrar a seu respeito) não vão lhe dar o emprego porque você é um estudante secundarista e aqueles que irão empregá-lo, desde que possa ajudá-los a executar o trabalho que realizam. Sua tarefa se resume a encontrar os empregadores do segundo grupo e agradecer polidamente a todos os do primeiro grupo que despenderem alguns minutos de seu precioso tempo para despachar você de volta para casa.

Estudantes Universitários

e a Caça ao Emprego

Pouca gente ainda acredita que um diploma universitário garanta emprego para alguém. E, para a maioria das pessoas, não adianta ficar confiando naquele parente bem colocado, ou no pistolão do amigo do amigo do pai. Nada disso. Você próprio precisa assumir a tarefa de arrumar um emprego. Saiba desde já que, nessa disputa, vencem não os mais fortes, mas aqueles que tomam a iniciativa, que persistem e que descobrem a melhor maneira de conduzir sua caça ao emprego por conta própria. De resto, sua tarefa é em tudo semelhante à de qualquer pessoa que procura por uma colocação. Ou seja, precisa *descobrir quais são suas habilidades, que espécie de trabalho quer fazer, conversar com pessoas que estejam colocadas nesse tipo de emprego, perguntar o que gostam em seus trabalhos e como encontraram seus empregos. Pesquise na área geográfica de sua preferência, visite as empresas que lhe interessarem, para levantar o que fazem e que tipo de problemas têm. A seguir, identifique ou localize a pessoa que tem o poder de contratá-lo para o emprego que você deseja e use seus contatos para conseguir se encontrar com essa pessoa. Mostre a ela como pode ajudá-la a resolver seus problemas e como pode se tornar um empregado realmente especial na companhia.* Acima de tudo: não pule etapas nem tome atalhos.

Lembre-se de que os empregadores estão divididos em dois grupos: aqueles que (independente de como se apresentar a eles e do que puder lhes demonstrar a seu respeito) não vão lhe dar o emprego porque você ainda é um estudante universitário ou um recém-formado e aqueles que irão empregá-lo, desde que possa ajudá-los a executar o trabalho que realizam. Sua tarefa se resume a encontrar os empregadores do segundo grupo e agradecer, com a cortesia que sua mãe lhe ensinou, a todos os do primeiro grupo que despenderem alguns minutos de seu precioso tempo para despachar você de volta para casa.

Mulheres
e a Caça ao Emprego

Se você for uma mulher e estiver procurando emprego, já sabe que são muitas as dificuldades que terá de enfrentar. Mas, desde que esteja ciente de quais dificuldades são essas, pode superá-las. Não há nada de diferente em relação às mulheres, no que toca às técnicas de caça ao emprego. Os capítulos do *Pára-quedas* dedicados às pessoas que têm alguma coisa mais definida em mente, em relação ao mercado de trabalho, devem trazer conselhos e sugestões úteis para o seu caso. Em resumo, não *queime* etapas nem use falsos atalhos. Como qualquer outro caçador de empregos, você precisa *descobrir quais são suas habilidades, que espécie de trabalho quer fazer, conversar com pessoas que estejam colocadas nesse tipo de emprego, perguntar o que gostam em seus trabalhos e como encontraram seus empregos. Pesquise na área geográfica de sua preferência, visite as empresas que lhe interessarem, para levantar o que fazem e que tipo de problemas têm. A seguir, identifique ou localize a pessoa que tem o poder de contratá-lo, para o emprego que você deseja e use seus contatos para conseguir se encontrar com essa pessoa. Mostre a ela como pode ajudá-la a resolver seus problemas e como pode se tornar uma funcionária realmente especial na companhia.*

Lembre-se de que os empregadores estão divididos em dois grupos: aqueles que (independente de como se apresentar a eles e do que puder lhes demonstrar a seu respeito) não vão lhe dar o emprego porque você é mulher e aqueles que irão empregá-la, desde que possa ajudá-los a executar o trabalho que realizam. Sua tarefa se resume a encontrar os empregadores do segundo grupo e agradecer polidamente a todos os do primeiro grupo que despenderem alguns minutos de seu precioso tempo para despachar você de volta para casa.

Uma vez empregadas, aí sim as mulheres enfrentam problemas bastante específicos.

(1) O principal diz respeito a **salário**. Como é notório, mulheres com a mesma experiência e preparo que homens, na mesma função e na mesma empresa, não recebem igual tratamento salarial; isto é, ganham menos. Mas há maneiras de lidar com essa disparidade:

- Algumas mulheres entram em mercados de trabalho predominantemente masculinos, nos quais disparidades salariais são menos praticadas.
- Algumas mulheres entram em novos campos de trabalho, nos quais os salários são mais equilibrados.
- Algumas buscam denominar suas funções com termos pouco usuais, o que, de novo, equilibra os níveis salariais.

• Algumas optam por negociar um salário mais alto, antes mesmo de aceitar uma oferta de trabalho. Se conduzir a negociação salarial com habilidade, isso pode, de fato, trazer ganhos para os seus rendimentos. Leia a respeito no *Pára-quedas.*

(2) Associada ao salário está a questão do **cuidado com as crianças**. Para os níveis salariais mais baixos, os gastos com crianças consomem pelo menos a quinta parte de seus rendimentos.

(3) O terceiro problema está relacionado a **promoções**. Na empresa, você precisa descobrir quem é a pessoa com poder de decisão sobre as promoções a que fizer por merecer. Na prática, precisa educá-los, seja com um relatório anual ao seu supervisor imediato, com cópia para a pessoa acima deles que decide a respeito, detalhando suas realizações, seja com o que mais lhe ocorrer. Sempre ajuda oferecer-se como voluntária para trabalhar em comissões ou em outros departamentos, de forma a adquirir experiência em diversas áreas da empresa. Também ajuda pedir uma avaliação de seus colegas de trabalho ou de seu supervisor, sobre como pode desempenhar melhor suas tarefas. E ajuda sempre se *pedir* mais responsabilidades, particularmente naqueles casos que envolvem aumento de lucratividade ou diminuição de custos. Acima de tudo, peça por aquilo que deseja alcançar com gentileza e persistência. Uma executiva bem-sucedida disse uma vez: "Passei muitos dos primeiros anos de minha carreira esperando que me dessem aquilo que eu merecia. Agora, habituei-me a pedir o que acredito que mereço."

(4) O quarto problema para as mulheres que trabalham é o famoso ***teto invisível.*** Ou seja, a dificuldade que enfrentam para conseguir os postos mais altos na empresa. Nas bases do organograma, precisam ultrapassar obstáculos que todas já conhecem. Mas, quanto mais sobem na hierarquia, mais difíceis ficam as coisas, porque batem no *teto invisível.* É por isso que as mulheres, cada vez mais, orbitam em torno de pequenas organizações ou partem para abrir seus próprios negócios.

(5) E, finalmente, mas nunca menos importante: a ocorrência de casos de **assédio sexual**. É uma situação absurda, calcada em vícios culturais e em deformações da natureza humana, mas, infelizmente, algo que as mulheres que entram no mercado de trabalho precisam estar preparadas para enfrentar e repelir.

Executivos
e a Caça ao Emprego

Atenção: o mercado de trabalho está cheio de executivos procurando por novas colocações. A *onda* dos enxugamentos, fusões, reengenharias, etc. pegou em cheio o pessoal que ocupava cargos mais altos. Existe uma porção de gerentes, supervisores e *homens preparados para tomar* decisões que, depois de vinte anos galgando passo a passo os degraus da hierarquia das empresas, se viram subitamente no olho da rua. Nos EUA, o tempo médio de recolocação de executivos é de seis a oito meses.

A demora para encontrar emprego, neste caso, é determinada em grande medida pela idade dos indivíduos e pelo nível salarial pretendido. Os registros de uma grande *empresa de recolocação* dão conta de que, nos EUA, se o executivo tem entre 25 e 34 anos, a demora média para que encontre um novo emprego é de vinte semanas. Com mais de 55 anos, a recolocação pode demorar trinta semanas. Também descobriram que os que estavam buscando um salário entre 50 mil e 75 mil dólares anuais demoravam cerca de 25 semanas para encontrar emprego, enquanto os que pretendiam ganhar 100 mil dólares por ano poderiam demorar até trinta semanas para encontrar nova colocação. Aí estão os problemas que um caçador de empregos executivos pode enfrentar.

No entanto, essas estatísticas refletem a maneira como os executivos conduzem sua caça ao emprego. Alguns se atrapalham barbaramente nesse processo, não têm a menor idéia de como fazer a coisa — confiam quase que exclusivamente no envio de dúzias de currículos. Não me admira que levem tanto tempo para achar trabalho. Em muitos casos, métodos eficientes auxiliariam a reduzir o tempo de desemprego.

Os capítulos do *Pára-quedas* dedicados às pessoas que têm tempo e paciência em relação ao mercado de trabalho devem trazer conselhos e sugestões úteis para o seu caso. Seus passos são idênticos aos de qualquer outro caçador de empregos. *Você precisa descobrir quais são suas habilidades, que espécie de trabalho quer fazer, conversar com pessoas que estejam colocadas nesse tipo de emprego, perguntar o que gostam em seus trabalhos e como encontraram seus empregos. Pesquise na área geográfica de sua preferência, visite as empresas que lhe interessarem, para levantar o que fazem e que tipo de problemas têm. A seguir, identifique ou localize a pessoa que tem o poder de contratá-lo para o emprego que deseja e use seus contatos para conseguir se encontrar com essa pessoa. Mostre a ela como pode ajudá-la a resolver seus problemas e como pode se tornar um empregado realmente especial na companhia.* Dedique-se a cumprir cada etapa. Nada de atalhos enganosos.

Lembre-se de que os empregadores estão divididos em dois grupos: aqueles que (independente de como se apresentar a eles e do que puder lhes demonstrar a seu respeito) não vão lhe dar o emprego porque você tem mais idade ou porque foi demitido numa dessas reviravoltas da empresa típicas dos dias atuais e aqueles que irão empregá-lo, desde que possa ajudá-los a executar o trabalho que realizam. Sua tarefa se resume a encontrar os empregadores do segundo grupo e agradecer, com a cortesia que sua mãe lhe ensinou, a todos os do primeiro grupo que despenderem alguns minutos de seu precioso tempo para despachar você de volta para casa.

V. Como Encontrar Sua Missão na Vida

Deus
e a Escolha de Uma Vocação

Introdução

Quando comecei a escrever este capítulo, fui primeiramente tentado a seguir a idéia que pode ser resumida por: "todos os caminhos levam a Deus". Mas, depois de refletir um pouco mais, decidi fazer outra coisa, porque já li muitos autores que tentaram a mesma rota e fracassaram miseravelmente. Essa coisa de "todos os caminhos" termina em caminho nenhum, da mesma forma que, quando queremos agradar a todos, terminamos por não agradar a ninguém. É a velha história do *universal* e do *particular*.

Qualquer um de nós que trabalha em orientação vocacional sabe, de antemão, que permanecer no geral não adianta nada, mesmo quando falamos a respeito de religião. Pela experiência que tiramos de nosso próprio campo de trabalho, aprendemos que auxiliar os outros profissionalmente significa identificar aquela parte única e exclusiva da pessoa em particular a quem pretendemos ajudar. Nenhum empregador quer saber o que você tem em comum com a humanidade. Querem saber o que faz de você especial, um indivíduo. Como defendi ao longo deste livro; descobrir e inventariar as suas habilidades, de maneira pessoal e única, é crucial, se você pretende encontrar um trabalho que signifique realização.

Essa particularidade invade e se espalha por *tudo* o que a pessoa faz: não surge de repente, quando as pessoas se voltam para a religião. Portanto, creio que quando eu ou qualquer outra pessoa escrever sobre religião, devemos estar falando de nosso caso em particular — o que se inicia, no que me diz respeito, pelo fato de eu escrever, pensar e respirar como um cristão — como você já poderia supor, considerando que, há 43 anos, sou um ministro episcopal. É compreensível, portanto, que esteja falando a partir de uma perspectiva cristã, e desejo que mantenham-se cientes disso.

Em contrapartida, sempre estive atento à pluralidade com que convivemos em nossa sociedade. Devo muito aos meus leitores que professam religiões diferentes da minha. Por mero acaso, as pessoas que trabalham ou que já trabalharam em meu escritório são e foram, em sua maioria, judeus. E o *Pára-quedas* possui mais de cinco milhões de leitores, o que inclui não apenas cristãos de diversas modalidades, mas também mórmons, judeus, budistas, adeptos do Islã, de crenças esotéricas, agnósticos, ateus, e muitos outros. Tenho a preocupação de ser absolutamente respeitoso em relação às crenças dos meus leitores e conto que *traduzam* meus pensamentos cristãos da forma que mais se adequar às suas convicções. Essa habilidade para *traduzir* é condição primordial para qualquer um que pretenda se comunicar com seu próximo e auxiliá-lo.

Na tradição judaico-cristã, na qual me formei, uma das mais intrigantes questões bíblicas é: "Deus esqueceu-se de sua misericórdia?" A resposta é: Não. Inspirado nessa misericórdia divina, que se estende a todos os seres, procurei fazer desta seção a seguir um apoio para os que estão lendo este livro.

Como Encontrar Sua Missão na Vida

Deus e a Escolha de Uma Vocação

COMO ME OCORREU DE ESCREVER ESTE TEXTO

Algum tempo atrás, uma mulher me perguntou como proceder para encontrar sua Missão na vida, presumindo que eu sabia do que ela estava falando, a partir de um diagrama que costumava constar de meus livros.

As Tarefas de um Caçador de Empregos

Como este diagrama sugere, a Missão de vida de alguém surge, naturalmente, como uma parte da caça ao emprego — isso, na maioria das pessoas.

Ela me disse que não estava buscando por uma resposta cautelosa, racional, filosófica, na qual cada afirmação é relativizada por expressões tais como "pode ser que...", ou "a mim, parece que...". Também não estava interessada em saber por que eu tinha essa opinião, como a formei ou em que parte das Escrituras poderiam basear-se. "Quero você falando com convicção, apaixonadamente. Quero saber o que realmente sente e no que acredita. É algo como uma visão, o que desejo. Estou com fome de visões do que posso me tornar. Por favor, diga realmente o que você crê que possa ser nossa missão na vida e vou saber como traduzir sua visão para mim mesma, quando for refletir sobre o que me disser. Mas, eu insisto, fale do fundo do seu coração... por favor!"

Foi o que fiz, e vou contar a vocês o que disse a ela.

O MOTIVO DE SE ENCONTRAR UM SENTIDO E UMA MISSÃO NA VIDA

De acordo com cinqüenta anos de pesquisas de opinião, conduzidas por empresas respeitáveis, 94% das pessoas acreditam em Deus, 90% delas rezam, 88% acreditam que Deus as ama e 33% narram que experimentaram mudanças em suas vidas graças à religião.

No entanto, é surpreendente quantos de nós encontram-se procurando um sentido e uma missão para suas vidas. Orientadores vocacionais, em geral, evitam dar conselhos a esse respeito, por medo de entenderem que estão tentando converter a pessoa para suas religiões. Trata-se de um medo sem muita razão de ser, já que a maioria das pessoas possui seus sentimentos religiosos ordenados.

Na verdade, queremos orientação nessa área porque nos parece mais razoável *casar* nossa **crença religiosa** com nosso **trabalho**, ao invés de levar os dois como departamentos independentes, sem ligação possível. Nós *desejamos* que uma coisa seja coerente com a outra!

Esse *casamento* se torna uma busca muito pessoal por um Sentido na Vida, já que temos a convicção de que Deus fez cada um de nós único, como atestam nossas impressões digitais. Nenhum de nós sente-se como se fosse apenas mais um grão de areia nessa imensa praia chamada humanidade, alguém sem uma identidade especial, em meio a cinco bilhões de outros seres. Deus nos colocou no mundo por alguma razão específica: em alguma coisa, devemos contribuir para melhorar a vida neste mundo. Algo de que ninguém mais é capaz. Quando procuramos nossa Missão, estamos no mínimo reafirmando que o mundo é um pouco mais rico por estarmos aqui, e que se tornará um pouco mais pobre, quando o deixarmos.

Qualquer um que conheça um pouco sobre a natureza humana pode compreender quando digo que, quando alguém encontra sua Missão na vida, é tomado por uma grande satisfação, algo insubstituível e que ninguém "pode nos tirar". É maravilhoso ter isso dentro de nós, não importa se estamos comendo, dormindo, trabalhando, nos divertindo. Podemos estar em qualquer etapa da vida: casando, criando nossos filhos, envelhecendo, mas sempre devemos ter em mente que fomos colocados na Terra com algum propósito, e podemos descobrir que propósito foi esse.

Como se faz isso?

Neste ponto, devo enfatizar dois cuidados. Primeiro, enquanto estiver explicando os passos que me parecem apropriados para que alguém encontre sua Missão, quero deixar bem claro que isso se baseia no que aprendi em meus anos de vida, mas não é o único caminho, de forma alguma. Muitas pessoas encontraram sua Missão por caminhos diferentes. E você também pode ser um desses. Tenho apenas a esperança de que o que vou dizer ilumine um pouco os seus próprios passos.

Meu segundo cuidado é bastante simples: você não deve tentar enfrentar esse problema — de como encontrar sua Missão na vida — como se fosse um quebra-cabeças **intelectual**. Parafraseando Kahlil Gibran, a *Fé* é um oásis, dentro do coração, que a mente não é capaz de alcançar. É a sua vontade e o seu coração que devem envolver-se nessa busca, tanto quanto sua mente. Ou, para tornar as coisas ainda mais simples, a pessoa deve dedicar-se por inteiro a descobrir sua Missão.

Requer também conhecimentos de diversas épocas, não apenas dos dias de hoje, mas reflexões ancestrais, a sabedoria acumulada da religião, da fé e da espiritualidade. Em suma, refletir sobre nossa Missão conduz, inevitavelmente, a pensar em Deus.

O MAIOR OBSTÁCULO PARA ENCONTRAR SUA MISSÃO NA VIDA: SEPARAR SUA CAÇA AO EMPREGO DA SUA RELIGIÃO OU DA SUA FÉ

Pensar em nossa Missão é um *desafio*, pois nos leva a enxergar a caça ao emprego em relação a nossa fé e a Deus. Claro, uma *Missão* é um conceito religioso. Os dicionários vão explicar a palavra através de definições do tipo: "uma tarefa contínua ou responsabilidade que alguém é destinado a tomar, ou nela se encaixa, ou a ela é, em especial, chamado a cumprir". Historicamente, a palavra possui dois sinônimos: *Chamado* e *Vocação*. Alguma reflexão vai nos dizer que a Vocação ou um Chamado implica em *Alguém que Chama* e que "estar destinado" implica em *Alguém que Determina* esse destino. Portanto, a não ser que alguém opte por uma visão militarista ou nacionalista do assunto, a questão da Missão, em relação a nossa vida como um todo, leva-nos sempre ao colo piedoso de Deus.

Há sempre a tentação de falar a respeito desse assunto sob um enfoque secular — sem referência a Deus — como um simples: "objetivo que você escolhe para sua vida, identificando as coisas que o entusiasmam e utilizando as pistas sugeridas por esse exercício para orientar suas ações". A ironia dessa tentativa de simplificação é que a palavra escolhida para substituir Missão — *Entusiasmo* — vem do grego *en theos*, que, literalmente, quer dizer "Deus dentro de nós".

Não é à toa que tantas pessoas dedicadas à tarefa de ajudar a quem procura emprego foram também pessoas de Fé. Se você encontrar sua Missão na vida, certamente vai querer relacionar isso à sua caça ao emprego.

O SEGREDO DE ENCONTRAR SUA MISSÃO NA VIDA: VÁ POR ETAPAS

Pode demorar algum tempo até que você consiga encontrar sua Missão na vida. Não é um problema que vá resolver da noite para o dia. É um processo de aprendizagem, que se cumpre por etapas, semelhante ao processo pelo qual aprendemos a comer. Quando somos bebês, não atacamos comida de adultos. Como todos devem lembrar, há vários estágios: primeiro, o leite materno, ou algum substituto; depois, alimentos próprios para bebês, e, finalmente — após terem nascido os dentes e de termos crescido mais um pouco —, conseguimos mastigar as coisas que os adultos põem na boca. Três etapas — e as duas primeiras não devem ser subestimadas. Todas são *comer*, diferentes formas de comer — cada

qual apropriada a um estágio de desenvolvimento. Mas cada etapa precisa ser bem aprendida, antes que se passe à seguinte.

AS TRÊS ETAPAS PARA DESCOBRIR QUAL É NOSSA MISSÃO

Por coincidência, também existem normalmente três etapas para descobrir qual é a nossa Missão na vida — e as duas primeiras não devem ser menosprezadas. Todas fazem parte da *Missão* — são formas diferentes dessa mesma Missão, cada qual apropriada a um momento determinado de nosso desenvolvimento humano. Cada etapa deve ser bem aprendida, antes de se passar para a seguinte. Assim, você pode falar desse processo de duas maneiras: pode dizer que tem *Três Missões na Vida*, ou que tem *Uma Missão na Vida, dividida em três partes.* Mas há uma seqüência na qual deve descobrir quais são essas etapas — uma por vez, antes de poder responder plenamente à pergunta "qual é minha Missão na vida?". Claro que é possível a alguém jamais descobrir do que se trata qualquer dessas etapas, mas assim mesmo crescer e desenvolver-se, buscando por elas, ao longo da vida.

Sempre me impressionou muito observar quantas pessoas (das inúmeras que encontrei em cerimônias cristãs) podem ter as três partes de sua Missão definidas, genericamente, nos seguintes termos:

(1) *Sua primeira Missão na Terra* é compartilhada com o restante da humanidade, e nem por isso torna-se um esforço ou uma dádiva menos individual: **trata-se de buscar manter, a todo instante, a consciência da presença de Deus, Aquele que concede a você uma Missão na vida**. A origem da sua Missão, antes da Missão em si: essa é a regra. Em linguagem religiosa, sua Missão é *reconhecer a Deus, e comprazer-se com Sua Presença, pressentindo Sua Mão em todas as Suas obras.*

(2) A seguir, uma vez que você tenha conseguido compenetrar-se da primeira etapa, vem a segunda, também compartilhada com o restante

da humanidade, e que, ainda, nem por isso torna-se menos individual: é **fazer o possível, a cada instante, a cada dia, a cada passo, para tornar este mundo um lugar melhor, orientando-se pelo Espírito de Deus que está dentro de nós e ao nosso redor**.

(3) A terceira etapa, uma vez que tenha sinceramente incorporado a anterior em sua vida, cabe exclusivamente a você executar. Trata-se de:

a) **exercitar aquele Talento com o qual você veio ao mundo, muito especialmente, para utilizar seu grande dom, aquele que mais o satisfaz poder empregar;**

b) **fazer isso nos lugares ou nas condições às quais, por obra de Deus, você se sente mais à vontade, mais estimulado;**

c) **e para alcançar aqueles objetivos que Deus mais necessita que você alcance neste mundo.**

Percorra cada uma dessas etapas, sinta-as dentro de si próprio. Se fizer isso, creio que vai descobrir qual Missão possui na vida , afinal, ou, se quiser, quais as três Missões que tem na vida.

OS DOIS RITMOS DA DANÇA DA SUA MISSÃO: DESAPRENDER, APRENDER, DESAPRENDER, APRENDER

A característica própria de cada uma dessas etapas reside no fato de que cada qual exige que *abandonemos* as suposições que o mundo *falsamente* nos ensinou a respeito da natureza da nossa Missão. Em outras palavras, ao passar por cada etapa, nos engajamos não apenas num processo de *aprendizado*, mas também num processo de *"desaprendizado"*. Portanto, podemos recolocar os três ensinamentos acima em termos do que também precisamos desaprender, a cada etapa:

• Precisamos da primeira etapa para desaprender que nossa Missão neste mundo é nos ocuparmos em *fazer* alguma coisa, e para aprender, em substituição, que nossa primeira Missão é nos ocuparmos *sendo* alguma coisa. Em linguagem cristã (e também na de outras religiões), poderíamos dizer que fomos enviados à Terra para aprendermos *a ser* filhos de Deus, antes de qualquer coisa. *"Deus Pai, todo-poderoso, que estais no céu..."*

• Na segunda etapa, o "eu sou" se transforma em "eu faço". Aqui, precisamos desaprender que tudo a respeito de nossa Missão deve ser exclusivamente nosso, e aprender que certas partes da nossa Missão na Terra são compartilhadas com toda a humanidade. Por exemplo, viemos ao mundo para trazer mais generosidade, solidariedade, misericórdia, amor. E devemos compartilhar esta parte de nossa Missão porque seus propósitos são amplos demais para serem atendidos por uma única e solitária pessoa.

• Na terceira etapa, precisamos desaprender a idéia de que esta parte de nossa Missão que cabe a cada um de nós executar seja algo que nosso Criador nos *ordenou* cumprir, sem qualquer participação de nosso espírito, mente e coração. (Por outro lado, não se trata de algo que cada um de nós meramente escolha, pedindo depois as bênçãos de Deus.) Devemos aprender que Deus respeita nossa livre escolha — tanto que determinou que a Missão que exclusivamente nos cabe deve, em certa medida, depender de nossa vontade.

• Nesta terceira etapa, precisamos ainda desaprender a idéia de que a Missão que nos cabe exclusivamente consiste em alguma realização visível ao resto do mundo — e, em vez disso, aprender que, assim como a pedra desconhece as ondulações que produz ao cair numa lagoa, você e quem mais esteja observando sua vida podem não ser capazes de compreender toda a extensão dos *efeitos* que sua Missão causa no mundo. Com a Graça de Deus, pode ser que nossa existência ajude a realizar mudanças nas almas ao nosso redor, e pode ser que tudo isso passe imperceptivelmente. Ou que ocorra muito depois de nossa partida do mundo. Nunca saberemos o que realizamos até que vejamos Sua Face.

• Finalmente, precisamos desaprender a idéia segundo a qual o que conseguimos realizar é uma conquista só nossa, exclusivamente. Haverá sempre o Espírito de Deus nos alimentando e nos auxiliando, em tudo. Nesses casos, utilizar a primeira pessoa do singular nunca é apropriado. Não deveríamos dizer "eu consegui", mas "nós conseguimos, Deus e eu, trabalhando juntos...".

Creio que transmiti para você uma visão geral da coisa. Mas gostaria de acrescentar alguns poucos comentários sobre cada uma das partes dessa nossa Missão no mundo.

Alguns Comentários Sobre a Primeira Missão de Sua Vida

Sua primeira Missão no mundo é compartilhada com o resto da humanidade, mas nem por isso é menos *sua*. Trata-se de **buscar manter, a todo instante, a consciência da presença de Deus, Aquele que concede a você uma Missão na vida**.

Primeiro Comentário: Como Podemos Pensar em Deus

Cada um de nós precisa cumprir essa primeira Missão de acordo com os mandamentos de sua própria religião. Mas vou dizer alguma coisa, a partir do contexto da minha religião, que talvez você possa traduzir ou aplicar à sua crença, em particular. Vou falar como cristão, que acredita (apaixonadamente) que Cristo é o Caminho, a Verdade e a Vida. Mas, assim como São Pedro, acredito que "Deus é imparcial; em toda nação que alguém O tema e faça o que é certo, estará agindo de acordo com Seus desígnios". (Atos 10:34-35)

Sim, Jesus reivindica muitas coisas como exclusivas Dele e de Sua Missão. Mas também fala de Si Próprio como o grande exemplo para todos nós. Chama a Si Mesmo de "o Filho do Homem", e diz: "Asseguro a vocês que quem crê em mim fará as mesmas coisas que fiz, sim, e fará coisas ainda mais grandiosas..."(João 14:12)

Imbuídos da identificação que nos deu, entre nós e Ele Próprio e Sua Missão, podemos lembrar o que disse sobre Sua vida na Terra: **"Vim do Pai e desci ao mundo; agora, deixo o mundo e vou ao Pai."** (João 16:28)

Se de alguma maneira, mesmo a mais vaga, isso for uma verdade para nossas vidas (e mais adiante explicarei porque creio que é verdade), então, em vez de chamar nosso grande Criador de "Deus", ou de "Pai", seremos capazes de entender melhor esta abordagem religiosa se nos referimos a Ele como Aquele Que Nos Deu Nossa Missão e que nos enviou para este planeta não por ser "Deus", ou "Pai", mas — para facilitar a compreensão — como "**Aquele de Quem Viemos e Aquele ao Qual Retornaremos**" quando esta vida se encerrar.

Se nossa existência no mundo assemelha-se à de Cristo, então, é verdadeiro acreditar Naquele Que Nos Deu Nossa Missão. Não somos seres eternos, que sempre existiram. Somos **criaturas**, que antes não existiam, mas que se tornaram seres e que o continuam sendo, por vontade de nosso grande Criador. Como criaturas, somos igualmente corpo e espírito, e embora saibamos que nosso corpo foi gerado no ventre materno, a origem de nossas almas permanece um enorme mistério. De onde vieram, de que momento da Criação, é algo que não somos capazes de descobrir. Mas não é absurdo supor que Deus criou nossas almas antes que elas penetrassem em nossos corpos, e que estivemos na presença de Deus antes mesmo de nosso nascimento. Ele é, de fato, "**Aquele de Quem Viemos e Aquele ao Qual Retornaremos**".

Portanto, antes de tentarmos descobrir "que tarefa vim a este mundo cumprir", precisamos restabelecer o verdadeiro sentido do contato com "**Aquele de Quem Viemos e Aquele Ao Qual Retornaremos**". Sem alcançarmos o sentido de sermos criaturas de Deus, criaturas dotadas de *uma Missão Que Ele Nos Deu*, perguntarmos **qual** Missão é essa perde totalmente o sentido. O *qual*, no caso, encontra inevitavelmente o *quem*. Retirando a Pessoa da reflexão, ficaríamos restritos à Coisa. Seria como alguém afirmar: "Quero me casar", sem sequer tomar em consideração *com quem* quer se casar.

Segundo Comentário: Como Podemos Pensar em Religião e Fé

Nesse contexto mais abrangente de nossa condição de criaturas, compreendemos que *religião* e *fé* não são uma questão de decidirmos (como se faz tão comumente) se temos ou não uma "relação com Deus". Ampliando nossa reflexão para além, meramente, de nossa vida na Terra, entendemos que algum tipo de relação com Deus nos é dada antes mesmo de termos qualquer possibilidade de escolha. Deus e cada um de nós **fomos e somos** ligados, durante nossa existência espiritual, antes mesmo de nosso nascimento, e continuaremos ligados na continuação de nossa existência após a morte. As escolhas que podemos fazer referem-se ao **Tempo Entre Uma e Outra Existência**. Isto é, como desejamos que seja nossa relação com Deus durante nossa vida na Terra e como isso afetará a *natureza* desse relacionamento depois de nossa morte.

Um dos corolários dessa linha de pensamento refere-se ao fato de nosso nascimento num corpo humano ser acompanhado de certa *amnésia* — que, tipicamente, abrange não apenas os nove meses que passamos em gestação, nossos anos como bebês e, aproximadamente, um terço de nossa jornada diária (enquanto estamos dormindo), mas, o mais importante, apaga também a memória de nossa origem e de nosso destino. Buscar a Fé, portanto, é ultrapassar essa amnésia. A religião e a fé são o **esforço para recuperar aquilo que conhecíamos**.

Terceiro Comentário: O Primeiro Obstáculo Para Superar Essa Missão

A primeira de nossas Missões na Terra não é a mais fácil. Por diversas razões, pode tornar-se a mais difícil. Tudo o que podemos enxergar ao nosso redor pertence à nossa existência física. Comemos, bebemos, dormimos, amamos e somos amados. Herdamos um corpo físico com apetites físicos correspondentes. Caminhamos no mundo físico, adquirimos bens físicos. Uma das mais poderosas tentações de nossa amnésia é dar uma interpretação *Física* à própria vida: como, por exemplo, que o universo é apenas o palco da sobrevivência das espécies.

Com essa interpretação, a história de nossas vidas torna-se bastante simples: nascemos, crescemos, procriamos e morremos.

Mas, de alguma forma, sempre somos lembrados de fazer o que viemos fazer no mundo, e isso sem deixar de lado os prazeres da vida física, tal como o amor, o azul do céu e o frescor da grama. Temos que pensar para além disso tudo, de modo a **recuperar** a lembrança de nossa interpretação *Espiritual* da vida; para sentirmos a presença do Espírito e da Pessoa que existe além deste mundo, Aquele que está em nós e conosco, sempre — a presença real, amorosa, misericordiosa do Criador, de quem viemos, Aquele para quem, algum dia, retornaremos.

Comentário 4: O Segundo Obstáculo Para Executar Sua Missão

Faz parte de nossa amnésia terrestre e de nossa condição de criaturas que, abatidos pela tristeza, um pedaço de nós, muito *humano* e muito *rebelde*, comece a apreciar a idéia de viver em um mundo no qual podemos ser nosso próprio deus — e isso amando profundamente a interpretação meramente Física da vida, até mesmo achando angustiante abandoná-la. O vocabulário cristão tradicional denomina isso de **pecado**, e diz muita coisa a respeito das dificuldades que esse procedimento acarreta ao cumprimento da primeira de nossas Missões na vida. Todos os que vivem uma existência mais consciente sabem que essa é a verdade: o grande inimigo que atrapalha cumprirmos nossa primeira Missão é nosso coração e nosso ímpeto rebelde.

Quinto Comentário: Alguns Pensamentos Sobre Aquilo que nos Faz Especiais e Únicos

Como já disse, muitos de nós chegam a esta primeira Missão por desejarem se sentir únicos. E com isso queremos descobrir algo em nós que seja absolutamente especial, intrínseco a nosso ser, como um direito de nascença — algo que ninguém pode nos tomar. No entanto, explorando com mais cuidado este tópico, descobrimos que somos especiais, de fato, mas apenas porque Deus assim nos considera. O que nos torna especiais e únicos está Nele, em Seu amor, e não em algo inerente a nós, exclusivamente. Compreender bem o significado dessas duas visões nos conduz não à Cidade do Orgulho, mas ao Templo da Gratidão.

> O que é religião? Religião é servir a Deus inspirados na gratidão amorosa por aquilo que Deus nos deu. A religião cristã, mais especificamente, é servir a Deus, inspirados pela gratidão amorosa pelo que Deus nos deu através de Cristo.
>
> Phillips Brooks

Sexto Comentário: Quando, Inconscientemente, Fazemos Aquilo que Fomos Destinados a Fazer

Talvez você já tenha cumprido a primeira das suas Missões na Terra. E, talvez, não a tenha denominado dessa maneira. Pode tê-la chamado, simplesmente, de "crer em Deus". Mas se você se perguntar qual é a sua Missão na vida, esta primeira etapa será e é a precondição de tudo o mais que está destinado a fazer aqui. Assim, se busca a fé ou fortalecer a sua fé, à sua própria maneira, já estará perto de ter cumprido sua primeira Missão. Nascido neste **Intervalo Entre Duas Existências**, você O reencontrou. Reunido a Ele espiritualmente, você já está pronto para prosseguir em busca daquilo que só você no mundo pode realizar — as outras partes da sua Missão.

Alguns Comentários a Respeito da Segunda Missão de Sua Vida

Também a sua segunda Missão na Terra será compartilhada com o restante da humanidade. E nem por isso deixa de ser sua. Será ela **buscar manter, a todo instante, a consciência da presença de Deus, Aquele que concede a você uma Missão na vida.**

Primeiro Comentário: O Desconforto de Precisar Dar um Passo de Cada Vez

Imagine estar andando à noite por sua vizinhança. Subitamente, você se vê envolvido num denso nevoeiro, a ponto de ter perdido o senso de direção e de não ser mais capaz de encontrar o caminho para casa. Então, um amigo aparece, de dentro do nevoeiro, e pede que lhe dê a mão, oferecendo-se para guiá-lo. Como você não consegue enxergar para onde está indo, confia nele e o acompanha, passo a passo. Você chegará em casa a salvo, repleto de gratidão. Mas, no dia seguinte, quando repensar sua experiência, se dará conta de como foi desagradável caminhar quando só era capaz de enxergar um passo à sua frente, mesmo dispondo de um guia em quem confiava.

Pedi para imaginar essa situação porque essa é a essência da segunda Missão a que você — e eu — foi destinado. É muito diferente daquilo em que acreditávamos. Quando pela primeira vez surgiu a pergunta "*Qual a minha Missão na vida?*", e nos colocamos nas mãos de Deus, imaginávamos que seríamos conduzidos ao *topo de alguma montanha*, de onde poderíamos ver todo o horizonte. E que então escutaríamos uma voz em nosso ouvido, dizendo: "Olhe, olhe! Vê aquela cidade, ali ao longe? Alcançá-la é seu objetivo na vida, aquilo que deve orientar cada um de seus passos."

Só que, em vez do topo da montanha, viemos parar num *vale* — muitas vezes encoberto pelo nevoeiro. E a voz em nossos ouvidos nos diz coisas diferentes daquilo que esperávamos ouvir. Diz: "**Sua Missão é dar um passo de cada vez, mesmo sem ver para onde está indo, ou sem compreender qual é o Grande Plano, ou sem ainda saber qual é a sua Missão na vida. Confie em Mim. Eu o guiarei!**"

Segundo Comentário: A Natureza do Passo a Passo da Sua Missão

Seja qual for a situação em que se encontrar, você foi mandado ao mundo para fazer o possível — a cada momento — para espalhar a gratidão, a solidariedade, o perdão, a honestidade e o amor.

A cada dia há vários momentos em que pode fazer isso. Momentos em que você se detém, como se deparasse com encruzilhadas espirituais, diante de dois caminhos diferentes. São comumente chamados de "**momentos de decisão**". Não importa em que condições isso ocorra, nem qual seja a questão em si. No final, são sempre dois caminhos, *sempre*. **Um** nos conduz a menos gratidão, *menos* solidariedade, *menos* perdão, *menos* honestidade e *menos* amor para com o mundo. **Outro** nos leva a *mais* gratidão, *mais* solidariedade, *mais* perdão, *mais* honestidade e *mais* amor para com o mundo. Sua Missão será sempre escolher o segundo caminho.

Terceiro Comentário: Alguns Exemplos do Passo a Passo da Sua Missão

Vou dar alguns exemplos, de forma a deixar bem clara a natureza desta parte da sua Missão.

Você está numa estrada, em seu carro. Alguém está na pista da esquerda, precisando passar para a da direita. **Momento de decisão**. Na sua mente, você enxerga dois caminhos espirituais: um conduz a diminuir ainda mais a solidariedade no mundo (você acelera e não permite que o outro motorista o ultrapasse), o outro conduz a espalhar um pouco mais de solidariedade pelo mundo (você reduz e permite a passagem do outro motorista). **Já que você sabe que esse momento é parte da sua Mis-**

são, parte da razão pela qual veio ao mundo, sabe também (e muito bem) o que deve fazer. Sabe o caminho, a decisão a tomar.

Você está ocupadíssimo na sua mesa de trabalho e, subitamente, ocorre uma interrupção. Toca o telefone, ou alguém bate à sua porta. Precisam de você para alguma coisa que vai requerer um pouco do seu tempo e da sua atenção. **Hora da decisão.** Na sua mente, abrem-se dois caminhos espirituais: um leva você a contribuir para reduzir ainda mais o amor no mundo (você vocifera que está ocupado demais para ser interrompido), o outro leva você a contribuir para dar um pouco de amor ao mundo (você pára, considera que Deus pode ter enviado essa pessoa e diz: "Pois não, em que posso ajudar?"). **Mais uma vez, se você está consciente de que cada momento faz parte desta etapa da sua Missão no mundo, saberá exatamente o que deve fazer.**

Sua esposa faz alguma coisa que fere seus sentimentos. **Momento de decisão.** Na sua mente, estão dois caminhos espirituais: um leva ao ressentimento (você institui um paredão de silêncio entre você e sua esposa para puni-la pelo que considerou uma ofensa), outro, ao perdão (você a toma nos braços, confessa sinceramente que se sentiu magoado, mas que isso não diminuiu seu amor por ela). **Uma opção torna a sua existência e o mundo menos acolhedor. A outra fortalece o amor entre vocês e sempre transforma um pouco do mundo à sua volta. Se você sabe que este é um momento da sua Missão na vida, sabe qual opção deve escolher.**

Você cometeu um ato desleal ou desonesto. E agora, alguém, olhando em seus olhos, lhe pergunta o que aconteceu. **Hora da decisão.** Dois caminhos espirituais desenham-se em sua mente. Um o leva a reduzir ainda mais a honestidade no relacionamento entre as pessoas deste mundo (você mente). O outro pode acertar as coisas entre você e essa pessoa, contribuindo assim para que a honestidade se estabeleça entre os indivíduos (você diz a verdade, não importa que conseqüências isso possa trazer). **Se considera que esse é um momento da sua Missão no mundo, terá sempre certeza de que decisão irá tomar.**

Quarto Comentário: O Espetáculo que Faz os Anjos Rirem

É necessário explicar esta parte da nossa Missão mais detalhadamente porque o que mais acontece é vermos as pessoas juntando as mãos para o céu, dizendo: "Quero descobrir qual é a minha Missão na vida." E isso enquanto continuam cortando o carro dos outros nas estradas, recusando dar um minuto sequer de seu tempo a outras pessoas, punindo aqueles com quem convivem por terem sido magoados, e contando mentiras. Isso faz os anjos soltarem gargalhadas. A Missão que esse tipo de pessoas tem na vida está bem ali, diante delas, e são incapazes de enxergá-la.

Quinto Comentário: O Vale e o Topo da Montanha

Determinado momento da Missão da sua vida pode realmente levá-lo ao *topo de uma montanha*, onde você dirá para si mesmo: "É isso! É por isso que vim ao mundo. Agora eu sei!" Mas, até que isso aconteça, sua Missão na vida se desenrolará aqui, *no vale*, em meio ao nevoeiro e na inspiração que ocorrer no dia-a-dia. Dizendo de forma mais clara, é como se você somente ganhasse a capacidade de subir ao topo da montanha depois de exercitar-se, devotadamente, no vale.

Com freqüência, Jesus aludiu a um antigo princípio de conhecimento, segundo o qual, se você não utiliza bem as informações que o Universo já lhe concedeu, não deve esperar que outras lhe sejam dadas. Se você não trata as pequenas coisas com fé, como pode esperar que ponham grandes coisas sob sua guarda? (Lucas 16:10,11,12;19:11-24.) Se você não está trazendo mais gratidão, solidariedade, perdão, honestidade e amor ao mundo a cada dia, dificilmente lhe será confiada a Missão de trazer paz ao mundo, ou algo assim tão grande e tão importante. Se não sabe viver sua Missão no dia-a-dia do vale, não espere ser levado ao *topo da montanha.*

Sexto Comentário: A Importância de Não Pensar Nessa Missão Como "Apenas um Campo de Treinamento"

O vale não é uma espécie de "campo de treinamento". Neste preciso momento, deve existir em sua imaginação um *topo de montanha* espiritual e invisível a ser alcançado, caso queira enxergar para onde tudo isso está levando. Com os olhos do seu coração, você verá ali o propósito maior:

que a Terra possa ser mais parecida com o paraíso e a vida humana mais parecida com a vida no seio de Deus. Essa é a grande realização em direção à qual caminha a Missão do dia-a-dia no vale. É a Grande Ordem das Coisas, que só pode ser atingida se atendermos à **vontade** de nosso Criador, se cuidarmos das pequenas coisas com a mesma devoção com que sonhamos nos dedicar às grandes.

O vale, o nevoeiro, o passo a passo, não é apenas um campo de treinamento. Apesar de grandioso, esse é nosso objetivo: "**Venha a nós o Vosso Reino, Seja feita a Vossa Vontade, assim na Terra como nos Céus.**"

Alguns Comentários Sobre a Terceira Etapa de Sua Missão na Vida

A terceira etapa de sua Missão na vida cabe exclusivamente a você executar. Trata-se de:

a) **exercitar aquele Talento com o qual você veio ao mundo, muito especialmente, para utilizar — seu grande dom, aquele que mais o satisfaz poder empregar;**
b) **fazer isso nos lugares ou nas condições às quais, por obra de Deus, você se sente mais à vontade, mais estimulado;**
c) **e para alcançar aqueles objetivos que Deus mais necessita que você alcance neste mundo.**

Primeiro Comentário: Nossa Missão na Vida Já Está Escrita "em Nossos Membros"

Ao tentar identificar esta parte de nossa Missão, é comum ouvir o conselho de pedir a Deus, em suas preces, para que Ele nos fale e diga claramente qual é nossa Missão. Buscamos uma voz brotando no ar, um pensamento em nossa cabeça, um sonho, um sinal nas coisas que acontecem conosco, durante o dia, para nos revelar esse *segredo* que, de outra forma (*assim se considera*), permanecerá oculto.

Mas esperar pela voz de Deus não é a imagem mais verdadeira que se pode compor dessa situação. Em *Romanos*, São Paulo menciona uma lei "escrita nos membros", e essa frase se aplica à questão de **como** Deus nos revela nossa Missão particular na vida. Leia mais uma vez a descrição dessa Missão, acima, e verá o que quero dizer. Deus **já** nos revelou Sua vontade, no que concerne à vocação e à Nossa Missão, escrevendo-a "nos nossos membros". O que devemos fazer é começar a decifrar essa Missão, tão nossa e exclusiva, estudando nossas habilidades e talentos, mais particularmente aqueles (ou Aquele) que mais apreciamos utilizar.

Na verdade, Deus escreveu Sua vontade *duas vezes* em nossos membros: *primeiro,* nos talentos que nos concedeu e, segundo, na *inspiração que Ele transmite aos nossos corações,* permitindo que sintamos grande prazer com os talentos que preferimos desenvolver (**geralmente aqueles que, quando utilizamos, nos fazem perder a noção do tempo**).

Da mesma maneira como antropólogos podem examinar antigas inscrições e dali deduzir como povos extintos há muito tempo viviam, examinando **nossos talentos** e **nosso coração** poderemos também, *com mais facilidade do que em nossos sonhos,* visualizar a Vontade do Deus Vivo. De fato, nossa Missão não é algo que Deus irá nos revelar; é algo que já revelou. Não está escrita nos céus, mas deve ser encontrada gravada em nossos membros.

Segundo Comentário: Orientador Vocacional, Precisamos de Você

Nossas duas primeiras Missões na vida podem ser aprendidas diretamente da religião, sem nenhuma referência à orientação vocacional e profissional, que é a matéria deste livro. Então, por que deveria alguém dedicado a esse campo reivindicar a pertinência da Missão que temos na vida no assunto?

No entanto, quando chegamos nesta terceira Missão, que se relaciona de maneira tão crucial aos nossos Talentos, habilidades e dons, encontramos a resposta. Se leu o livro até aqui, sabe, sem eu precisar repetir, o quanto é importante para a sua orientação profissional identificar seus Talentos, habilidades e dons. Todo o segredo e a razão de ser de sua preparação para o mercado de trabalho reside, precisamente, na identificação, classificação e priorização desses elementos.

Só para tornar as coisas bem explícitas, a orientação vocacional lida melhor com essas coisas do que qualquer outra disciplina, **inclusive** melhor do que a religião tradicional. Não se trata aqui de um defeito da religião, mas a decorrência de algo que Jesus nos prometeu: "Quando o Espírito da verdade chegar, sempre guiará vocês para todas as verdades."(João 16:12.) A orientação vocacional e a profissional são parte (assim esperamos) dessa prometida verdade que iremos alcançar. Pode portanto ser de inestimável ajuda ao peregrino que busca identificar o maior, o mais prazeroso de seus talentos, como um passo na identificação de sua Missão na vida.

Se a orientação vocacional precisa da ajuda da religião nas primeiras duas etapas, retribui contribuindo decisivamente para a realização da terceira.

Este exato momento da sua vida, em que você, ansiosamente, depara-se com a perspectiva de ir à caça de um emprego, pode ser ideal para reunir, em sua mente e em seu coração, a orientação profissional de que necessita com sua fé em Deus.

Terceiro Comentário: Como Escolhemos Nossa Missão, um Cenário ao Gosto dos Românticos

É um mistério diante do qual só podemos nos intrigar, pelo menos nos limites desta vida, o porquê de as pessoas possuírem talentos diferentes. Por que Deus escolheu a este para dar um dom e uma Missão, e àquele para dar um outro dom e uma Missão diferente? Como não sabemos a resposta e, em certa medida, não somos capazes de descobri-la, isso nos deixa à vontade para especular e para imaginar.

Podemos imaginar que, antes de virmos para a Terra, nossas almas, nossa *Inspiração*, nossa *Luz* apresentaram-se ao Criador como voluntárias para essa Missão. Assim, Deus e cada um de nós, juntos, escolhemos a Missão e os dons particulares que seriam necessários para realizá-la. Dons esses que Ele concordou em nos conceder, para os utilizarmos depois de nosso nascimento. Assim, nossa Missão não é uma ordem dada por um Criador autoritário a um escravo hesitante, sem direito a voz, mas uma tarefa harmoniosamente desenhada por ambos, em relação à qual, tão logo o Criador disse "**Esse é meu desejo!**", nossos corações responderam: "**Ah, sim!**". Como já foi mencionado num comentário anterior, ajuda compreender as condições em que nos tornamos humanos como o acometimento de uma espécie de amnésia em relação à consciência de nossas almas antes do nascimento — e, portanto, em relação também à natureza ou à maneira como foi designada nossa Missão.

A busca por nossa Missão é, assim, a busca por recobrar a memória de alguma coisa que compartilhamos.

Sou um romântico incurável, assim como essa imagem, que pode agradar a você, caso seja também um romântico. Talvez, seja até verdadeira — isso é algo que só saberemos quando O encontrarmos, face a face.

Quarto Comentário: A Missão Como Uma Interseção

> Há diferentes tipos de vozes, chamando você para diferentes tipos de trabalhos. O problema é distinguir qual é a voz de Deus e dar-lhe preferência acima da voz, digamos, da sociedade, do superego, dos seus interesses menores. Uma boa regra geral para identificar a voz de Deus é: o trabalho para o qual Deus o chama, normalmente, é o tipo de trabalho que (a) você mais necessita fazer e (b) o mundo anda mais necessitado que seja feito. Se você sente-se estimulado por seu trabalho, presumivelmente satisfez a condição (a), mas, se o seu trabalho é escrever comerciais para desodorantes na TV, há sempre a possibilidade de ter lhe escapado a satisfação da condição (b). Por outro lado, se você é um médico numa colônia de leprosos, provavelmente satisfez a condição (b), mas, se passa a maior parte do tempo entediado, deve estar lhe faltando a satisfação da condição (a) — e, provavelmente, você não está ajudando de fato seus pacientes. Não adianta tentar apenas uma coisa ou outra. **O lugar para onde Deus o chama é onde a sua profunda felicidade e a mais ardente fome do mundo se encontram.**
>
> Fred Buechner

Quinto Comentário: Exemplos de Missão Como Uma Interseção

Sua exclusiva missão tem tudo para se tornar uma missão de Amor, se encenada numa ou em todas as três dessas arenas: o Reino da Mente, cujo objetivo é trazer mais Verdade para o mundo; o Reino do Coração, cujo objetivo é trazer mais beleza ao mundo; o Reino da Vontade, cujo objetivo é trazer Perfeição ao mundo, pelo Serviço a Deus.

Aqui estão alguns exemplos:

"Minha missão, inspirada pela imensa reserva de amor que Deus me concedeu, é amar e alimentar o amor do meu próximo — em especial daqueles que sofrem de doenças incuráveis."

"Minha missão é desenhar mapas, para mostrar às pessoas como chegar a Deus."

" Minha missão é criar os alimentos mais puros, para permitir que o corpo das pessoas não atrapalhe seu crescimento espiritual."

"Minha missão é fabricar as mais perfeitas harpas que puder fazer, para que as pessoas possam escutar a voz de Deus ressoando no vento."

" Minha missão é fazer as pessoas rirem, para que a jornada por esta vida não lhes pareça tão difícil."

"Minha missão é ajudar as pessoas a conhecer a verdade, amorosamente, sobre o que acontece por aí, para que haja mais honestidade no mundo."

"Minha missão é chorar com aqueles que choram, para que em meus braços possam sentir-se nos braços do Amor Eterno, que me enviou a eles e os criou."

"Minha missão é criar belos jardins, para que, nas flores, as pessoas possam contemplar a Beleza de Deus e recordem a Beleza do Paraíso."

Sexto Comentário: A Vida Dura Enquanto Durar Sua Missão

Saber que você veio ao mundo com um propósito e saber qual é sua Missão lança sobre a sua vida uma luz inteiramente diferente. Falando de maneira geral, você se liberta de qualquer medo sobre a duração da sua vida. Você torna-se capaz de colocar em seu coração que está no mundo até Deus julgar que terá realizado sua Missão, ou até Deus escolher outra Missão para você, em algum outro domínio. Você precisa ser devotado ao que Ele lhe concedeu, enquanto estiver aqui, mas não precisa mais fazer isso com ansiedade.

Você deve cuidar da sua saúde, *mas não precisa ficar constantemente se preocupando com ela.* Pode refletir sobre a morte, *mas não precisa mais temê-la.* Parafraseando as gloriosas palavras de G.K. Chesterton: "**Possuímos agora um forte desejo de viver, combinado a um estranho descaso em relação à morte. Temos sede de vida, assim como de água, mas estamos prontos para beber a morte, como se fosse vinho**." Sabemos que estamos aqui para fazer o que estamos destinados a fazer, e não precisamos nos preocupar com mais nada.

Comentário Final: Uma Caça ao Emprego Bem-Feita

Se você se empenha na sua caça ao emprego como uma oportunidade de reunir sua alma e seu corpo, então, esperançosamente, sua procura terminará quando for capaz de dizer: "A vida agora tem um rico significado para mim. Descobri mais do que um emprego ideal. Descobri minha Missão e a razão de ter vindo ao mundo."

VI. O que Fazer Quando Sua Caça ao Emprego se Arrasta sem Resultados

Como Lidar com a
Rejeição
e a
Depressão

O que Fazer Quando Sua Caça ao Emprego se Arrasta sem Resultados

Lidando com a Rejeição e a Depressão

POR QUE FICAMOS DEPRIMIDOS QUANDO ESTAMOS DESEMPREGADOS

A maioria de nós é muito bom em fazer uma coisa difícil, contanto que não tenhamos que fazê-la por muito tempo.

Podemos passar depressa por uma área que exale mau cheiro. Podemos suportar uns três dias de frio.

Podemos deixar de fazer uma refeição.

Podemos segurar a respiração por trinta segundos.

Podemos dar uma corrida de cem metros.

Podemos suportar uma relação problemática, se não durar mais do que uma semana.

Mas não gostamos nada da coisa, quando leva muito tempo. Aí, começamos a nos sentir abalados.

Essa é nossa situação, quando estamos desempregados. Um período de desemprego que dure apenas duas semanas — *sem problemas!* Mas, se começa a se arrastar, muitos de nós entram em depressão.

Mas qual é a probabilidade da caça ao emprego se arrastar?

Bem, vamos dar uma olhada em algumas estatísticas.

Estatísticas Americanas

O problema do desemprego é muito semelhante no mundo todo. Mas, nos EUA, há muitas estatísticas a respeito.

Assim, sabemos que, nos EUA, um em cada cinco ou seis trabalhadores ficam desempregados durante algum período no ano. Desses:

35 de cada 100 ficam desempregados por menos de 5 semanas;

28 em cada 100 passam entre 5 e 14 semanas desempregados;

13 em cada 100 ficam desempregados de 15 a 26 semanas;

24 em cada 100 ficam até 27 semanas desempregados ou param de procurar emprego.

Isso significa, é claro, que, se você foi demitido ou se demitiu, há 35% de chances de que encontre um emprego em 5 semanas.

Mas existe a possibilidade — duas vezes maior, 65% — de que seu período de desemprego se alongue *bastante* (nos piores casos, dura até dois anos).

Se o desemprego se arrastar por muito tempo, a situação pode provocar profunda depressão.

PARA OS VERDADEIRAMENTE DEPRIMIDOS

Mas o que queremos dizer com o termo *depressão*? A palavra é comumente utilizada em dois sentidos diferentes: como um *diagnóstico*, utilizado pelos terapeutas ou psiquiatras, ou como a usamos no dia-a-dia, mais vagamente.

Assim, quando estamos desempregados e encontramos um conhecido na rua, descarregamos: "Puxa! Tenho andado tão deprimido...", queremos dizer: "Ando muito triste!" Ou: "Não estou no meu estado de ânimo normal!" Ou: "Estou muito pra baixo. E quem é que consegue ficar contente com uma situação dessas?" A sensação de estar *deprimido* é a maneira como reagimos à situação. No entanto, quando encontramos o emprego, tudo muda. Começamos a nos sentir felizes e bem-dispostos outra vez.

Os psiquiatras e os terapeutas, no entanto, vêem uma *espécie de depressão* diferente em seus consultórios. Para eles, depressão é uma *doença*, com a qual a pessoa, usualmente, convive por um longo tempo. Varia de intensidade: algumas vezes, pode ser comparada a um resfriado, outras, a uma pneumonia dupla. Não passa só porque nossa sorte melhora de repente. Quando *esta* espécie de depressão cai sobre nós, parece-se mais a um total colapso de nosso espírito, é como se a vida se extinguisse. Nada mais vale a pena, a pessoa pensa em suicídio e muitas vezes chega a cometê-lo. A essa depressão, muitas vezes, chamou-se de "a mais escura das noites em nossas almas".[1]

Muitas almas corajosas enfrentaram a "mais escura das noites" por anos, com bravura de fato impressionante, alternando momentos piores e melhores, com a ajuda da fé, de terapias e de remédios que, em medidas variáveis, podem manter a doença sob controle.

Os especialistas estimam que, somente nos EUA, dez milhões de pessoas experimentam os efeitos da depressão a cada ano. Naturalmente, alguns deles estão sem emprego. Mas, se formos acometidos *desta* espécie de depressão, é porque, na maioria dos casos, ela é algo anterior ao período de desemprego e com o qual já vínhamos lutando a algum tempo, embora o fato de estarmos desempregados tenha tornado sua presença bem mais profunda do que o normal.

Se sofrermos *este* tipo de depressão no período de desemprego, é importante estar ciente de que essa enfermidade não representa nenhuma falha de caráter, alguma coisa que poderíamos espantar "se fôssemos pessoas mais fortes". Não, não. Depressão tem tão pouco a ver com caráter quanto sarampo. Ambos são enfermidades.

> **depressão** (1): o estado de sentir-se triste: ABATIMENTO (2): um distúrbio psiconeurótico ou psicótico caracterizado especialmente pela tristeza, inatividade, dificuldade de pensar e de concentração, um significante aumento ou diminuição do apetite e das horas de sono, sensação de abatimento, desesperança e, às vezes, acompanhado de tendências suicidas (3): uma redução da atividade, da produtividade, da qualidade ou da força (4): uma baixa na vitalidade e na atividade funcional.
>
> traduzido do *Webster's*

Para começar, a depressão pode ter causas fisiológicas.

Pode ser causada ou agravada por distúrbios na tiróide, ou pela falta de determinados fluidos orgânicos no cérebro, ou por efeitos colaterais de certas medicações que estejamos tomando para outros fins.

---

[1] Essa expressão é muitas vezes utilizada pelos místicos para designar algo ligeiramente diferente: quando a alma, equivocadamente, sente como se Deus a houvesse abandonado. Em todo caso, essa condição não é muito diferente da *depressão*, quando abundam falsas sensações, tais como a de inutilidade da vida.

Assim, se a sua depressão tornar-se muito profunda, sua primeira obrigação consigo mesmo e com seus entes queridos é checar essa possibilidade, indo imediatamente consultar-se com um médico qualificado e pedindo a ele para fazer exames de sangue que possam determinar se algum desses fatores está provocando ou agravando sua depressão.

> Se está deprimido e acometido de intenções suicidas, precisa ver um médico ou um terapeuta *hoje mesmo.* Pensamentos ou intenções suicidas indicam que sua depressão tornou-se uma emergência médica, tanto quanto a iminência de um ataque cardíaco. Não vá se enganar dizendo para si mesmo: "Ah, isso vai logo passar!" Aja! Dirija-se a alguém que possa medicá-lo ou ajudá-lo de alguma maneira. Nas primeiras páginas de alguns catálogos telefônicos, você encontra o número do Centro de Valorização da Vida (C.V.V.), ou de alguma instituição similar, que presta atendimento 24 horas por dia.

Se sua depressão é menos grave, mas mesmo assim perturbadora, e se os exames e a consulta ao médico não revelaram causas físicas, você deve considerar a possibilidade de estar sob efeito de alguma situação — presente ou passada — e dos sentimentos e sensações produzidos em decorrência disso (esteja particularmente atento para algum rancor que esteja guardando).

Insisto, isso não tem nada a ver com falha de caráter, tem suas raízes na própria natureza humana. Comparo isso a uma calha de drenagem entupida. Nós, seres humanos, temos nossas experiências, que acarretam emoções, que se esvaem, como a água da chuva é drenada por uma calha. Mas, se as emoções não são drenadas, se ficam retidas, então as coisas começam a retornar ao nosso sistema, como acontece com a água quando a calha está entupida. Creio que alguns tipos de depressão são o resultado desse retorno.

O remédio é óbvio. Precisamos desentupir a calha para podermos prosseguir com nossas vidas, vitoriosamente. Conversar a respeito de nossas experiências, presentes e passadas, e sobre os sentimentos que despertaram dentro de nós é a maneira de liberar a drenagem.

Assim, se está deprimido, comece a conversar. Converse a respeito do que o está incomodando, seja no presente ou no passado, converse com a pessoa com quem divide a vida, com seus amigos e com sua família. Se não ajudar, tente um terapeuta. Um conselho pessoal: assegure-se de que o terapeuta escolhido tenha passado, ele próprio, pelo processo de terapia — pergunte isso a ele.

Bem, era o que tinha a dizer sobre a doença. Agora, quero retornar ao sentido mais impreciso da palavra depressão, aquele que os desempregados utilizam no dia-a-dia e nas ruas. Como já expliquei, trata-se apenas de uma maneira de descrever nosso estado de ânimo temporário, daquelas manhãs em que acordamos nos sentindo "por baixo", em que achamos que levantamos "com o pé esquerdo", coisas assim.

Chamo a isso de *depressão do desemprego.*

AS QUATRO ORIGENS DA "DEPRESSÃO DO DESEMPREGO"

Segundo me parece, a depressão do desemprego pode ter quatro origens: 1) emocional; 2) mental; 3) espiritual; 4) física. Na verdade, esses fatores se combinam, confluindo para acentuar a sensação de *estar deprimido,* como se fossem os afluentes de um rio.

Portanto, precisamos tratá-las separadamente. Há remédios para cada uma.

A ORIGEM EMOCIONAL DA DEPRESSÃO DO DESEMPREGO

A raiva nos deixa deprimidos. Se fomos demitidos, ainda mais quando isso acontece numa daquelas manobras súbitas e sorrateiras tão comuns em nossos dias, é plenamente justificável ficarmos bastante zangados.

É uma espécie de rejeição, e não há quem não deteste isso.

Daí, se saímos à procura de emprego e não conseguimos encontrar, depois de sermos despachados pela 307ª das empresas que visitamos, a raiva pode muito bem aumentar ainda mais.

Novamente, trata-se de rejeição, uma coisa que odiamos.

E se por acaso tínhamos outras expectativas em relação ao acolhimento que receberíamos do mercado de trabalho, passamos a sofrer o que chamo de:

Choque de Rejeição

Ninguém gosta de ser rejeitado. Muito menos na vida profissional. Muito menos durante a caça ao emprego. É uma coisa que nos desperta... *ódio*!

Toda essa raiva sem solução vai se acumulando com o tempo e, freqüentemente, como já mencionamos, vira depressão.

Nem preciso dizer que deixaríamos essa raiva de lado, se fosse relativamente fácil encontrar um emprego, onde pudéssemos fazer o que mais gostamos, num cargo do mesmo nível que tínhamos anteriormente, com o mesmo salário, ou ainda maior, na mesma cidade e com um patrão simplesmente adorável. Mas, devido ao atraso do nosso sistema de caça ao emprego, nada é tão fácil assim. Empregos como esse podem até existir, mas custa um bocado para encontrá-los.

Muita de nossa raiva deveria ser voltada contra esse mesmo *sistema* de caça ao emprego, que nos faz sentir desvalorizados e mesmo desprezados pela sociedade, impondo-nos uma procura que se arrasta por semanas, meses... às vezes anos. Por isso, em princípio, nossa raiva é justificada, compreensível.

Mas, se começa a aumentar demais, já é outra história. Se voltamos nossa raiva não contra um arcaico sistema de procura de empregos e de colocação de empregados, mas contra nossos ex-patrões, os problemas começam a aumentar de verdade. Freqüentemente, vejo pessoas que foram demitidas discursarem: "*Nunca vou perdoar aquele sujeito. Ele arruinou minha vida!*"

Claro que um empregador só *arruina* a vida da gente se o ajudarmos a fazer isso, alimentando nossa raiva para sempre. Aí, com certeza, vamos pôr tudo a perder. E já vi isso acontecer com muitos desempregados.

Nesse caso, estamos nos esquecendo de uma verdade, há muito conhecida: quando a raiva se torna uma fogueira que queima sem cessar dentro de nós, o fogo não estará consumindo o objeto de nossa raiva, mas a quem o guarda em seu íntimo. Podemos ter raiva à vontade — isso não vai atingir nossos ex-patrões. Pelo contrário, eles dormem um sono tranqüilo à noite, enquanto nós é que sofremos de insônia. Podem acreditar, a raiva queima quem a sustenta, não a quem é dirigida. E faz isso causando o surgimento de subprodutos como irritabilidade, retraimento, solidão, rompimento de relacionamentos, divórcios (muito freqüentes, no caso) e, algumas vezes (mais raramente), até o suicídio. Depois de algum tempo, geralmente a raiva se transforma em depressão.

Remédios

- *O que você mais precisa é encarar de frente o seu futuro. Sua raiva é como uma raiz que o deixa preso ao passado.*
- *Converse, ponha para fora sua raiva com alguém que saiba escutar, alguém compreensivo e capaz de lhe prestar solidariedade. Pode ser a pessoa com quem você divide sua vida, um parente ou amigo, um terapeuta.*
- *Se ainda tiver um bocado de raiva sobrando, do tipo que faz você ter vontade de distribuir socos por aí (a primeira pessoa que vem à sua mente é o seu ex-empregador), não caia na tentação. Vá socar um travesseiro. Um travesseiro bem grande. Ou seu colchão. Mande ver: sopapos bem fortes!*
- *Se você é uma pessoa de fé, entregue sua raiva a Deus. E, então, vá tratar do seu futuro.*

A ORIGEM MENTAL DA DEPRESSÃO DO DESEMPREGO

A sensação de impotência nos deixa deprimidos. Por meses, anos, talvez décadas, nos acostumamos a pensar em nós mesmos sempre naquele local de trabalho. Era o que dava à vida certa coerência, nossa rotina diária, tão prezada, nossa identidade. *"Quem é você?" "Ah, sou o gerente da Fábrica Norte, uma montadora de automóveis que..."* Não era o que você vinha dizendo, há tempos? E agora, o que é que você diz? *"Quem é você?" "Bem, não sei mais..."* Sua depressão é mais do que natural.

Essa coisa torna-se uma espécie de espiral, que nos força a passar cada vez mais tempo, todo santo dia, a tentar descobrir o que está *errado.* O que está errado com as pessoas, o que está errado com nossas vidas, com nossa situação, o que está tão errado em tudo, em absolutamente tudo, no mundo? Conversamos com nossos amigos, com nossas famílias, mas nossa atenção inevitavelmente se volta para o que está *nos desagradando* na conversa... ou nas pessoas com quem estamos. Assistindo a um filme, a uma peça de teatro, sempre estamos procurando o que nos desagrada. Vamos viajar e é a mesma coisa: o que detestamos nos lugares que visitamos? Nossa mente se habitua a procurar sempre por falhas nas pessoas, ou por coisas que (segundo nossa opinião) estão faltando, ou simplesmente estão diferentes do jeito que queríamos que fossem.

Quanto mais nos sentimos impotentes, mais deprimidos ficamos. E a obsessão pelo que está errado no mundo é o melhor caminho para nos sentirmos cada vez mais impotentes.

Remédios

- *Recorde uma verdade muito simples: você sempre tem poder — poder para mudar a maneira como encara a situação e para modificar sua própria situação nos dias que virão.*
- *Empregue seu tempo em pensar sobre você mesmo de uma forma diferente, nova. Faça os exercícios deste Manual* — o Mapa Para Acelerar Sua Caça ao Emprego — *para aprender a pensar sobre você mesmo, não em termos de um cargo, mas a partir de seus dons: "Sou uma pessoa que..."*
- *Empregue seu tempo pensando o que gostaria de fazer com a vida que tem pela frente. É uma oportunidade para renovar-se espiritual e filosoficamente.*
- *Se quer evitar ficar deprimido, é crucial concentrar sua atenção em coisas boas, no melhor do que está vivendo. Como dizia Baltasar Gracián: "Acostume-se com os defeitos dos seus amigos, de seus parentes e conhecidos..." E com os defeitos de seus ex-patrões ou de seus colegas de trabalho.*
- *Não fique todo o tempo sozinho. Saia com seus amigos e com as pessoas de quem você gosta. Vá bater papo, aconchegar-se com eles, faça passeios, exercícios, chame-os para ouvir música com você, para dançar. Promova um belo momento romântico com a pessoa a quem você ama.*

AS ORIGENS ESPIRITUAIS DA DEPRESSÃO DO DESEMPREGO

Sentir que a vida perdeu o significado nos torna deprimidos. E seu período de desemprego vai torná-lo deprimido se você encarar essa experiência — principalmente uma longa caça ao emprego — como, essencialmente, um acidente sem sentido nem proveitos para a sua vida.

Anos atrás, compareci a um simpósio médico no qual um médico defendia uma revisão do que se entendia por cura (ou, pelo menos, *convalescença*). Dizia que dois pacientes da mesma idade e com o mesmo histórico médico seriam submetidos a uma mesma cirurgia. Um deles se recuperaria mais rapidamente, enquanto ao outro custaria um longo período para receber alta. Os médicos não faziam idéia da causa do fenômeno. Instalaram-se num dos maiores hospitais de Nova York, buscando descobrir o que o provocava. Usando computadores, decidiram comparar *todos* os dados sobre o paciente que apresentava uma recuperação mais acelerada. Na verdade, procuravam pelos fatores que, neste paciente, *faltavam*, em relação ao que demorava mais tempo para ser considerado curado. Com esses dados, começaram a fazer determinadas perguntas aos computadores.

Por acaso o paciente com recuperação mais rápida possuía maior dose de *otimismo*? O computador respondeu: não. E possuiria crença religiosa, enquanto aquele com período de recuperação mais longo não a possuía? Mas também essa não foi a resposta.

Prosseguiram... E o que descobriram afinal foi o seguinte: aqueles que se recuperavam mais rapidamente encontravam algum significado naquilo que havia acontecido em suas vidas, mesmo que ainda não houvessem conseguido decifrar que significado seria esse. Já aqueles que custavam mais para receber alta sentiam que a maioria das coisas que aconteciam com eles não poderia ter nenhum significado — ou proveito — para suas vidas. Eram simples acasos, privados de sentido. De fato, ambos os pacientes foram submetidos a intervenções cirúrgicas em razão de um câncer. Aquele que via um significado — num largo contexto de acontecimentos — no que estava passando recuperou-se rapidamente, enquanto o outro enfrentou uma recuperação mais longa e atribulada.

Podemos aplicar esse ensinamento à situação de quem é demitido. Ser despedido do emprego, ou ver sua profissão extinta no mercado de trabalho, raramente é algo aberrante, um evento sem sentido, como pode parecer. A última vez em que fui demitido, isso ocorreu perto do meio-dia e, naquela tarde, às três horas, tinha uma consulta marcada com meu dentista. Pensei, ironicamente: "Mas que belo dia este vai ser!"

Acontece que meu dentista era um homem experiente, bem mais velho do que eu, e, quanto chorei minhas mágoas para ele, falou uma coisa que nunca esqueci: "Algum dia, você vai dizer que esta foi a melhor coisa que aconteceu na sua vida. Não espero que acredite em mim, agora, mas aguarde e vai ver. Já vi isso acontecer com tanta gente, que sei que se trata de uma verdade que irá se aplicar a você também".

Ele estava absolutamente certo. Hoje, eu próprio digo que ser demitido naquela ocasião foi a melhor coisa que já me aconteceu, porque me forçou a repensar toda a minha vida e o que eu possuía para dar de contribuição ao mundo. Por exemplo, foi assim que o *Pára-quedas* começou a nascer. A luz brota da escuridão, não é?

Como grande parte da população do mundo crê, de diversas maneiras, em Deus, quando são sumariamente demitidos de um emprego já de anos, muitos encontram na fé um reforço valioso e diário para enfrentar a situação. Se você tem fé, deve confiar nesta verdade: nada do que lhe acontece é privado de sentido. Se demorar a encontrar um emprego, também isso tem algum significado, mesmo que, no momento, você não seja capaz de descobri-lo.

Sentir que não há razão para as coisas que sucedem em sua vida é uma boa maneira de afundar na depressão.

Remédios

- *Se a sua caça ao emprego está se arrastando há muito tempo, mude suas estratégias. Leia, ou melhor, devore os Capítulos 5, 6 e 7 do* Pára-quedas. *Tente novos procedimentos, novos métodos.*
- *Pense na sua vida como uma tapeçaria, tecida por Deus. Cada laço, cada fio, tem seu significado.*
- *Sente-se e escreva histórias sobre o seu passado, naqueles anos em que aconteceram coisas difíceis de superar. Pense a respeito do benefício que aquelas experiências trouxeram a você.*
- *Não se sinta abandonado por Deus só porque essa coisa toda aconteceu a você. Lembre-se de que Deus não poupa os que acreditam nele de passar por dificuldades. Dificuldades acontecem a quem tem e a quem não tem fé. Acima de tudo, fuja daquela pergunta nociva: "Por que eu?"*
- *Busque entender Deus de uma maneira mais elevada. Reflita sobre a seguinte parábola: imagine que você possui, em sua sala de jantar, uma finíssima cadeira de madeira, que certo dia teve seu encosto quebrado em vários pedaços por alguém da casa. Você, então, corre para a rua para chamar um carpinteiro que trabalha ali perto. O homem vem e examina a cadeira. E diz que é impossível fazer o conserto. "Mas", diz ele, "acho que posso fazer um belo banco com o que sobrou da cadeira." E acontece que, depois de fazer seu trabalho, o carpinteiro aparece com o mais belo banco que você já viu na vida. Algo que nem imaginava... O carpinteiro chegou mesmo a fazer incrustações de ouro no banco, que logo se torna o maior tesouro da sua casa.*
- *Deixe-me sublinhar alguns pontos-chave desta parábola. Em primeiro lugar, não foi o carpinteiro que quebrou a cadeira. Mas ele veio logo que pôde e, utilizando sua arte, com muito empenho, fez dela algo muito melhor do que era antes. Isso custou talento, esforço, trabalho.*
- *Assim, um conceito mais elevado a respeito de Deus quer dizer: Deus não cria seu desemprego, nem nenhuma das calamidades que desabam sobre você. Ele nos propicia o poder da livre escolha e são pessoas como nós, no mundo, que, valendo-se desse poder que Deus deu a todos, causam essas calamidades. O que Deus faz, assim como o carpinteiro, é estar presente a cada momento em que utilizamos o poder de livre escolha, de forma a nos oferecer a oportunidade de reparar nossa vida e, até mesmo, de fazer dela algo ainda mais precioso do que era antes. Não se trata aqui de coisas físicas — como o banco —, mas de um trabalho espiritual que dá significado e sentido mesmo às coisas mais duras por que passamos na vida.*
- *Não limite sua fé apenas ao que pode sentir. Se é incapaz de sentir a presença de Deus nesses momentos difíceis, isso apenas significa que dificuldades fazem nossos sentidos e sensações deixarem de funcionar direito. Podemos estar num momento em que o nevoeiro impede nossa visão. Caminhe sempre orientado por sua fé.*

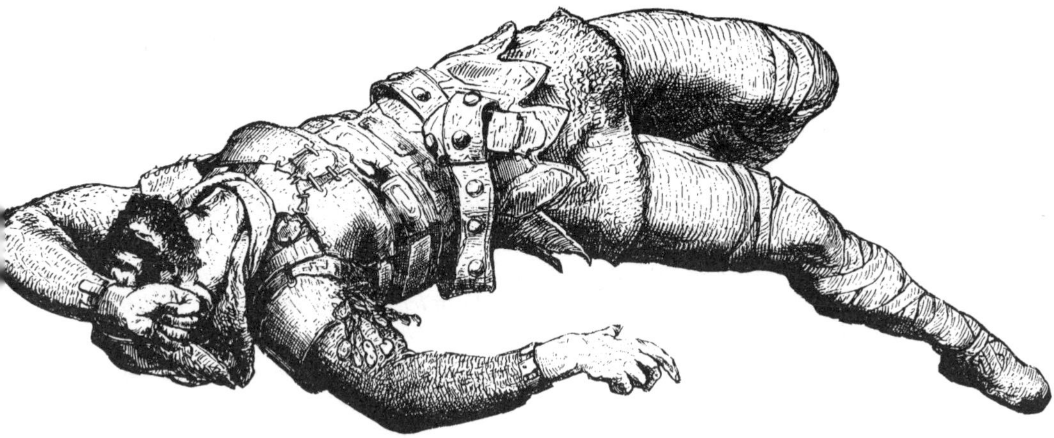

AS ORIGENS FÍSICAS DA DEPRESSÃO DO DESEMPREGO

Podemos ficar deprimidos porque somos criaturas físicas. Você se sentirá deprimido se anda dormindo pouco ou mal, ou se está enfraquecido, por alguma razão.

O mundo nunca parece alegre e brilhante a quem deve horas e horas de sono a si mesmo. Assim como não parecerá alegre e brilhante a quem *sentir-se deprimido.*

E, no entanto, é muito fácil confundir as duas condições. O que você imagina ser depressão pode ser, de fato, simplesmente, cansaço.

Afirmei que podemos ficar deprimidos porque somos criaturas físicas. E isso, é claro, envolve outras coisas.

Como criaturas físicas, precisamos manter um teto sobre nossas cabeças, comida na mesa, precisamos de roupas, etc. Muitas pessoas, independente de estarem trabalhando ou não, habituaram-se a descrever sua situação financeira em tons trágicos. Quando ficamos desempregados, então, naturalmente, achamos que as coisas andam de mal a pior: é que muitos de nós também habituaram-se a viver confiando no contracheque, todo mês. A verdade é que quanto mais dependemos *para nos considerarmos felizes* das coisas que podemos comprar, mais estaremos sujeitos e vulneráveis à depressão em períodos difíceis.

Remédios

• *No passado, costumava ficar abismado ao ver quantos caçadores de emprego deprimidos tornavam-se pessoas felizes e revigoradas simplesmente recuperando algumas horas de sono perdidas. A receita é: desligue a TV às dez horas e vá para a cama! Isso vai fazer você sentir-se melhor — algumas vezes,* muito *melhor!*

• *Tente acertar seu sono, indo para a cama regularmente todo dia à mesma hora.*

• *Evite coisas que podem mantê-lo acordado, tais como cafeína, depois do jantar. E reduza o consumo de álcool para apenas um drinque por dia.*

• *Se estiver rolando na cama por mais de trinta minutos, sem encontrar o sono,* levante-se *e pegue alguma coisa para ler, para escrever, para meditar. Não faça isso na cama. Use a cama apenas para dormir e para fazer amor.*

• *Além de dormir o suficiente, há outras coisas que você deve fazer para manter-se fisicamente em forma para a sua caça ao emprego*[2]*. Quando eu próprio estive desempregado, achava importante:*

• *Tomar um pouco de sol, ou procurar sentar-me junto a alguma fonte de luz brilhante, durante os longos períodos de dias nublados;*

• *Procurar fazer exercícios regularmente, especialmente uma caminhada diária;*

• *Beber muita água, pelo menos oito copos por dia. Pode parecer estúpido, mas estar bem hidratado é muito importante;*

• *Comer refeições balanceadas, com muitas fibras — não dá para sustentar-se apenas com* fast-food. *É uma boa hora também para fazer uma dieta que reduza açúcar*[3] *e gorduras.*

• *Tomar vitaminas, ingerir suplementos alimentares (não importa o quanto os médicos digam que já consumimos tudo o que necessitamos de nossa alimentação diária);*

• *Em suma, faça tudo aquilo que sua mãe lhe diria para fazer.*

• *Se está sem dinheiro, pegue algum tipo de* bico *— um trabalho honesto, que não prejudique sua caça ao emprego. Dê preferência a trabalhos temporários.*

• *Finalmente, se quer utilizar esse momento para repensar quais são suas reais necessidades na vida, quem sabe irá descobrir que abraçar uma existência mais simples tem suas vantagens — mais tempo para despender com aqueles a quem ama, por exemplo. Essa "simplicidade voluntária" pode ser exatamente o que a sua alma está pedindo.*

---

[2] Claro que a maioria desses conselhos são úteis também para quando você estiver empregado.

[3] Há vários estudos que indicam uma conexão entre açúcar e depressão. De forma que diminuir o consumo de açúcar pode ser uma excelente medida para o momento.

PERSPECTIVAS

Quando todas essas coisas forem feitas e ditas, quando todas as origens da depressão forem diagnosticadas e tratadas e a depressão se mantém — especialmente se a sua caça ao emprego se arrasta sem fim. Se já fez o *Mapa*, devorou os capítulos dedicados aos caçadores de empregos com alguma coisa em mente. Se já rezou, já tentou de tudo. E agora?

A resposta é manter suas perspectivas. Você sabe como é. Você já se encontrou em meio a tempestades que pareciam que não iriam passar. Mas sabia que isso ia acontecer, cedo ou tarde, e esse pensamento o animava a prosseguir.

Mesmo nesse momento de desemprego, tão difícil, é importante nos darmos conta de que a natureza da vida consiste em *alternar* períodos:

A vida é ora sombria, ora alegre.
A vida às vezes é fácil, às vezes difícil.
A vida é aterrorizante, mas também pode ser linda.
A vida tem momentos piores, outros melhores.
A vida tem dias de luta, outros em que as coisas funcionam sozinhas.
A vida tem períodos de doença, outros de boa saúde.
A vida é algumas vezes deprimente, noutras, estimulante.
A vida tem horas de dor e horas de contentamento.
A vida às vezes traz a morte, noutras, a ressurreição.
A vida às vezes nos derruba, noutras nos exalta.
A vida às vezes nos faz chegar à beira do esgotamento, noutras, à glória.

É como se fosse um ritmo, alternando movimentos. *Morte e ressurreição, morte e ressurreição.* De novo, outra vez.

Você foi maltratado pelo mundo e está se esforçando, mas não consegue encontrar emprego. Sim, meu amigo, trata-se dessas coisas ruins que acontecem com todo mundo.

Mas a vida alterna seus ritmos. As dificuldades do presente irão se resolver e se transformarão em alegria e prazer de viver. Você precisa colocar este período na perspectiva da sua vida como um todo.

Se já transcorreram três meses de sua caça ao emprego, procure ocupar-se em outras coisa também. Vá procurar ajuda — um orientador vocacional, se possível. Saia com a família, mantenha-se em atividade, seja prestando serviços voluntários, seja freqüentando um curso. Faça alguma coisa de bom na vida, mesmo estando desempregado. Lembre-se: no devido tempo, outro ritmo estará tocando para você.

De Yana Parker:

Como Fazer um Excelente Currículo

Dez Passos Fundamentais para Fazer um Currículo Vencedor

Considerado o melhor guia sobre currículos dos EUA, com mais de 500.000 exemplares vendidos, este livro ganhou fama graças ao estilo prático e amigável com que orienta as pessoas em uma tarefa geralmente marcada por muitas dificuldades e indecisões.

Seguindo os dez passos fundamentais elaborados pela autora, você vai descobrir como resolver os problemas mais difíceis ao escrever um currículo, encontrando soluções criativas para as dúvidas e os dilemas que mais nos consomem neste processo.

Você também vai encontrar 24 exemplos de currículos que de fato conquistaram o emprego desejado por seus autores, incluindo entre eles estudantes, vendedores, gerentes, técnicos, ex-militares e outras categorias profissionais.

Informações sobre lançamentos

Para obter informações sobre outros títulos de nosso catálogo e nossos próximos lançamentos, favor entrar em contato dando seu nome, endereço completo e telefone para:

SEXTANTE
Av. Nilo Peçanha, 155 - Gr. 301 - Centro
20020-100 - Rio de Janeiro - RJ
Tel.: (21) 524-6760 - Fax: (21) 524-6755
E-mail: salvend@openlink.com.br
Serviço de Atendimento a Clientes: 0800 22 6306 (ligação gratuita)